场外市场掘金三部曲之 3

四板掘金600问

区域股权市场运营操作与投融资途径

王 骥◎著

国内第一部全面、深度解读区域性股权交易市场模式运营与投融资实操的书籍

中国经济出版社
CHINA ECONOMIC PUBLISHING HOUSE
北京

图书在版编目(CIP)数据

四板掘金600问/王骥著.
北京:中国经济出版社,2014.11
ISBN 978-7-5136-3339-0
Ⅰ.①四… Ⅱ.①王… Ⅲ.①证券交易—中国—问题解答 Ⅳ.①F832.51-44
中国版本图书馆CIP数据核字(2014)第150938号

责任编辑 李煜萍 代 欣
责任审读 贺 静
责任印制 马小宾

出版发行 中国经济出版社
印 刷 者 北京力信诚印刷有限公司
经 销 者 各地新华书店
开　　本 710mm×1000mm 1/16
印　　张 21
字　　数 330千字
版　　次 2014年11月第1版
印　　次 2014年11月第1次
定　　价 68.00元
广告经营许可证 京西工商广字第8179号

中国经济出版社网址 www.economyph.com **社址**北京市西城区百万庄北街3号**邮编**100037
本版图书如存在印装质量问题,请与本社发行中心联系调换(联系电话:010-68330607)

序

深化场外市场建设，推进经济平稳转型

张汉亚　研究员
中国投资协会会长
国家发展和改革委员会投资研究所原所长

在全球经济经历长期震荡、寻求再平衡的背景下，中国正通过深化改革和加快经济结构调整推进实质性的转型之路。在过去的两年里，面对错综复杂的国内外经济形势，国务院采取了一系列调控措施，在实施积极的财政政策和稳健的货币政策的同时，坚持创新驱动、稳中求进的思路，通过释放改革红利、激发市场活力、促进民营经济发展、发挥社会创造力、切实帮助企业降低运营成本等方式，努力推进我国经济向预期的方向平稳转型。

在这一背景下，通过多元化金融结构转换，实现企业，特别是中小微企业，融资途径的拓展和成本的降低，打造能够契合解决“两多两难”问题的资本链接平台，是一项重要的举措。这一平台的搭建和发展较为重要的工作就是加快多层次资本市场体系的建设。在这一建设的过程中，特别需要凸显场外市场基础性、关键性和层次性的重要地位。只有打造改革实践驱动的金融排头兵，才能够在一定程度上切实激发市场活力和社会创造力、加快企业转变成长方式、推动整体经济转型的进程。

近两年来，中国的场外市场得到了如火如荼的发展。2012 年 8 月 3 日，中国证监会宣布新三板试点范围从北京中关村扩大到上海、武汉、天津三地的国家级高新区；9 月 20 日，全国中小企业股份转让系统有限责任公司正式登记注册，“北交所”诞生；11 月 8 日，党的“十八大”报告中明确提出“要加快发展多层次资本市场”，强调由新三板、区域性股权市场组成的场外交易市场将与场内交易市场一起，通过多样化的投资机构、投资工具，为处于不同发展阶段的企业提供服务。2013 年 3 月，国务院常务会议提出金融改革要在发展多层次资本市场方面推出新举措，并于 5 月 6 日将“出台扩大中小企业股份转让系统试点范围

方案"列入2013年我国深化经济体制改革的重点工作。随后,在新三板三大高新区还没有进入实质性扩容的情况下,6月19日,国务院常务会议决定再次将新三板扩容,而且是一步到位地扩容到全国各地,更不限企业的类型和范围。在新三板试点近7年都未有突破的情况下,这一扩容决定的确让业界人士受宠若惊、始料不及。半年后的12月14日,国务院发布《关于全国中小企业股份转让系统有关问题的决定》,标志着新三板正式扩容至全国。2014年1月24日,266家公司集中挂牌开启了新三板的大扩容时代。截至2014年7月31日,新三板各类制度已经初步建立,自建的电子化交易系统已于2014年5月19日正式上线运行,挂牌公司已近1000家,总股本405亿股,2014年1—7月累计成交金额超过32.3亿元。

区域性股权交易市场也呈现快速发展的态势。2008年9月天津股权交易所开业,在之后的近4年里,区域性股权市场发展一直比较缓慢,相继只成立了重庆、上海、齐鲁几家市场(有些虽成立了,但一直没有运行)。到了2013年,区域股权交易市场迎来了爆发式增长。新年过后,辽宁、福建、山西、江苏、安徽、新疆、北京、青海等地的12家区域股权交易市场相继成立并营业。2014年又陆续有4家区域市场成立。目前,全国已有30家区域性股权交易中心挂牌运营,几乎涵盖了我国所有省级行政区。这30家区域市场在运营过程中,普遍表现出股权结构多元化的态势,有超过37家券商参股了22家区域市场,而且至少有5家区域性市场由券商绝对控股。沪深交易所也积极参与,两交易所一共参股了15家区域市场。从跨区域运营来说,比较突出的天津股权交易所在山西、广东、福建、江苏和天津等地成立了7大运营分中心,有来自全国29个省市的企业挂牌;上海股权托管交易中心的挂牌企业来自长三角、华东等地区的绝大部分市场。截至2014年7月31日,区域性股权市场挂牌(含展示)企业超过12000家,比2012年底的600家增长了20倍,数量总和与增速都远远超过交易所市场的主板、中小板、创业板和新三板,燎原之势已经形成。

在当前场外市场处于高速发展的时期,中国经济出版社适时推出了"场外市场掘金三部曲",这套书籍较为全面地反映了这一市场的现状并提供了较为重要的研究和实践指导。该套书分三册,第一部《场外财富360问:场外市场战略、历程与转型经济资本梦》结合我国及海外场外市场演进历程与经验,分析国家、企业转型现状,通过对过往经验、创新与成败的回顾来获得对我国场外市场各层次顶层设计、体系架构、机制创新、制度建设以及市场参与者投融资行为引导的逻辑思路，以规避政策缺陷与盲目性导致的损失。该书在层次和战略布局上都具备一定的高度和实践指导意义。第二部《新三板掘金800问：新规实操、投融资详解与案例集萃》和第三部《四板掘金600问：区域股权市场运营操作与投融资途径》，是在第一部的思想统领下，凸显实际操作的经验和技能。两书不仅涉及最新政策、规则的解读，操作方式方法及实战经验的归纳描述，而且从国家方针政策、市场运行模式、实战中可能遇到的问题和解决途径等方面做出了更高更深层次的探讨，是两部可读性和实用性均较强的书籍。

“场外市场掘金三部曲”契合当今快节奏时代下读者在短时间内获取大量信息的需求，将知识、经验、操作方法以问答的形式编排成“词条”，更有利于读者快速查阅和捕获重点信息。这也是很有特色的。

2014年5月8日，国务院出台的“新国九条”进一步提出要“发展多层次的股票市场”，“加快完善全国中小企业股份转让系统，建立小额、便捷、灵活、多元的投融资机制。在清理整顿的基础上，将区域性股权市场纳入多层次资本市场体系。完善集中统一的登记结算制度”。这些政策无疑将为新三板、区域性股权交易市场的定位、监管与发展带来更大的利好，进而为解决中小微企业融资难的问题拓展更为广阔的途径，场外市场必然会得到更广泛的关注，更深层次的发展和实践。期望在这巨大的市场需求的推动下，能够涌现出更多有价值和深富实践经验的研究成果，共同推动我国场外市场的建设和转型经济的发展。

2014年8月12日

前言

开篇第一问

这一问内容很多很杂，就捡几个较重要的来说吧！

关于“掘金”概念的定位　“掘金”一词有广义和狭义之分，本套丛书是从广义的角度来谈的，主要包含三层意思：第一，数据显示，到2013年底我国在册的中小企业已接近1400万，占国内企业总数的99%。这么多的企业，如能通过场外市场体系等构建起来的多层次资本市场，为其提供差异化服务，其生存、发展和转型所需资金与广大民间或机构投资实现对接的几率就会大大增强，如此，则“两多两难”问题就会得到缓解。在这一过程中，众多中小微企业能够掘得持续发展的资金、信心和动力。第二，目前，我国正处于经济转型的关键时期，通过结构调整、启动场外市场引擎等方式换来传统产业的改良、国民支柱性产业的升级和新兴战略性产业的发展，是化解30多年经济粗放式增长所积聚下来的严重经济、社会问题，转变国家发展方式的重要途径之一。这一途径本身即可视为国家在“掘金”。第三，产业或证券投资基金、资产或财务管理公司、券商、风投、私募、信托、银行等机构投资者和广大符合条件的个人投资者，面对多层次场外市场的发展和规模性扩容，财富的掘金之路必然会更加丰富。

关于丛书的立意　“场外市场掘金三部曲”之一，名《场外财富360问：场外市场战略、历程与转型经济资本梦》，从国家、企业转型的战略层面对场外市场进行了历史性、历程性的解读，力求既实现国际借鉴的“登高览小”又达成国内追溯的“俯首反思”，同时希冀企业、机构、投资者能够从中获取透析政策趋势和过往经验、创新与成败的逻辑模式。该书在层次和布局上都具备一定的高度和经验价值，不论投资者、制度设计者还是企业的运营者，在理解、操作场外市场投融资运营的过程中都可在提升思想、境界方面得到某些满足。三部曲之二、之三分别为《新三板掘金800问：新规实操、投融资详解与案例集萃》《四板掘金600问：区域股权市场运营操作与投融资途径》，此两部书在第一部的思想统领下，进入实际操作层面，不仅直接给各类受众带来制度理解、经验借鉴、投资指向、途径引导等方面的实惠，而且还对大局方针，市场发展模式、方向，目前存在的问题和解决之道等做出了更高层次的探讨。两书的内容设计注重覆盖全面、轻重得宜、深浅兼顾。总之，这三部书力求涵盖目前国内包括新三板、区域性股权市场等在内的场外市场所及最新政策、法规和制度，以及现存问题、解决途径与未来模式等，并对这些庞杂的事项进行了详略兼顾、很有设计感的体现。

关于问答架构 这一构架更多地是站在读者的角度来设计的。原因主要有五点：一是问答方式可以有效避免“凑字数”的繁杂和废话；二是只要读者一看目录，便能找到自己所需要的内容，避免长篇累牍、搞不清重点和方向；三是在如今快节奏的时代下，更能符合读者在短时间内获取大量信息的需求；四是将思想、操作等编排成具有“词条”属性的问题，重点突出、方式新颖，更有利于读者持续利用；五是这样构架，能够让图书的信息量大增。不过，为避免问答编排方式可能造成的枯燥之感，笔者尽量展示充满激情和偶杂幽默的语言风格，让读者能够获得轻松活泼、益趣多多的阅读体验。

致　谢 本套丛书参考了新三板、30家区域性股权交易市场（由于字数限制，有些在书中特别指出，有些未加标注，在此特统一说明和感谢）披露的最新政策、制度、规范和案例、运营等各类有关的信息。美国、我国台湾地区等地有关场外市场官网，国内沪深交易所官网，相关经济金融证券媒体和过往有关文献也都是较重要的参考渠道，这里一并致谢，不再单列。另外，对业界有关朋友的实战技能和经验资料的提供深表感谢！笔者更对中国投资协会会长张汉亚先生的慷慨赐序深表感谢！对笔者家属所付出的劳苦，以及所有支持该套书编撰、出版的单位及众多朋友们致以深切的谢意！同时，书中的纰漏、不当与谬误，敬望业界同人不吝批评、指正！

王　骥

2014年8月12日

总目录

问答分目录

CHAPTER1
第一章

区域股权市场概况、定位及与多层次资本市场的关系

第一节　区域股权市场概述

001. 区域股权市场的内涵及定位是什么？

区域性股权交易市场（以下简称“区域股权市场”），俗称“四板市场”①，它和新三板、券商柜台市场一起构筑起我国的场外股权交易市场，是我国多层次资本市场不可或缺的重要基础和组成部分。在我国现行政策框架下，区域股权市场基本上属于证券投资、融资的私募市场。

区域股权市场定位于为中小微企业提供证券转让和融资的区域性服务平台，它的建立一方面有助于打造区域性金融服务中心，另一方面有助于整合、优化各类资源，使资源向有利于地方经济建设的方向合理积聚和配置。区域股权市场对鼓励科技创新、激活民间资本，以及繁荣场外资本市场对区域经济特别是对区域实体经济中薄弱环节的支持，起到了较为重要的作用。因此，地方政府对企业在区域股权市场挂牌都给予了一定的政策支持或财政补贴。

① 对区域股权市场俗称“四板”的问题，这里特作说明：从场外市场的现状和未来发展看，现在就将各大“区域股权市场”定义（即便是俗称）为“四板”，确有“不太妥当”的嫌疑。不过，本书如果取名为“区域性股权交易市场掘金 600 问”，或用其简称“区域股权市场掘金 600 问”的话，虽然不存在什么顾虑了，但是，这样的题目从声律和结构上来说，实在不像一本书的名字，所以就姑且将本书取名为“四板掘金 600 问”。

目前，区域股权市场是由各省、自治区、直辖市级人民政府批准成立并监管的，同时报中国证监会牵头的清理整顿各类交易场所部际联席会议（2011 年 11 月后成立）备案。

002. 区域股权市场的股权结构模式是怎样的？

如今区域股权市场的股权结构主要有 3 种模式：

第一种是以国资、地方产权交易所直接入股和托管机构自有资产为主，其他单位参股为辅的形式。如天津股权交易所由天津产权交易中心控股，内蒙古股权交易中心由当地元盛投资担保集团作为主发起人与辽宁股权交易中心共同组建。此外，广州、湖南、广西北部湾、吉林、江西、石家庄 6 家股权交易中心股东也多以当地国资企业或投资机构为主。这种以托管中心、交易场所、地方投资公司为主导的公司股权结构模式，交易场所处于相对中立的位置，有利于平衡投资者、挂牌企业和券商之间的关系，也有利于保护投资者的利益。当然，如上 8 个地区采用这种股权结构形式与绝大部分区域早期以股权托管交易中心、交易场所主导型的区域股权市场运营模式是有关联的，以原有股权托管机构为基础直接改制为现行的股权交易场所市场似乎显得更直接、更方便。

第二种是券商参与或主导型。根据中国证监会 2012 年 8 月 23 日发布的 20 号文《关于规范证券公司参与区域性股权交易市场的指导意见（试行）》，“证券公司参与区域性市场的方式，由证券公司与区域性市场协商确定。证券公司以股权方式参与区域性市场的，应当按规定扣减净资本。证券公司成为区域性市场会员的，可以开展挂牌公司推荐、挂牌公司股权代理买卖服务，并为区域性市场挂牌公司提供股权转让、定向股权融资、债券融资、投资咨询及其他有关服务。证券公司开展相关业务应建立风险隔离制度，并按规定充分计提风险资本准备。”根据该意见，证券公司不仅可以全程参与区域股权市场的业务，还可以参与区域股权市场的发起设立。这之后，券商陆续以入股的方式参与区域股权市场的建设，截至 2014 年 5 月 31 日，全国券商参与的区域股权市场已达 22 家，北京、重庆、上海、武汉、浙江、辽宁、大连、前海、福建、山西、江苏、安徽、新疆、甘肃、青海、川藏、厦门、贵州、青岛和陕西等区域股权交易中心均有券商参与。中信证券、国信证券除发起设立蓝海股权交易中心（分别持股27%和22%），还参股了厦门两岸股权交易中心；江苏和北京股权交易中心分别引来5家和3家券商的参股。另外，广东金融高新区股权交易中心由广发证券和招商证券分别持股32.5%，并列第一大股东；重庆股份转让中心第一大股东为西南证券，持股比例超过50%；江苏股权交易中心的控股方为当地券商华泰证券，持股比例52%，同时东吴、国联、东海、南京4家证券公司各持股12%。

第三种是交易所等参与型。浙江股权交易中心除了浙江证券和财通证券两家券商持股10%，上交所下属的子公司也持有20%的股权，此外，上交所还收购了上海股权托管交易中心29%的股权和参股了辽宁股权交易中心20%的股份。后来居上的深交所更是厉害，在一年半的时间内一口气吃下12家区域股权市场的参股权。至此，交易所共参股区域市场累计达15家。到目前为止，共有37家券商、沪深交易所、1家信托公司、1家商业银行以参股或控股的形式参与区域股权市场的建设。

003. 区域股权市场的组织架构是怎样的?

目前，区域股权市场的组织构架一般采用公司制。早期的齐鲁股权交易托管中心、重庆股份转让中心等市场都是政府主导型的且具有事业编制的单位，现在都改制成了股份制公司。

为何区域股权市场几乎都采用公司制这种组织架构呢？这是因为公司制的管理模式能够有效提高组织机构运营的灵活性、降低交易成本，有利于组织机构的市场化运作和融资，也符合世界范围内交易市场公司化的形势。

004. 区域股权市场的一般性功能是什么?

区域股权交易市场的形成和发展，对我国场外市场的建设以及丰富和完善我国多层次资本市场体系具有重大意义。各地区域股权交易市场由于所处的区域经济文化不同、定位目标不同、规模与实力不同，其运营的功能存在很大差别，但是就其所处的场外市场的层次相同来说，一般性功能主要集中在如下4个方面：

一是为中小微企业提供融资功能。目前我国中小企业的融资渠道较为单一，且成长型企业具有单次融资数额小、融资频率高、融资时间短的特点。

因此，从融资效率角度考量，区域性股权交易市场能以较短的时间和较低的成本，满足成长型企业小额、快速、多次融资的需求。

二是价值发现功能。各地区域股权交易市场通过业务规则规范挂牌企业行为的同时，为市场参与者提供更多的挂牌企业信息，为投资者发现并判断企业价值提供充分的便利，同时从源头上减少非市场因素的渗入，防范价格扭曲，充分发挥资本市场的价值发现功能。

三是资本进退功能。由于国内多层次资本市场尚不健全，创投、私募股权投资机构主要采取 IPO 方式实现投资退出。成长期的企业上市周期长，且无股权交易平台，在一定程度上限制了投资机构的投资积极性。区域性股权交易市场的建立，为各类投资者和中小企业提供信息交流的同时，也为私募股权投资机构提供了投资进退的平台。

四是为更高层次市场培育挂牌或上市企业的功能。区域股权交易市场作为多层次资本市场的基础层次，通过交易、融资和规范的信息披露，促进挂牌公司熟悉资本市场规则、完善法人治理结构、形成合理发展战略、提升核心竞争能力，实现区域性中小企业的快速发展，不断为国内交易所、新三板和境外证券交易所输送优质的上市或挂牌的后备资源。

005. 区域股权市场交易模式有何要求？

交易模式主要包括交易方式及限制、投资者适当性制度和信息披露制度等内容，具体来说：

（1）目前，区域股权市场的交易以协议方式为主，设置“五不”政策。所谓“五不”政策，是指根据 2011 年 11 月 11 日国务院发布的《国务院关于清理整顿各类交易场所切实防范金融风险的决定》（国发〔2011〕38 号，以下简称 38 号文）和 2012 年 7 月 12 日国务院办公厅发布的《国务院办公厅关于清理整顿各类交易场所的实施意见》（国办发〔2012〕37 号，以下简称 37 号文）的规定，区域股权市场不得将任何权益拆分为均等份额公开发行；不得以集中竞价、电子撮合、匿名交易、做市商等集中交易方式进行交易；不得将权益按照标准化交易单位持续挂牌交易；任何投资者买入后卖出或卖出后买入同一交易品种的时间间隔不得少于 5 个交易日；除法律、行政法规另有规定外，权益持有人累计不得超过 200 人。

（2）投资者适当性制度。这一制度作为一个基本门槛，从保护投资者的角度出发，以圈定场外股权市场的参加者。目前几乎所有的区域股权市场都制定了投资者适当性管理制度。新三板扩容后，早期的区域股权市场对投资者们的进入门槛有所降低。

（3）信息披露制度。在区域股权市场挂牌的公司并非上市公司，并不负有大量的披露义务。各区域股权市场目前都建立起了一定要求的信息披露制度，有些市场还建立起了初步的多层次的披露制度，对社会、合格投资人、持股股东进行分层披露，大宗交易进行单独披露等，以保护投资者的利益。

006. 什么是不集中交易、不拆细交易和不连续交易？

38号文对集中交易做出的阐释是集中竞价、电子撮合、匿名交易、做市商等方式。

不拆细交易是指股权以整体打包出售的方式进行股权转让。当标的股权份额过于庞大，一个投资者无法进行交易时，应允许多个投资者采用合同、合伙等方式联合进行交易，在交易完成后再进行股权拆分、托管、登记。在此需要注意的是，因为在进行这种联合报价时，合伙人须在交易场所备案，由交易场所先行审查是否符合相关规定，并在交易结束后按照备案进行股份转让登记。

不连续交易，按照国发37号文的规定是指T+5的交易模式。从各地经验来看，场外股权市场的交易周期一般在20天左右，所以该项规定并未降低市场活力，同时防止了过度投机、炒作，保护了公司和股东的利益。

007. 中小微企业于现代社会的作用是什么？处于怎样的困境？

目前，我国注册的中小微企业已超过1400万家。中小微型企业，特别是创新型和科技型小微企业是中国经济转变发展方式、实现可持续增长的基础，是社会经济保持持久活力的源泉。其有5大作用：一是构建起我国庞大的企业集群生态系，有关数据统计，我国中小微企业数量占中国企业总数的99%；二是创造了我国50%以上的GDP；三是承载着中国最大的就业人口和消费主体，解决了80%城镇人口的就业问题；四是作为我国自主创新的主要来源，完成了74%以上的技术创新和82%以上的新产品开发；五是为国家贡献了60%的税收。

目前，中小微型企业面临的5大困境是：融资难（占全国企业总数99%的中小企业仅占银行贷款资源的22% 左右），股权流动性差，基础管理薄弱，难以形成品牌优势，难以吸引优秀人才。

008. 中小微企业进入区域股权市场挂牌有哪些好处？

一般来说，主要有5个方面的好处，一是为企业建立了外部融资体制，为挂牌企业直接融资开辟了新的渠道；二是为企业寻找战略合作者、增资扩股创造了机会；三是完善企业治理结构，梳理了公司股权结构，明晰了股东会、董事会、监事会、高管层的权责，使企业运作更加规范，降低了企业风险；四是提升了企业形象，增强了企业市场竞争能力；五是实现投资者与企业价值的提升，为下一步企业转板创造条件。

009. 怎样理解区域股权市场门槛低、产品多的特点及其对企业的培养功能

挂牌企业资源成为各地区域股权市场争夺的重点。对于区域股权市场，没有全国统一的管理制度作为参考，各地均按照自身需求制定了挂牌制度。相比其他市场，区域股权市场的门槛最低，适合那些有一定的业务规模、希望进入资本市场但不符合其他板块条件的企业。

区域股权市场交易的品种不止有股权，还有债权、金融衍生品、跨境人民币业务、场外非标准化金融产品等。交易方式主要为协议交易，没有股份限售，对融资也只做基本的形式审查。

区域股权交易市场作为资本市场中场外市场的基础部分，为中小微企业提供了进入资本市场的平台。中小企业可以通过在区域性股权交易市场完成股份制改造、规范公司治理机构、熟悉财务管理要求和信息披露制度等上市必修课，通过股权流转、定向融资和股权质押融资获得发展支持，因此，区域股权市场可以为新三板、创业板、中小板、主板等板块培育和提供优质企业资源。

010. 中小微企业在区域股权市场进行融资的成本优势如何？

一般来说，中小微企业通过信贷公司融资的成本在12%左右，民间一般性贷款利率为15%～18%（特例除外），而企业登陆区域股权交易市场的融资成本，因企业的资质和融资规模各异，平均在5%～6%左右，一般不会超过8%，低于企业银行信贷成本。

第二节　区域股权市场与多层次资本市场的关系

011. 我国资本市场的结构体系及多层次关系是怎样的？

目前，我国资本市场（这里主要指的是证券市场）的结构体系如图1－1所示。

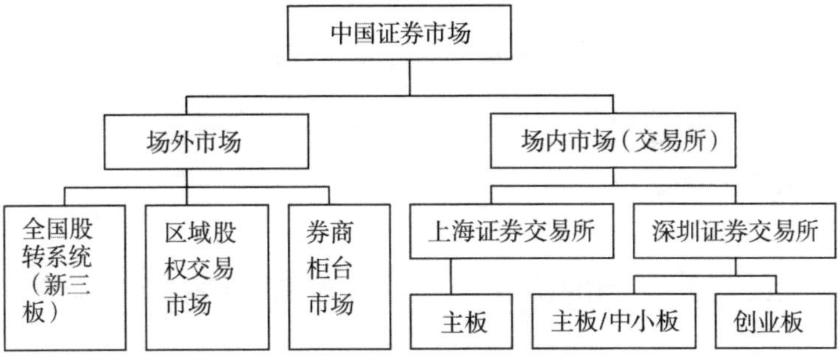

图1－1　中国资本市场（证券市场）结构简图

目前我国资本市场分为：交易所市场（主板、中小板、创业板）和场外市场（全国中小企业股份转让系统，即新三板）、区域股权市场（俗称四板市场）和券商柜台市场。它们之间的多层次关系，从上到下依次是：主板为第一层，中小板和创业板为第二层，第一、二层次属于场内市场；新三板为第三层，区域股权市场为第四层（根据“新国九条”规定，区域股权市场将从制度上被纳入我国多层次资本市场体系），券商柜台或成为第五层，第三、四、五层属于场外市场部分。

012. 我国多层次资本市场各层次服务的市场定位是怎样的？

目前我国架构的多层次资本市场体系里，第一层次沪深证券交易所主板市场主要为规模大、业绩稳定、具备一定持续盈利能力、成熟性的大中型企业提供股权融资和股票交易服务；第二层次深圳证券交易所的中小板和创业板市场主要服务于具备一定规模、盈利指标和运行规范的中小企业，这些企业包括传统型企业、“三高六新”及七大战略新兴产业等创新型企业；第三层次新三板主要服务于中小型非上市公众公司，其挂牌条件及要求等要比二板上市公司低很多。第四层次区域股权交易场主要服务于各地区域中小微企业的股权融资和转让服务，在这个市场挂牌的企业条件比新三板低，主要为初创期、成长初期的小微企业，这个市场目前有30家，主要由地方政府引导和市场自律监管，未来或将被纳入全国多层次资本市场体系，探索新的监管模式。第五层次券商柜台市场的交易对象主要针对券商经纪客户，进行理财产品、约定购回、股权、私募等买卖服务，作为专业机构，其创新性可能有更大的想象空间。

注意：上文中提到的“三高六新”是指高增长、高科技、高附加值以及新经济、新农村、新服务、新能源、新材料、新模式。七大战略新兴产业是指节能环保、新兴信息产业、生物产业、新能源、新能源汽车、高端装备制造业和新材料。

013. 目前我国场外市场的构成怎样？未来的架构将会如何？

目前，我国场外市场除全国股份转让系统（新三板）和30个区域性股权交易市场之外，还包括券商柜台市场。

未来，场外市场在全面、深度推动新三板和区域性股权交易市场发展的同时，或将大力推进券商柜台市场的建设，同时促成各柜台市场的互联互通以及与其他市场的联通。所谓券商柜台市场，即由券商自行组建并负责运营的柜台市场，交易对象限于券商经纪客户，在交易品种、交易制度、服务产品上，券商作为市场的组织者将有很大的创新空间，灵活性将更强，前期将以理财产品、约定购回等产品为主。2012年12月，中国证券业协会发布《证券公司柜台交易业务规范》，宣告券商柜台市场启动，首批7家券商获批试点资格。2013 年 5 月底证券业协会在北京组织多家券商研究解决证券公司柜台市场的互联互通以及与其他市场的联通问题。2014 年 5 月 15 日，证监会发布的《关于进一步推进证券经营机构创新发展的意见》中也强调了对这一市场的建设。

014. 如何从投资者和融资者的角度理解多层次资本市场建设的原因？

从两个方面来理解：一方面资本市场上的投资者与融资者，从规模大小、主体特征到对市场金融服务的需求各不相同。投资者与融资者这些千差万别的多样性决定了资本市场应该是一个多层次的市场体系。

另一方面，由于社会、经济生活中的投融资现象非常普遍、内需极其强劲，在逐利因素的驱动下极易产生非法证券发行与非法交易活动，形成金融风险，甚至是社会性重大风险。多层次资本市场能够对不同风险特征的筹资者和不同风险偏好的投资者进行分层分类管理，以满足不同性质的投资者与融资者的金融需求，并最大限度地提高市场效率与风险控制能力。

015. 我国为什么要建设多层次资本市场？

海外资本市场的发展是按照先场外、后场内的模式逐步演进的。而我国资本市场采用拿来主义，直接进行场内市场建设，其优势是“起点高、发展快、规则先行、规范护航”。目前我国交易所市场已成为全球第三大市场，新兴国家第一大市场。但是，以交易所为主体的资本市场逐渐暴露出市场功能的严重缺陷：

一是市场容量无法满足经济发展需求。目前，我国交易所市场采取核准制。20 年来，沪、深交易所只接纳了大约 2500 家上市公司，绝大部分有股权转让和融资需求的企业被挡在了资本市场的大门外，交易所市场远远不能满足我国经济发展的需求。

二是上市条件无法满足不同发展阶段企业的融资需求。交易所市场发行上市门槛高、审核周期长，创新型、科技型、成长初期等中小微企业在处于资金需求阶段时无法及时得到资本市场的支持。

三是不能满足不同区域的直接融资需求。根据沪、深交易所上市公司分布状况，绝大多数上市公司集中在华东沿海地区，中西部省份上市公司占比较少，甚至出现个别省份连续几年都没有新的公司上市，加剧了区域经济发展不平衡。

所以，以交易所为主体的资本市场显得很单一，层次不健全的体系已经制约了资本市场功能的发挥，延缓了经济发展方式转变和创新型经济发展。因此，经济发展升级、转轨变型迫切需要完善的、发达的场外交易市场，以构建多层次资本市场体系。

016. 发展场外交易市场对完善我国多层次资本市场体系有何意义？

场外交易市场的形成与发展，丰富和完善了我国资本市场体系，意义重大。

一是场外交易市场作为交易所市场的“预备市场”，即整个资本市场的基础层次，为企业的初期发展提供支持，并为交易所市场储备、选拔和培育合格的上市公司。

二是场外交易市场有助于交易所市场完善并实施退市机制，既有利于提高上市公司的质量，又为退市公司股份转让提供了平台，与交易所市场实现了互补。

三是场外交易市场增大了资本市场的容量，增加了交易品种，为各类投资主体提供了更为广阔的进入、退出渠道。

四是有利于资本市场从差别服务上和风险管理上更好地对接庞大的实体经济，从而更好地为中小微企业提供融资服务，以支持国民经济的转轨变型。进而实现多层次资本市场与实体经济更为良好的互助互动、互进共长。

017. 如何正确理解区域股权市场在多层次资本市场中的定位？

目前，我国区域股权市场处于萌芽试点期。场外市场范围庞杂，从广义上来讲，股权交易、债券交易、产权交易等各种金融衍生品的交易都可归为场外市场，其中股权交易市场是场外市场的重要组成部分。

区域股权市场是场外股权市场中的基础层次。全国中小企业股份转让系统有限责任公司于2012年9月20日正式成立后，以新三板为顶层，区域股权市场为基础的场外股权交易市场构架初步成型。根据我国《证券法》第三十九条的规定，“依法公开发行的股票、公司债券及其他证券，应当在依法设立的证券交易所上市交易或者在国务院批准的其他证券交易场所转让”。只有新三板才能进行非上市公众公司的股权交易业务，而区域股权市场目前只能进行非公众公司股权交易。非公众公司一般数量庞大、规模较小、良莠不齐。该种设定明确了区域股权市场是为区域范围内的中小微企业进行股权交易、融资的平台，是场外股权市场的基础层次。

018. 何为“新国九条”，其发布对多层次资本市场中的区域股权市场有何利好？

2014年5月8日，国务院印发了《关于进一步促进资本市场健康发展的若干意见》（国发〔2014〕17号，以下简称《意见》）。该《意见》针对当前资本市场存在的突出问题，围绕市场载体、市场主体、市场机制三个角度提出了具体政策措施，分为总体要求、发展多层次股票市场、规范发展债券市场、培育私募市场、推进期货市场建设、提高证券期货服务业竞争力、扩大资本市场开放、防范和化解金融风险、营造资本市场良好发展环境9部分23条。因为其分为9大块内容，为与原2004年的“国九条”区别，业界将其称为“新国九条”。

“新国九条”在总体要求内容下的第二点，便提出了“发展多层次的股票市场”，可见对此事的重视。同时提出“加快完善全国中小企业股份转让系统，建立小额、便捷、灵活、多元的投融资机制。在清理整顿的基础上，将区域性股权市场纳入多层次资本市场体系。完善集中统一的登记结算制度”。“实现并有利于投资者保护的退市制度，逐步形成公司进退有序、市场转板顺畅的良性循环机制”。

这里可做3点解读，第一，加强多层次资本市场建设，当然离不开区域股权市场、新三板市场的建设；第二，在内要形成“公司进退有序、市场转板顺畅的良性循环机制”，就需要大力发展新三板和区域股权市场，因为这是实现转板机制的重要基础；第三，明确提出了将“区域性股权市场纳入多层次资本市场体系，完善集中统一的登记结算制度”，这将区域股权市场的建设放到了一个很高的位置上来谈。区域股权市场未来或将在政策支持方面迎来更多的利好。

019. 区域股权市场是否将被纳入多层次资本市场体系？

是的。2014 年 4 月 18 日，证监会新闻发言人邓舸表示，对区域性股权交易市场，省级政府进行属地监管，部级联席会议督导协商，证监会正在抓紧将区域性股权交易市场纳入多层次资本市场体系进行研究。如能实施，将会对区域股权市场的健康快速发展起到重大作用。

区域股权市场属于场外市场，目前还未被纳入我国多层次资本市场体系，但据证监会 2014 年 4 月份有关信息透露及 5 月 8 日国务院发布的“新国九条”，这一事项已经被提上了议程。

第三节　区域股权市场与新三板关系比较

020. 在多层次资本市场体系中，如何比较区域股权市场与新三板的优缺点？

近两年来，地方性区域股权市场也进入了快速发展阶段，一些省份改制原有的股权交易中心，大力增加挂牌企业的数量，一些原本没有股权市场的省份亦竞相筹备，争取搭建地区内的主导性股权市场。区域股权市场纷纷设立后，吸引了众多企业进场挂牌，一些企业也先后通过区域股权市场实现了融资需求，资本市场支持实体经济的功能得到了彰显。

区域股权市场的优势在于挂牌条件更少，挂牌费用及管理费用更低，在地域上更接近拟挂牌企业等。新三板的优势在于公开转让、股东人数可超 200 人、混合交易方式、被纳入证监会统一监管等方面。两者的优势对拟挂牌企业而言，形成了一个选择难题，到新三板挂牌意味着将接受更严格的监管，在区域股权市场挂牌可以获得更直接的后续服务，新三板并非对所有拟挂牌企业均有吸引力。

021. 区域股权市场与新三板有哪些相似之处？

主要有如下 5 个方面的相似处：

（1）挂牌条件上，都体现宽松的要求，新三板条件要高些、严格些。

（2）挂牌流程一般都在6个月左右。

（3）交易制度上都包含协议转让，除此之外，新三板有更多的交易方式。

（4）融资方式上有很多交集。

（5）信息披露上都体现适度信息披露原则。

022. 区域股权市场与新三板、交易所的主要区别是什么？

表1－1　区域股权市场与其他市场的比较

项目	区域性场外市场	全国中小企业股份转让系统（新三板）	交易所市场（主板、中小板、创业板）
功能定位	企业解决股份转让难的问题和部分解决融资问题	企业价值发现、投资、整合、转让的综合平台	融资与股票交易平台
挂牌条件	宽松，无实质要求	宽松，存续满2年且业务明确，无财务指标要求	严格
挂牌/上市成本	比较低	比较低	较高
监管机构	地方政府	全国中小企业股份转让系统及证监会	证监会
审核制度	接近备案	形式审查	严格审查，等待时间长
公司定位	非上市非公众公司	非上市公众公司	上市公司
挂牌/上市流程	6个月内	一般需要6个月	一般至少2年辅导期
交易制度	协议转让	协议、竞价、做市商可选择	竞价
融资方式	私募	自行选择融资对象及时点	上市即稀释股权，再融资审批严格
服务内容	中小微企业与产业资本的服务媒介，主要为企业发展、资本的投入与退出服务	中小微企业与产业资本的服务媒介，主要为企业发展、资本的投入与退出服务	企业融资、投资者股票交易，以分红等回报
投资群体	投资者适当性制度，方向是以机构投资者为主	投资者适当性制度，方向是以机构投资者为主	中小投资者为主
涨跌幅	各区域规定不同	不设限制	10%
信息披露要求	适度信息披露	适度信息披露，不要求报纸披露	强制信息披露
权益持有人要求	200人之内	可以超过200人	可以超过200人
权益交易	权益不能标准化，不能持续交易，T+5	权益能够标准化，1000股为单位持续交易，做市商或T+0，其他T+1	权益标准化，以1股为单位持续交易，T+1

023. 区域股权市场与新三板在交易制度上有什么差别？

区域性股权市场和新三板均是多层次资本市场的有机组成部分。新三板是经国务院批准，依据证券法设立的全国性证券交易场所，主要为创新型、创业型、成长型中小微企业发展服务。境内符合条件的股份公司均可通过主办券商申请在全国股份转让系统挂牌，公开转让股份，进行股权融资、债权融资、资产重组等。新三板挂牌公司依法被纳入非上市公众公司监管，股东人数可以超过 200 人，股份可以按照标准化交易单位持续挂牌交易，且不设 T+5 规定。区域性股权转让市场是由地方人民政府批准设立、自行监管的股权转让市场。根据 38 号文，区域性场外市场必须严格执行“非公众、非标准、非连续”的原则，即挂牌公司股东人数不允许超过 200 人；不得将股份按照标准化交易单位持续挂牌交易；且任何投资者买入后卖出或卖出后买入同一交易品种的时间间隔不得少于 5 个交易日。根据国务院和国务院办公厅下发的 38 号文和 37 号文的规定，区域股权市场与新三板的差别很大，具体来说：

一是在交易制度上是否能进行集中交易。除经国务院或国务院期货监管机构批准设立从事期货交易的场所外，任何单位不得采取集中交易方式进行交易。所谓集中交易方式包括集合竞价、连续竞价、电子撮合、匿名交易、做市商等交易方式。所以新三板允许采取集中交易方式，区域股权市场主要以协议为主，交易方式被限定在一定的范围之内。

二是能否持续挂牌交易。区域股权交易市场不能将权益按照标准化交易单位持续挂牌交易。此处的“标准化交易单位”是指将股权以外的其他权益设定最小交易单位，并以最小单位或其整数倍进行交易；“持续挂牌交易”是指在买入后 5 个交易日内挂牌卖出同一交易品种或在卖出后 5 个交易日内挂牌买入同一交易品种。新三板无此限制，其最小交易单位是 1000 股；且新三板的交收日为 T+1 制度，只要有足够的股份和资金就可以持续交易。

三是权益持有人累计人数是否可以超过 200 人。按规定，除法律、行政法规另有规定外，区域股权交易市场的任何权益在其存续期间，无论在发行还是转让环节，其实际持有人累计不得超过 200 人，以信托、委托代理方式持有的，按实际持有人计算。而新三板挂牌公司一经中国证监会核准，股东人数可以超过 200 人。

024. 区域股权市场挂牌公司如何与新三板形成转板关系？

按照全国股转系统公司发布的《常见问答五》：根据国务院发布的《关于全国中小企业股份转让系统有关问题的决定》（国发〔2013〕49 号）的规定，在符合《国务院关于清理整顿各类交易场所切实防范金融风险的决定》（国发〔2011〕38 号）要求的区域性股权转让市场进行股权非公开转让的公司，符合挂牌条件的，可以申请在全国股份转让系统挂牌公开转让股份。对于在已通过国务院清理整顿各类交易场所部际联席会议检查验收的区域性股权转让市场挂牌的公司，申请在全国股转系统挂牌前须暂停其股份转让（或摘牌），待取得全国股转系统公司出具的同意挂牌的函后，必须在办理股份初始登记前完成在区域性股权市场的摘牌手续。对于在国发〔2013〕49 号文发布之前，已在尚未通过国务院清理整顿各类交易场所部际联席会议检查验收的区域性股权转让市场挂牌的公司，须在申请挂牌前完成摘牌手续，由主办券商和律师核查其在区域性股权市场挂牌期间是否符合国发〔2011〕38 号的规定，并发布明确意见。对于在国发〔2013〕49 号文发布之后，申请在尚未通过国务院清理整顿各类交易场所部际联席会议检查验收的区域性股权转让市场挂牌的公司，全国股转系统公司将在该区域性股权转让市场通过国务院清理整顿各类交易场所部际联席会议检查验收后受理其挂牌公开转让的申请。

CHAPTER2
第二章

区域股权市场业务现状、存在问题及建设发展

第一节　区域股权市场运行现状

025. 区域股权市场“星星之火勃发燎原之势”的情形是怎样的？

2008 年 9 月 22 日，天津股权交易所成为国内首家正式运营的区域股权交易市场，其良好的运营为区域性市场起到了示范作用。之后，2009 年 7 月重庆股份转让中心成立；2010 年 7 月 19 日上海股权托管交易中心成立；同年 8 月石家庄股权交易所成立；12 月 6 日湖南股权交易所成立；12 月 29 日齐鲁股权交易中心（2013 年 11 月改制易名）成立。2011 年 4 月 26 日广西北部湾股权托管交易所（现还处于试营业）成立；同年 5 月吉林股权交易所成立；6 月江西股权交易所（试营业）成立；11 月 17 日武汉股权托管交易中心成立；12 月 26 日福建海峡股权交易中心成立，在 3 年的时间里国内陆续成立了如上 11 家区域股权交易市场，它们对当地中小微企业融资和地方经济发展做出贡献的同时，也为区域股权交易市场的成长模式与发展积攒了宝贵经验。

2011 年 11 月，我国对包括区域股权市场在内的众多交易场所，如产权交易市场、重金属交易所、文化艺术品交易及大宗商品中远期市场等开始了规模宏大的清理整顿。不过，2012 年证监会对区域股权市场进行了密集的调研，并明确释放出了支持的信号，当年便有 3 家区域股权交易市场成立，它们分别是 2012 年 8 月 9 日成立的广州股权交易中心，2012 年 5 月 15 日成立的前

海股权交易中心和9月3日成立的浙江股权交易中心。受到清理整顿和其他原因的影响，早期成立的区域市场几乎都在成立很久后才开始正式营业。

进入2013年，区域股权交易市场迎来了爆发式增长，新年过后，12家区域股权交易市场相继成立或试营业。它们分别是2月7日成立的辽宁股权交易中心，2月19日成立的大连股权交易中心，7月6日成立的青海股权交易中心，7月11日成立的广州金属高新区股权交易中心，8月29日成立的山西股权交易中心，9月24日成立的江苏股权交易中心，9月30日成立的安徽省股权托管交易中心，10月21日成立的新疆股权交易中心，12月28日成立的北京股权交易中心，12月16日成立的甘肃股权交易中心，12月30日试营业的成都（川藏）股权交易中心，12月30日成立的厦门两岸股权交易中心。

到2014年5月28日，又有4家市场诞生，它们是分别是1月14日成立的贵州股权交易中心、3月18日成立的青岛蓝海股权交易中心、5月22日成立的内蒙古股权交易中心和5月26日成立的陕西股权交易中心。另外，广西区域股权市场和黑龙江区域性股权交易市场正在筹建之中。到目前为止，全国区域性股权交易所成立或试营业30家（不含某些区域市场建立的分中心）。这些市场，从挂牌企业来源看，天津股权交易所覆盖29个省市，上海股权托管交易中心和广州股权交易中心则分别覆盖长三角（目前，挂牌企业来源至少覆盖了全国16个省份，不过超过80%的数量来自江苏和上海本地；Q板推出后，正向内蒙古、辽宁和西北的甘肃等地扩容）和珠三角等地区；另外广东省拥有3家区域股权交易市场，挂牌展示企业数量也是最多的，超过4000家。截至2014年5月31日，全国各地股权市场总体挂牌（含挂牌展示）企业数量达10084家，纯粹展示性质的企业也达4500家，比2012年底的600家增长了近20倍，数量总和与增速上都远远超过交易所市场的主板、中小板、创业板和新三板，燎原之势已经形成。

026. 区域股权市场“群雄并起，攻城夺池”的态势是怎样的？

在这狼烟四起的战场上，从2014年新年开始，区域股权市场与新三板市场相比，似乎更具活力与创新因子，在凸显充分竞争规则的市场驱动下，“丛林法则”与“狂野生长”似乎更适合概括区域性股权市场上“群雄并起、攻城夺池”的壮观场面。这里以天津股权交易所、齐鲁股权交易中心、上海股权托管交易中心、辽宁股权交易中心和前海股权交易中心来简单描述一下。

2014年3月9日，天津股权交易所东丽运营中心正式启动，一个月过后的4月17日，山西运营中心在晋中挂牌，4月24日长三角业务运营中心在江苏无锡举行了首次企业挂牌仪式，新挂牌的8家企业拟通过天交所融资5亿元。在这之前，2012年9月29日天交所福建泉州区域运营中心揭牌，并于2013年7月5日成立了福建龙岩运营中心，同年10月29日成立了广东顺德运营中心，11月20日成立了广东惠州业务运营中心，12月28日成立了长三角运营中心（江苏无锡崇安区）。到目前为止，天交所在山西、广东、福建、江苏和天津等地成立了7个运营分中心，天交所如此快速的扩张方式似乎暗示了它在全国场外区域性股权交易市场的实力和龙头的地位。

齐鲁股交中心立足于淄博总部，正逐步实施向山东省内地级市等区域扩展的战略，目前已经相继建立了烟台、济南运营中心，未来还将在青岛（青岛目前已有蓝海股权交易中心）、鲁西等地建立运营中心。

同样是全国性市场的上海股权托管交易中心自从2013年8月7日正式运行Q板以来，挂牌企业爆发性增长，到2014年5月底，挂牌企业已经突破850家。似乎也在用"走出去"的战略来兑现其"努力成为全国最大区域场外市场"的目标。2014年3月4日上海股权托管交易中心——上海西鼎投资咨询有限公司张掖企业挂牌孵化基地揭牌，同年3月19日上海股交中心在江苏常州设立了企业挂牌孵化基地；4月3日，上海股交中心还在辽宁营口举办了投融资项目推介会，现场推介了营口的150个投融资项目；4月4日，上海股交中心又出现在了内蒙古呼和浩特市，举办了针对内蒙古中小企业融资困境的专题系列讲座等。

另外，辽宁股权交易中心与内蒙古元盛投资担保集团一起组建了内蒙古区域性股权交易中心，注册资本为人民币5000万元，注册地为呼和浩特市。后起之秀的前海股权交易中心在短短一年多的时间里累计挂牌展示企业突破3200家，由于其深具特色的运营模式，目前被委托管理2014年4月10日注册成立的厦门两岸股权交易中心。

027. 券商、交易所"跑马圈地"、抢滩四板市场的壮观景象是怎样的

在2012年10月之前成立的8家区域性股权交易市场，包括天津股权交易

所、重庆股份转让中心、石家庄股权交易所、湖南股权交易所、齐鲁股权交易中心、吉林股权交易所、江西省股权交易所和武汉股权托管交易中心（其中湖南、吉林成立 2 年后才正式营业，江西目前试营业），还没有一家市场具有券商参股的情况。

但是到了 2012 年 10 月，在财通证券和浙商证券两家券商首先参股投入运营的浙江股权交易中心，打响了券商“跑马圈地”、抢滩四板市场战役的第一枪之后，整个情况就发生了重大变化，随后的一年半时间内，在已投入运营的 30 家区域性市场中，除天津、广州、湖南、广西北部湾、吉林、江西、石家庄、内蒙古 8 家股交中心股东多以当地国资企业或投资机构为主外，其余 22 家区域股权市场都晃动着券商的身影，参股区域性市场的券商数量超过了 37 家，约占券商总数的 1/4 以上，而且至少有 5 家区域性市场由券商绝对控股。如中信证券和国信证券分别参股了前海股权交易中心和厦门两岸股权交易中心，大通证券则入股了大连股权交易中心和辽宁股权交易中心，宏源证券参股了新疆股权交易中心等。其中江苏股权交易中心共有 5 家券商参股（而且只有券商股东，创下国内之最），最受青睐。在持股比例上，广东金融高新区股权交易中心由广发证券和招商证券分别持股 32.5%，并列第一大股东；再如重庆股份转让中心第一大股东为西南证券，持股比例为 53%；江苏股权交易中心控股方为当地券商华泰证券，持股 52% 的股份，同时东吴、国联、东海、南京 4 家证券公司各持股 12%。

券商参股还体现出如下两种情况：一是地缘参股优势，如长江证券参股武汉股权托管交易中心、西南证券控股重庆股份转让中心、南京证券参股江苏股权交易中心、华西证券参股川藏股权交易中心等。二是原区域市场改制引入券商以顺应券商入股区域性市场的潮流，如重庆股份转让中心于 2013 年 2 月完成了公司制改造，西南证券以 8281.25 万元人民币对其增资成为控股股东。齐鲁股权交易中心的公司制改造则在 2013 年 11 月完成，齐鲁证券入驻参股股东。在改制后，齐鲁股交中心依托齐鲁证券等建立起了 11 个营业网点，引进各类中介服务机构 200 余家，吸引股权投资机构 150 家。随后，其挂牌企业首支私募债成功登陆深交所、推出地方金融板块、挂牌企业奥盖克成功转板新三板等，成绩斐然。

在券商跑马圈地的同时，沪深交易所也不甘落后。早在 2012 年，上交所就分别入股上海股权托管交易中心和浙江股权交易中心，但是进入2013年后，深交所则后来居上。2013年初，深交所入股重庆股份转让中心，首次打开区域市场之门后的一年时间内，深交所以迅雷不及掩耳之势先后完成了对12家区域性市场参股的举措，目前达到了上交所参股中心数的3倍多。这12家区域股权市场在数量上超过了全国业界市场总量的1/3，而且已经覆盖了华北、华东、华中、华南、东北、西北以及西南等各地。在短短一年时间内，深交所悄无声息地完成了对区域性市场的全国布局。

在沪深交易所目前参股的15家区域股权市场中，上交所对上海股交中心的持股比例为29%，对辽宁股交中心和浙江股交中心均达20%；而深交所在参股的股交中心中，出资额最多的是前海股权交易中心，投入5500万元，持股比例上仅对北京股交中心、重庆股权转让中心和武汉股权托管交易中心的持股比例就达15%，对其他股交中心的持股比例在5%～10%左右。另外，深交所下属公司深圳证券信息有限公司也参股多家区域性市场，持股比例多数不超过15%，几乎都排在第三股东以及更靠后的位置。

除37家券商外，目前还有信托、商业银行等金融机构等参与区域市场的建设，如大连华信信托参股大连股交中心，持股比例达到30%，仅次于持股48%的大连港集团成为第二大股东；在厦门两岸股交中心的股东中，厦门农村商业银行工会持股11%；光大金控资产管理有限公司为甘肃股交中心股东之一，持股比例为18.18%，等等。

看来，以券商、交易所为主导的金融机构或集团等正不遗余力地“跑马圈地”抢滩四板市场，区域性股权交易市场到处都是一片狼烟滚滚，热闹非凡的景象。

028. 目前全国各区域股权市场的挂牌（含展示）数量如何？

截至2014年5月31日，各区域股权交易市场合计挂牌4051家，挂牌展示企业合计6033家（如除去山西、新疆、甘肃、内蒙古、青海等更偏重于展示的部分挂牌企业数目的话，挂牌展示性质的企业应该在4300家左右），纯展示概念的企业4502家。这里需要说明的是：①前海、厦门两岸所有挂牌展示企业初始收费为10000元；江苏的成长板挂牌初始收费10000元，年费5000元/年，具有挂牌展示性质；辽宁科技板由于省科技厅给每一家科技型企业挂牌补贴 10000 元，直接支付给辽宁股交中心（相当于向企业收费），按照挂牌展示企业数目入算。②具有挂牌展示性质的上海 Q 板初始挂牌费用也是 10000 元，但是，入驻企业还需要中介推荐、辅导等规范过程，总体要花费大概 10 万元左右方能挂牌，故按照挂牌数目入算；③湖南的培育板属于纯粹的展示性质，故按展示数目入算。④山西、新疆、甘肃、内蒙古、青海等西北或北方区域，多数挂牌不收费，严格地说应该偏重于纯展示性质，但是考虑区域情况和地方政府引导力度等关系，这里都纳入挂牌展示入算。⑤广西北部湾的预挂牌企业数不计入总数。至于各区域市场挂牌或挂牌展示企业情况的含金量到底如何，如何界定挂牌、挂牌展示与展示概念，可参见第 29 问和第 33 问。具体情况见表 2－1。

表 2－1　全国区域性股权交易市场成立运行日期及挂牌展示企业数统计

名称	成立运行日期	挂牌（展示）数
天津股权交易所	2008－09－22	挂牌 465 家
重庆股份转让中心	2009－07 成立； 2009－12－27 运行； 2013－02－06 改制	挂牌 153 家，展示 35 家
上海股权托管交易中心	2010－07－19 成立； 2012－02－15 运行	E 板 189 家，Q 板 700 家
石家庄股权交易所	2010－08 成立； 2013－10－29 运行	主板、成长板共挂牌 59 家
湖南股权交易所	2010－12－06 成立； 2012－12－05 运行	标准板 17 家，培育板（纯展示）133 家
齐鲁股权交易中心	2010－12－29 成立； 2013－11 改制易名	挂牌 310 家，展示 1724 家
广西北部湾股权托管交易所	2011－04－26 成立； 目前试营业	预挂牌 43 家
吉林股权交易所	2011－05 成立； 2013－06－28 运行	挂牌 7 家
江西省股权交易所	2011－06 成立	试营业
武汉股权托管交易中心	2011－11－17	挂牌 207 家，展示 1611 家
福建海峡股权交易中心	2011－12－26 成立； 2013－07－18 运行	挂牌 24 家，展示 531 家

续表

名称	成立运行日期	挂牌（展示）数
前海股权交易中心	2012－05－15 成立； 2013－05－30 运行	挂牌展示 3281 家
广州股权交易中心	2012－08－09	挂牌 669 家（含 12 家在审）
浙江股权交易中心	2012－09－03	挂牌 858 家
辽宁股权交易中心	2013－02－07	交易板 55 家，科技板 486 家（相当于挂牌展示）
大连股权交易中心	2013－02－19	挂牌 34 家
青海股权交易中心	2013－07－06	挂牌展示 112 家
广州金融高新区股权交易中心	2013－07－11 成立； 2013－10－29 运行	挂牌 15 家，注册（相当于展示）305 家
安徽省股权托管交易中心	2013－08－01 成立； 2013－09－30 运行	挂牌 27 家
山西股权交易中心	2013－08－29	挂牌展示 934 家
江苏股权交易中心	2013－09－24	挂牌 42 家（价值板 4 家，成长板 38 家）
新疆股权交易中心	2013－10－21	挂牌展示 435 家（几家是股份公司，其余全是挂牌展示性质的有限公司）
北京股权交易中心	2013－12－28	展示 58 家
甘肃股权交易中心	2013－12－16	推荐板 283 家（相当于挂牌展示，不收费，2014 下半年将推出交易板）
成都（川藏）股权交易中心	2013－12－30 试营业	挂牌 179 家
厦门两岸股权交易中心	2013－12－30	挂牌展示 390 家
贵州股权交易中心	2014－01－14	挂牌 28 家（首批）
青岛蓝海股权交易中心	2014－03－18	挂牌 13 家，展示 105 家
内蒙古股权交易中心	2014－05－22	挂牌展示 112 家
陕西股权交易中心	2014－05－23	
黑龙江区域性股权交易市场	筹建中	
云南区域性股权交易市场	无	
河南区域性股权交易市场	无	
海南区域性股权交易市场	无	
宁夏股权交易中心	无	
合计	挂牌 4051 家；挂牌展示 6033 家；展示 4502 家	

注：1. 统计数字来自官方资料和实情咨询；2. 统计时间截至 2014 年 5 月 31 日。

029. 如何厘清目前挂牌、挂牌展示和展示的概念？

自从2013年5月30日前海股权交易中心正式运营，推出挂牌展示板以来，上海、山西、齐鲁、北京、湖南、厦门、重庆、青岛蓝海等区域市场先后开始借鉴。目前，对挂牌、挂牌展示和展示这三种概念，市场没有定论，让人混淆不清。

现在几乎绝大多数的区域股权市场的内部都分了层次，少则2层，多则4层，由于本身挂牌条件就很低，分层过后，最低层次的进入门槛成了实实在在的“零门槛”（有别于区域市场为吸引客户所宣传的那种“零门槛”）。一些区域市场为吸引企业，只需要企业提供“是合法存在”这一基本证明条件，不需要交什么费用，更不需要中介、推荐商规范或督导，便可以入驻市场，并在其官网上挂上名字做宣传，这样的企业，在一些地区，如西北等地的区域市场，也对外宣传为“挂牌”或“挂牌展示”（当然，也有许多新闻报道如此混淆）。实际上，如上称谓的“挂牌”“挂牌展示”或许应称为会员企业“注册”更为准确，这种界定广州金融高新区股权交易中心就做得很好。截至2014年5月30日，其挂牌企业15家，注册会员企业298家，而外界媒体多有将其注册会员混淆为“挂牌”或“挂牌展示”。当然，也有区域股权市场在市场中分出一个明确称谓为“展示板”的层次的。

虽然对外都称为“挂牌展示”，但市场不同，其准入要求的差距还是很大的，比如前海股权交易中心，“挂牌展示”的企业入驻初始费用是10000元/企业；山西股权交易中心的挂牌展示不收钱；上海股权托管交易中心的Q板（近乎挂牌展示）企业入驻初始费用是10000元/企业，另外还需要中介机构推荐及督导费用，共计需要约10万元/企业。

天津、上海、齐鲁、重庆等老牌区域市场，他们所称谓的“挂牌”是含金量很高的挂牌，几乎与新三板挂牌要求相当（在新三板扩容之前，比新三板还高）。比如在上海股权托管交易中心E板挂牌的企业，其挂牌条件、程序、收费等情况和新三板几乎一样，要求企业最低注册资本金500万元，挂牌费用上海本地企业150万~200万元（包括股交中心收费、推荐机构、中介机构等各类费用），非上海本地企业在100万元左右，当然，由于有地方政府的财政补贴冲抵，费用会降低很多。

综上，目前国内各区域股权市场上有关“挂牌”“ 挂牌展示”和“ 展示”的概念鱼龙混杂，称谓与实际差距很大，也没有一个统一标准予以规范。当然目前的这种混乱情况，正是市场比较充分竞争的一种自然表现，只要不影响大局，存在是有其合理性的。

030. 如何理解区域股权市场内部分层的现状及趋势？

从国外场外市场发展的情况来看，板中分层是市场发展的一种必然趋势，是底层资本市场个性化、专业化特征的外在表现。

目前，各区域股权市场，特别是起步较早的如天津、上海、重庆、山东等地的股权交易市场都进行了分层尝试。上海股权托管中心设立了“一市三板”分层体系，即 Q 板（中小企业股权报价系统）、E 板（非上市股份公司股权转让系统）和私募股权基金份额报价平台；齐鲁股权交易中心为展示板、孵化板和普通版“三板联动”分层体系；浙江股权交易中心采用创新板和成长板“一市两板”的市场构架体系。

这里，区域股权市场应该注意分层的针对性，一些区域股权市场在这方面做得比较成功，如前海股权交易中心率先推出了展示板，专用于为企业做广告宣传，达到让市场了解企业的目的，信息披露方面遵循企业自愿原则，没有信息披露上的强制要求，在前海之后，山西、湖北等都相继推出展示板。天津股权交易中心 2014 年 3 月对其“统一制度的双层递进式板块体系”进行了改革，将原来横向的“全国市场”“区域市场”两个层次和纵向的“传统行业板”“科技创新板”“矿业板”三个层次体系进行了融通，寓简于繁重新设置了主板、成长板和创业板三个层次，构成了更具竞争优势的“三个立体板块双向升降衔接的市场体系”。上海股权托管交易中心则针对前海模式的竞争影响，设计了几乎与展示板具有同等条件的 Q 板层次，另外还设立了“自贸区企业股份转让系统”，等等，这些尝试都具备一定的创新思维和市场针对性。

当然，我国各地区域股权市场在设计层次、遵循买者自负的原则上仍旧肩负着引导投资者的责任，帮助不同偏好的投资者对企业进行有效梳理，降低投资风险。市场分层所把握的基本原则与市场层次形成的基本原理都应是为企业服务、对投资者负责。市场将大量的企业汇聚在一起，竞争要求企业在需求、风险、优劣等方面做出分类，这种竞争、服务和风险的分层管理更适合市场法则、我国发展国情以及场外市场层次结构的本质要求。

031. 如何理解区域股权市场跨区域联合及区域内细分市场的情况？

证监会2012年8月发布的《关于规范证券公司参与区域性股权交易市场的指导意见》将“区域”一词限定为省、自治区和直辖市，这意味着如果出了省、自治区和直辖市也就跨出了区域。不过该文同时给跨区域留了一定的空间，即得到省、自治区和直辖市级人民政府同意的企业是可以跨区域挂牌的，比如成都（川藏）股权交易中心成为第一个在38号文规定下跨区域的区域股权交易平台。

由于各种市场资源的分布不均，加之各个区域股权市场运营状况存在差距，各地企业如果具备充分的自主选择权的话，事实上跨区域发展必然成为一种趋势。在这种趋势下，保持一省一家股权市场的状态将不再现实，像产权交易市场一样，跨区域联合性市场或将成为某种方向。从国外经验来看，我国的西南、西北、中部、东北等大区域极有可能形成几个联合性的场外交易场所，这也是未来可能的发展方向。

当前我国大部分省区都有了自己的区域股权交易市场，但是对于沿海比较发达的省份来说，因为许多市级城市聚集了大量优质企业资源，在金融诉求下，早期在同一省份内出现几家股权市场或许是一种正常情况，如广东省有广州、前海、佛山三家市场，福建有厦门、平潭两家，辽宁省有辽宁、大连两家股权交易市场，山东有齐鲁、青岛两家。另外，一些省级区域股权市场在同一省份内还建立了许多子市场，如山东两家区域股权市场之一的齐鲁股权托管交易中心于2013年7月5日成立了东营管理中心，同月12日成立了济宁管理中心；2014年4月18日成立了烟台运营分中心、同年4月26日成立了济南分中心，大有在全省所属市级城市都设立分中心的味道。显然，在同一区域内多个股权交易市场并行发展，同质化竞争会更加激烈，交易平台的生存空间就会受到挤压。于是新设的交易平台往往运用金融创新或个性化服务，如信贷资产转让、信托收益权转让、知识产权许可交易与质押融资、资产证券化的权益流通等，打造有特色的资本服务平台。由此可见，专注于某项另类业务的开展可能成为某些地区交易市场的主要发展方向。

032. 我国区域股权市场的创新情况如何？

我国各区域股权市场，从产生开始，就不断推陈出新，形成很多创新模式并产生了一定的成果。比如早期的天津股权交易所首开我国股权交易做市商之先河（38 号文、37 号文后被限制），对这种交易制度进行了尝试、创新和探索并积蓄了经验；2014 年 3 月开始天交所设置的“三个立体板块双向升降衔接市场体系设计”也很有创意。未来天交所或将在三个板次的基础上推出精选板，以进一步形成对挂牌企业的正向激励。另外，天交所在两年多时间内在周边、长三角及西北建立了 7 大运营分中心等都充满战略创意。

上海股权托管中心有 Q 板的设计以及 5 个否定项的挂牌标准，4 月 18 日上线的私募股权基金份额报价系统，在技术层面远远领先于中国其他区域股权交易市场，为 PE 有限合伙人的基金份额提供了更大的流动性。有关报道显示，拥有私募基金份额转让系统的上海股权交易中心也将于 2014 年迎来首批 PE 的挂牌。

辽宁股权交易中心首发区域市场第一只“集合私募债”、首开业界“科技板”与“中证辽宁股权交易市场发展指数”。前海股权交易中的“十无”业务模式下企业展示平台的大胆创新不仅为自己赢得了市场先机，而且在业内引发了震动，从此之后，如上海、山西、山东以及北京等很多区域市场都刮起了企业展示之风。另外，如广东股权交易中心的知识产权板块等都显示出了区域股权交易市场在创新机制模式与创新运营操作方面的动力与激情。

033. 企业申请到区域股权市场挂牌或展示的费用如何？

企业申请到区域股权市场挂牌或展示的费用情况要根据不同市场、同一市场内不同层次以及企业本身的状况来定，从无费用到 200 万元不等。这里对大部分区域市场的收费情况做一个大致统计：

上海股权托管交易中心，其 Q 板中心收费 10000 元，把所有中介等费用加在一起的话 10 万元左右就能挂牌；而 E 板，几乎与新三板的挂牌条件和收费标准接近，要求企业最低注册资本金 500 万元，挂牌费用上海本地企业 150 万～200 万元（包括股交中心收费、中介机构等各类费用），非上海本地企业在 100 万元左右。江苏价值板（只是股份公司），挂牌初始费 10 万元，股权托管0.1‰~2‰（按股本情况分级收取），年费10000~20000元，中介费50万~100万元；成长板（有限公司为主，股份公司也有），挂牌10000元，年费5000元/年。

武汉挂牌中心不收费，成功融资按工作量等情况收取1%~5%的服务费，中介费自行商量；展示板没有标准。湖南挂牌费用20万元，股权托管费0.5‰，培育板不收费，纯展示功能。重庆的优先板、标准板与新兴板挂牌年费第一年不会超过10万元，第二年开始只收2万元的年费，中介费协商定价，挂牌总费用在40万~50万元左右。

前海股权交易中心企业挂牌中心只收10000元的挂牌展示费用，如挂牌企业实际中发生了股权转让、私募等融资，再按照一定比例收取服务费用。佛山广州金属高新区6月30日前申请挂牌不收费，6月30日后收费，初始挂牌费30000元，年费30000元；前100家挂牌企业奖励25万元，股份公司挂牌可直接获得奖励，有限公司需要单笔融资到500万元，或累计融资到1000万元才有奖励；每笔融资按照融资金额收取9%（包括银行在内）的费用；挂牌需要做资料，由中心会员PE做的话，估计20万元，由券商做的话需要25万元左右。福建海峡企业展示，不收任何费用（包括不收中介费）；对挂牌的24家企业（含泉州），中心初始审查收费20000元，股权托管费0.8‰~1.5‰，另外加年费。厦门挂牌展示10000元，不需要中介费用等。

山西股权交易中心设置了4个层次，挂牌展示中心不收费，只有产生股权、私募债等融资业务后，中心才根据转让或融资金额大小按照一定比例收取服务费。石家庄挂牌初始费20万元，中介三方指导价各10万元，主板标准为营业收入1000万元或利润100万元；成长板标准为营业收入300万元或利润为正。北京股权交易中心设置展示板和挂牌板，目前只有展示企业，中心不对展示、挂牌的企业收取费用，至少在2014年内有效。

辽宁科技板，科技厅补贴10000元/家给股权交易中心；在交易板挂牌，有40000元初始费（标价80000元，近年按5折优惠）和登记费10000元，年费按一定比例收取。吉林中心按照资本金的0.5‰收取初始挂牌费用，另外中介如律师、会计和推荐机构的费用大概在30万元左右。

新疆市场的有限公司挂牌展示不收费，资本金应在300万元以上，等到企业获得融资后收取1%~2%的手续费。挂牌企业资本金应在500万元以上；

股份公司挂牌初始费50000元，每年挂牌服务费20000～30000元（资本金5000万元以下收取20000元；5000万以上收取30000元）；中介（推荐、审计、律师）费用估计在30万～60万元左右。青海股权交易中心按照企业资本金的0.2‰收取费用，股份托管费用在5000～15000元/年（3000万元为递增标准收取）。甘肃现在只有推荐板，不收费，企业获得融资后，按照融资金额提取0.6%的手续费，注册100万元合法企业皆可挂牌，2014年下半年将推出交易板。

034. 2011年底开始，我国各类交易所市场再现清理整顿的原因是什么？

受中国长期投资型经济拉动政策的影响，目前中国经济结构比例失衡、债务危机严重、制造业环境恶化，这些问题导致实体经济大面积衰落、股市低迷、房地产行业增长乏力，持续有效的监管、引导不足，合规投资渠道较少及投资环境恶化。加之国外投机资金大有做空中国的意向，资金逐利特征进一步显现，众多因素使得某些非合规经营的产权交易市场、重金属交易所、文化艺术品交易及大宗商品中远期市场得到了强有力的发展。当时国内仅大宗商品电子交易市场就有300多家，仅在2011年前10个月成立的就有130多家，且成交额已经突破10万亿元。这里分流了不少股市的资金，而且这些行业的偷税、漏税很严重，个别交易所股东直接参与买卖，甚至发生管理人员侵吞客户资金、经营者卷款逃跑等问题，例如中国化工网的对赌、郭远峰案件、沂蒙山花生事件等。这些问题如发展蔓延下去，极易引发系统性、区域性金融风险，甚至影响社会稳定。

所以，在这些原因和背景下，国务院发起了对国内绝大多数产权交易市场、重金属交易所、文化艺术品交易及大宗商品中远期市场交易场所长达两年多时间的清理整顿。在这次清理整顿中，区域股权市场在交易制度等方面受到了限制的同时，也得到了中央到地方政府的政策支持。

035. 为什么说我国区域股权市场目前正处于探索试点阶段？

目前，我国区域股权市场遍地开花，似乎取得了很大成绩，这只是表面情况。实际上，现行各区域股权市场仍然处于萌芽试点阶段，具体来说，到目前为止，还没有一部真正对区域股权市场验明正身的法规出现，诸如区域股权市场定位、监管的顶层设计等还处于彷徨时期，之前证监会出台的20号文，也只是从证券公司参与区域股权市场的角度入手给出对这一市场的引导规则。

2011年11月，国务院38号文出台，对交易场所市场开始长达两年的清理整顿，在这之后，区域股权市场回归到了以股权交易为主导的路径上来，但是其“五不”原则客观上对区域股权市场起到了一定的限制作用，目前，全国成立了近30家区域股权交易市场，不过，真正以股权交易为主业，并能做出特色和成绩的市场还很少，还存在制度到市场模式设计的巨大空间，需要探索和交付学费，所以说我国的区域股权市场还处于探索试点期。

第二节　区域股权市场一般性业务简析

036. 区域股权市场的业务范围是什么？

各地区域股权市场的业务主要有4方面的内容：

一是登记托管业务，属于传统老业务。早在2001年前后，就有很多区域产权交易所及大量的地方股权托管登记场外市场开展此业务类型，这也是股权得以转让交易的基础性业务。

二是从事非上市非公众公司股份挂牌、转让交易业务。根据《非上市公众公司监督管理办法》第四条的规定，“公众公司股票应当在中国证券登记结算公司集中登记存管，公开转让应当在依法设立的证券交易场所进行”，再根据《证券法》第三十九条的规定，“依法公开发行的股票、公司债券及其他证券，应当在依法设立的证券交易所上市交易或者在国务院批准的其他证券交易场所转让”。显然，区域性市场为省政府批准市场，不属于国务院批准且“依法设立”的市场，所以不得进行非上市公众公司的股权挂牌及转让业务。

三是私募债券与融资服务。证监会公告20号文指出，“区域性市场是为市场所在地省级行政区域内的企业特别是中小微企业提供股权、债券的转让和融资服务的私募市场”。可见除股权交易外，区域性市场还可以进行私募债券的转让与交易。证监会公告35号文也对券商的投资范围做了修改，允许其对区域市场中的私募债券进行投资。

四是理财产品交易、信托产品交易、金融产品交易服务、私募基金份额交易，并购重组业务，以及政策法规允许范围内的金融衍生产品创新性业务等。

037. 区域股权市场股权登记托管的概念、客观要求是什么？

所谓股权登记托管，就是办理未上市股份有限公司、有限责任公司、股份合作制企业股权的托管登记、挂失、查询、分红、质押、登记咨询等服务，以及债券、投资凭证、过渡性股权的托管业务。区域股权市场作为市场的第三方，能够客观公正地为未上市企业提供具有公示力和公信力的股东名册记载，可以弥补企业股东名册的管理缺位。

区域股权市场既是投资者持有企业股权的确认者和投资者股权资产的保管者，还是股权流转交易以及交易达成后清算交收的组织者，从客观上创造了股权有序流动的基础条件，是企业股权挂牌交易的前提。

股权托管的客观需求要从两个方面来看，一方面，非发起人股东、持有股份但离职的高管人员、需要套现的股东，以及看好公司发展前景或基于各种动机需要购买股权的投资者，都需要有序、合法、安全的流动途径。另一方面，非上市公司股权一般都在私下进行转让，政府部门难以监督，交易纠纷时有发生。特别是在国有股权转让过程中，极易出现“暗箱操作”，导致国有资产大量流失，严重损害了国有股东和其他投资者的合法权益。

038. 区域股权市场股权登记托管的意义和好处是什么？

我们主要从3方面来看待区域股权市场股权登记托管的作用和意义：

对地方政府来说，能够有效监管股权交易行为，规范股权管理，有利于加强对国有资产的管理，防止国有资产的流失；有利于构筑多层次资本市场，促进高成长性企业快速健康发展；有利于促进产业和金融资本融合。

对企业来说，有利于规范运作，提高经营管理水平；有利于节省财务成本；有利于拓宽投、融资渠道；有利于扩大企业知名度，为其股票公开发行、上市创造条件。

对股东来说，股权托管机构为股东提供所持股权的有效权属证明，通过股权证明和查询股权信息，减少信息不对称；可以规范股权变更，防范欺诈行为；有效杜绝私下交易、黑市交易等不规范行为；增加股东股权的流动性，拓宽股东的融资渠道。

039. 区域股权市场的股份挂牌转让及交易业务是什么？

所谓股权挂牌转让及交易，是指区域股权市场能够提供股权合法、有序转让的平台，使挂牌企业在交易平台上实现股权的流动和增值，提升企业价值。企业在区域股权市场挂牌的好处有：①发现价格，即股权定价，资本增值，提升企业价值；②规范治理，即建立现代企业管理制度，明晰股权，增强企业合力；③融资发展，即股权交易，增信融资，壮大企业主业；④上市培育，即资本运作，提高核心竞争力。

区域股权市场的股权交易一般采用定价申报与协议转让两种交易制度。投资者进行协议转让的，投资者之间就交易价格和数量达成一致后，由双方约定通过交易系统进行申报交易。定价申报转让是指投资者按其指定的价格申报其指定数量股份的买卖指令，等待有交易意向的投资者点选成交。交易系统对投资者的交易指令不实行自动撮合，意向投资者须根据定价申报方的申报价格和数量输入确认指令成交。

一般情况下，各区域股权市场的股权交易实行现款现货交易，不得采用信用方式。交易保证金实行第三方存管制度。交易时间一般为每周一至周五的上午9:30至11:30，下午13:00至15:00。国家法定节假日和市场公告的休市日，市场休市。

040. 区域股权市场对拟挂牌企业的规范性要求主要有哪些？

各区域股权市场对拟挂牌企业规范性的要求虽然或多或少地存在着区别，但是核心内容是相同的，主要有：

一是公司治理机制健全。企业的“三会一层”需健全，股东大会、董事会和监事会制度完整，符合自身特点和公司治理机制的基本要求，职责明晰和议事规范。避免董事会形同虚设、监事会受制于董事长或总经理的情形。

二是企业资产权属关系清晰、完整，不存在争议或限制。企业资产应取得合法合规的相应权证如药品食品注册证、商标权证、专利权证、土地使用权证、采矿权证、探矿权证、特许经营许可证等。完整性如企业主要产品或经营业务在改制时纳入股份公司，则相应的商标权必须随同进入等。若资产存在抵押、质押等担保权利限制，企业应披露相关进展情况及可能存在的风险隐患；若资产涉及被行政处罚，企业应披露处罚的具体事由、处罚进展，并分析其对企业的影响。

三是企业组织机构及其经营合法、规范。企业合法并真实取得注册资本载明的资产；生产经营应符合法律、行政法规和公司章程的规定，同时符合国家产业政策方向和相关环保要求；企业应具备健全且运行良好的组织机构。

四是内部控制制度独立且完善。内部控制制度健全、明晰，内控体系独立、运行有效，能够确保企业经营管理合法合规、资产安全、财务报告及相关信息真实完整，同时能够提高经营效率、促进企业实现发展战略。具体表现为内部经营管理机构健全独立，控股股东、实际控制人及其控制的其他企业不得与公司混设交叉机构；建立了独立的财务核算体系，不得与控股股东、实际控制人及其控制的其他企业共用银行账户；完善的内部管理机制，确保企业财务报告及相关信息的真实完整性。

041. 拟挂牌企业涉及哪些市场主体？该如何与之配合？

区域市场拟挂牌企业涉及的市场主体虽然叫法不尽相同，但是，按照工作性质和内容来分，主要有推荐机构、会计师事务所、律师事务所和资产评估机构。

推荐机构一般是区域股权市场的会员券商、PE 等符合条件的机构，负责企业在区域股权市场的所有事宜。推荐商将协调会计师事务所、律师事务所共同为企业进行股份制改造、设计融资结构、确定融资价格、发掘企业亮点、梳理企业经营模式。会计师事务所为企业出具最近两年（或一年）一期的审计报告以及验资报告。律师事务所为企业挂牌出具法律意见书和律师工作报告。

为顺利推进挂牌工作，拟挂牌企业应积极配合推荐和中介机构的工作。具体要协调好企业内部董事、监事、高管人员和各相关部门，充分认识股份制改造和挂牌工作的战略意义，积极支持配合，避免无谓的争执和纠缠。在尽职调查和审计、法律服务的过程中，因为事情烦琐、程序复杂，需要企业相关工作人员在应对中介和推荐机构列出的材料清单、不时的问询和新的要求时有耐心、积极配合。企业的相关高级管理人员和核心技术人员在梳理和挖掘企业核心技术及竞争力等方面，应主动承担部分工作，这更有利于尽职调查文案的编写和企业实力的展现等。

042. 企业股权（股份）的持有者拥有哪些权利?

企业股权（股份）的持有者称为普通股股东，享受以下基本权利：

一是参与决策权。普通股股东一般有出席股东大会的权利，有表决权和选举权、被选举权，可以参与公司事项的决策。

二是资产收益权。普通股的股利收益没有上下限，视公司经营状况好坏、利润大小而定，公司税后利润在按一定的比例提取了公积金后，经股东大会决议，可通过一定方式按股份比例分配给普通股股东。

三是优先认购新股的权利。当公司资产增值，增发新股时，普通股股东有按其原有持股比例认购新股的优先权。

四是请求召开临时股东大会的权利。

五是公司破产后有依法分配剩余财产的权利。普通股的剩余财产分配权次于债权。

043. 区域股权市场股权（股份）融资有哪些优缺点?

与其他筹资方式相比，股权（股份）筹措资本具有如下优点：一是股权（股份）筹措资本具有永久性，无到期日，不须归还。二是股权（股份）筹资没有固定的股利负担，股利的支付与否和支付多少，视公司有无盈利和经营需要而定。

股权（股份）筹措资本也有一些缺点：一是股权（股份）资本成本较高。从投资者的角度来看，投资于股权（股份）风险较高，相应地要求有较高的投资报酬率。从筹资公司的角度来看，由于企业的效益未完全显现出来，在企业发展前期以股权（股份）方式融资，为吸收资本所付出的股权比例会较大。二是股权（股份）筹资会增加新股东，这可能会分散公司的控制权，影响公司的决策效率。三是在投资者对企业不太了解的情况下，吸引融资较困难。

044. 拟挂牌企业私募股权路演准备需要注意什么？

企业在挂牌区域股权市场前如能募集一部分股权资本，既可以增强资金实力，又可以为挂牌提供公允的股权价格。还可以为挂牌后提供可流通的股份（如果股改后股东全部是发起人的话）。在募集的过程中，有些拟挂牌企业需要在区域股权市场推荐机构的配合下进行私募路演，私募路演之前，企业应当在推荐机构的指导下，做好如下准备工作：

精心准备宣传材料。这些资料是向来宾和意向投资者介绍企业核心优势和未来发展潜力的宣传片、演讲稿、PPT、宣传画册等。

统一协调、分工明确，有礼有节、活跃气氛。一方面企业需要配备一个包括熟悉企业核心竞争力人员在内的团队，其中路演讲解人员需要口才好、普通话标准、非常熟悉材料的内涵、演讲具有感染力。另一方面，企业要与推荐机构默契配合、互为补充，表述言简意赅，不能出现重大遗漏，给来宾和投资者以不专业的印象。注意，推荐机构应站在客观公正的第三方的角度，对企业的投资价值和存在的问题等进行客观分析和表述。一般来说，路演工作的最后，通常会安排现场认购环节。为避免因路演效果不理想出现冷场，预先应当做好活跃气氛的准备，提升投资者的认购意愿。当然，聘请专业的机构等更能锦上添花。

045. 作为目前区域股权市场重要融资途径的私募债，其主要特征是什么？

私募债融资是指以负债的方式融入资金。筹资企业向投资者发行债券，并且承诺按特定利率支付利息并按约定条件偿还本金。债券是债的证明书，具有法律效力，债券购买者与发行者之间是一种债权债务关系，债券发行人即债务人，投资者（或债券持有人）即债权人。

私募债是以非公开方式（投资者不得超过200人）发行和交易、约定在一定期限还本付息的债券。这是金融产品的一大创新，是引导民间资金支持实体经济的有效途径，也是规范民间借贷行为的重要载体，是解决“两多两难”问题的合适通道。与银行贷款相比，私募债券具有限制少、效率高、审核周期短、募集资金使用灵活、综合成本低等特点。但为了提高债券发行的成功率，对发行人的财务、信用、资金用途、融资渠道、选择机构等方面有一定的要求。

我国自2012年中小企业私募债诞生以来，至今已两年。虽然市场关于私募债褒贬不一，甚至过度渲染其风险，但在经济下行压力增大的情况下，与信托渠道相比，私募债对中小企业来说，依然是具有吸引力的融资方式。

私募债券融资具有以下特征：一是免于核准、注册。二是非公开特定发行，同时投资者不得超过200人。三是偿还性，即债券一般都规定有偿还期限，发行人必须按约定条件偿还本金并支付利息。四是流通性，即债券发行后可以申请在湖南股权交易所的交易平台上进行自由转让。五是安全性，即与股票相比，债券通常规定有固定的利率，与企业绩效没有直接联系，收益比较稳定，风险较小。同时，债券持有者不参与企业的经营管理。

由于私募债市场已有了良好的法律铺垫，又具有强烈的现实需要，因此我国在区域市场的建设中应大力发展中小微企业私募债，提高企业融资能力，降低融资成本。

046. 私募债相对于银行贷款有哪些优势？

目前，各区域股权市场，股权转让效果不太理想，但是，中小企业私募债券倒是条很好的途径，私募债相对于从银行贷款有如下优势：

一是融资成本较低。银行信贷规模进一步收紧，发行债券可以拓宽企业融资渠道，改善企业融资环境，有助于在经济形势和自身情况未明时保持债务融资资金的稳定性。

二是发行审批便捷。中小企业私募债在发行审核上率先实施“备案”制度，接受材料至获取备案同意书的时间周期在10个工作日内。私募债规模占净资产的比例未作限制，筹资规模可按企业需要自主决定。

三是期限更灵活。一般来说，银行不愿意提供大额的长期贷款，银行融资以中短期资金为主，而私募债券可以设定较灵活的期限，可分为中短期（1~3年）、中长期（5~8年）、长期（10~15年）。资金的长期性可以提高财务工作的灵活性。企业也可根据企业、市场发展的具体情况，设置提前或延后偿还的条款。

四是资金使用更灵活。银行贷款往往有很多限制，如限制资金的使用范围、留下部分资金在账户中作为保证金、限制借入其他债务、要求保持一定的流动比率和资产负债率等。而私募债券筹集的资金监管较松，企业只需要按私募说明书中的募投项目或写明的用途使用即可，不受债权人的具体限制，发行人可根据自身业务需要设定合理的募集资金用途。允许中小企业私募债的募集资金全额用于偿还贷款、补充营运资金，若公司需要，也可用于募投项目投资、股权收购等方面。

五是条款设置更灵活。债券还可以设置附赎回权、上调票面利率选择权等期权条款，还可分期发行。在增信机制设计上，有第三方担保、抵押/质押担保等，也可以设计认股权证等。如企业发行私募债券时，可在发行条款里约定，债券到期时可以按设定的价格转换成企业的股权，或将债券期限设计成N+1年，在第N年债券到期时，企业有延期一年的选择权。

六是企业处置更灵活。企业发行完私募债券后，可以申请在区域股权市场内进行交易，在私募债券的存续期内，企业可以根据市场利率的变化，通过买卖自己的私募债券，随时调节自己的债券规模，以降低借款成本。

七是提升市场影响。私募债的合格投资者范围较广，理财产品、专户、证券公司等都可以投资，债券发行期间的推介、公告与投资者的交流可以有效提升企业的形象。债券的成功发行显示了发行人的整体实力，债券的挂牌转让交易也会进一步为发行人树立资本市场形象。私募债也有助于企业在监管部门处提前树立良好印象，为企业未来上市等其他融资安排创造条件。

047. 私募债发行涉及哪些市场主体？

中小企业发行私募债券的过程中，主要涉及以下市场主体：承销机构、担保机构、会计师事务所和律师事务所。其中承销机构负责对企业进行尽职调查、帮助企业拟定发行方案、制作发行备案材料、完成发行工作等；如企业要为私募债券提供增信措施，可引入担保机构为私募债券的还本付息提供担保；如企业未对私募债券引入担保，则需要会计师事务所出具最近两年的审计报告，律师事务所出具法律意见书和律师工作报告。

048. 企业私募债发行可以采取哪些增信措施？

中小微企业在发行私募债券时，为了能够提高吸引力、快速完成私募债券的发行，可以采取以下几种措施增加私募债券信用：

一是抵押增信，即企业可将自己的土地、厂房、设备向债券管理人设置抵押；二是质押增信，即企业可将自己所持有的有价证券，企业大股东可将所持有的企业的股权作为质押品向债券管理人设置质押；三是担保增信，即企业可引入担保公司对债券的还本付息提供担保；四是评级增信，即企业可引入国内知名的评级机构为企业的信用状况及本次发行的私募债券进行评级。

049. 夹层产品融资及其特点、优点是什么?

夹层产品融资是指在风险和回报方面介于债权和股权之间的一种融资形式，兼具债权融资和股权融资的特征。较为典型的是附回购权的优先股和可转换债券。

夹层产品融资特点：一是前期向投资者支付固定收益，而投资者放弃对企业事项的决策参与权；二是到期可设置回购条款，由企业或大股东进行回购，或设置转股条款，将本金转换成普通股。

夹层产品融资的优势有：一是提供较长期限的融资，夹层产品融资时限在2年以上，一般是3~5年；二是灵活的条款设置，通过夹层产品融资的企业可以设置灵活的还款方式，使之符合企业的现金流要求；三是限制较少，与银行贷款相比，夹层融资在公司控制方面的限制较少，投资者一般很少参与到企业的日常经营中去，在董事会中也没有投票权；四是成本较低，普遍认为，夹层融资的成本要低于股权融资，能够在对企业最有利的时机实行转股，降低对企业大股东股权的稀释程度。

第三节　区域股权市场的问题及制约因素

050. 对区域股权市场融资功能的担忧是什么?

就目前的情况来看，区域股权市场数量虽多，但是，企业在获得融资服务方面，单从融资金额多少来说的话，除天津、上海、重庆、齐鲁、广州、浙江等少数市场做得不错之外，绝大部分市场的融资和交易能力都是很差的，甚至有些市场到现在都还没有任何融资的情况。官方数据显示，天津股权交易所截至目前股权融资累计63.70亿元，齐鲁股权交易中心完成的针对挂牌企业私募股权融资达20亿元、私募债券融资1.55亿元、股权质押融资近11亿元等，这些是做得比较好的。但如广州股权交易中心的22.74亿元融资中，只有近5亿元是通过增资扩股或定增完成的。前海股权交易中心挂牌展示企业已经超过3200家，但目前只推出了私募债、小额线上借款、基金份额交易、短期借款等几项业务，直接股权融资业务起色不大。

实际上，既然名为“股权交易市场”，围绕挂牌企业股权流动性进行的融资类产品开发才是根本，私募债和银行质押贷款等，只是一个补充。着眼未来，如果不能进行股权融资和交易，就背离了区域性股权交易市场的本质。

或许通过去行政化、更好的顶层设计，并充分发挥市场竞争以实现优胜劣汰机制才是区域股权市场长久、健康发展的正道。

051. 对区域股权市场法律地位的担忧是什么？

区域性股权市场面临法律定位不明确、非公开市场定性的制度不平衡、运作不规范三大法律困境，这或许是市场融资冷清的深层次原因。

区域股权市场法律定位不明确，目前证监会出台的唯一一部法规，也是从证券公司的角度涉及区域股权市场的运行引导问题的。证监会的规定仅适用于证券公司参与区域性股权交易市场，与各地政府设立区域性股权交易市场本身没有多少关联。按现行规定，股票交易场所的设立，必须经国务院批准，否则就是非法场所。但在实际上，区域股权市场大部分由各级政府审批，经国务院批准的为数甚少。有人认为区域市场不是股票交易场所，而是股权交易场所，但实际上区域性股权交易市场交易的就是股票，所以法律定位不明确的问题现在已经非常严重。应当在国务院的层面真正确立区域性股权交易市场的地位和规范，市场的成立，究竟是由谁审批与监管，要有明确的说法。

不过，国务院2014年5月8日发布的“新国九条”中明确提到了“将区域股权市场纳入多层次资本市场体系”，之前的4月证监会发言人透露正在研究相关政策的问题，但愿不久之后，区域股权市场的法律地位能予以明确。

关于非公开市场定性制度的不平衡问题，38号文、37号文给予了明确的限定，在区域性股权市场挂牌的企业，不得从事份额交易、不得采取连续竞价交易和做市商竞价交易，这一规定对区域性股权交易市场形成了严重制约。实际上，企业从有限公司改制成股份公司的那一刻起股份就已进入标准化程序，份额交易的前提已经形成。

同时，国务院清理政策还规定，在区域性股权市场挂牌的企业，其股东不能突破200人，股份也不能公开转让，而主板、创业板、新三板则可以超过200人。实际上从另一个角度来说，市场行情是公开的，投资者都可参与，公开和非公开的定义，客观上造成了一些制度上的不平衡。非公开市场的定性，导致出现信息披露不对称等不规范运作非常严重，引发内部交易甚至道德犯罪，若不妥善处理，随着时间的推移，将会激发严重的市场危机。

另外，国内区域性股权交易市场投资者的机构居多，国内机构投资者的理念都是为了投资的企业将来能上主板和创业板，而区域性股权交易市场的企业并非是为了实现这一目标，这本身就使区域股权市场的股权交易受到了限制。

052. 如何从顶层制度设计角度解读区域股权市场公众层次板块缺失的问题？

根据证监会《非上市公众公司监督管理办法》对非上市公众公司的定义，结合《国务院办公厅关于清理整顿各类交易场所的实施意见》的表述，进行200人以上企业证券交易的交易场所属于清理整顿的范畴。也就是说我国区域股权市场目前只能行进非上市非公众公司股权交易，而不能进行非上市公众公司的股权交易，所有的非上市公众公司都需要去新三板挂牌进行股份转让。该种设计在监管层面上有其合理性，但是，这也从法律层面封杀了区域股权市场非上市公众企业层次板块的存在。

实际上，对区域股权市场来说，公众企业层次板块的存在是有其特定价值和意义的。原因有：

一是并非所有的非上市公众公司都愿意到新三板挂牌，或具备其挂牌条件。这里存在成本等因素的考量。

二是目前浙江省率先取得了突破，证监会同意浙江股权交易中心对200人以上企业挂牌进行试点，已有多家企业挂牌。

三是新三板作为一个未来可以集中交易的、可推做市商制度的、允许200人以上企业挂牌的准公募市场，必然要求企业提供较为完备的信息披露。过多的信息披露会对企业利润、商业机密等产生不利影响，甚至直接降低企业的核心竞争力。这或许会成为一些企业选择较低层次挂牌的一个潜在因素。

四是如能在顶层制度上放宽限制，即退市企业并非严格对接新三板，区域股权市场也可以承接退市企业、“两网”企业和新三板退出企业的股权流转的话，将给场外市场带来更加活跃的市场动力。这一设想有两点原因：①基于市场机制下企业有自主选择权；②多元化退市与转板路径是我国多层次资本市场成熟化的体现。

五是区域市场着力于为本区域内的企业提供融资和发展服务，具备一定本土优势，对本土企业在一定程度上具有吸引力。

053. 对区域股权市场发展“区域性”的理解及行政干预的担忧是什么？

2012年以来，区域性股权市场已呈遍地开花之势，全国各地都在建设区域性股权交易市场，基本上每个省都有，一些省份还成立有多家市场，如广东省有广州、前海、佛山3家市场，福建有厦门、平潭2家，辽宁省有辽宁、大连2家股权交易市场，山东有齐鲁、青岛2家等。

这种对区域市场推动的热情是应该鼓励的，但是，也存在一些盲动的东西在里面，关键可能是“区域性”概念定义的偏差和狭窄。在国外，“区域性”主要指适用法律范围及其自身业务覆盖能力，但在国内却被解释成为本区域内的企业服务。这样会导致区域性股权市场泛滥，这种人为限制的做法，使市场功能不能发挥完全，并形成重复建设、严重浪费资源，极大地限制了市场的竞争发展。

在地方政府的行政干预下，绝大多数地方企业被人为设置壁垒，被要求到当地区域股权市场挂牌，带有隐含的“强制性”在里面，使得在区域性股权交易市场挂牌的企业进退两难。这些做法与市场原则相背离，或将形成区域市场热情退潮后机制、动力及运营的衰退现象。

054. 区域股权市场与新三板的定位存在混淆与同质化的竞争吗？

根据《证券法》第三十九条及《非上市公众公司监督管理办法》第四条

的规定，就我国的市场来说，可以被定义为“依法设立的证券交易场所”与“国务院批准的其他证券交易场所”的仅有上海证券交易所、深圳证券交易所与全国中小企业股份转让系统。所以非上市公众公司理论上仅能到新三板上市。同时，根据《关于规范证券公司参与区域性股权交易市场的指导意见》第二条的规定，非上市非公众公司全国市场也由全国中小企业股份转让系统承担。那么区域股权市场的客户群到底是什么，这里存在矛盾。

新三板作为场外市场的最高层次，与区域市场在企业准入的定位上形成了错位。新三板市场的低门槛体现了股转系统对中小企业、高新技术企业、优质企业兼收并蓄的总体方针。所以，在规模、利润等方面不对企业做硬性规定。虽然说新三板还须遵守《证券法》中股份企业不低于500万元注册资产的要求（地方区域市场没有这一限制)，但是，这无疑会导致严重的同质化竞争，对区域市场形成了很大的压制效果，压缩了区域市场的生存空间。

我国中小企业众多，新三板更应择优而入地体现其全国性市场的优越性。除此之外，更需要各地区域股权市场根据地方特殊情况进行资源配置，消化这些区域的刚性市场需求。在这两个层次的场外市场都存在需要大力发展的现实驱动下，它们各自的市场定位与相互关系就显尤为重要了，显然，这需要制度的顶层设计用以彰显市场驱动机制而避免人为同质化的恶性竞争。

055. 从市场资源配置的角度，如何理解企业应主导市场选择权的问题?

目前，天津股权交易所、上海股权托管交易中心、齐鲁股权交易中心、前海股权交易中心等众多区域股权市场都定位于成为全国性非上市非公众公司股权交易市场。在市场经济下，区域股权交易市场应当以市场选择机制为根本，而非限制企业的自主选择权，硬性规定一省的企业就必须到该省的股权交易平台去挂牌交易。

企业的逐利性促使其自发地进入更适合其发展的资本平台来转让股权和募集资金，而运转更为高效的融资平台也自然更吸引企业的加入。所以说，市场配置资源的天然功能，要求中小微企业选择适合自身发展的资本平台。

056. 如何客观看待区域股权市场6方面的局限性?

近两年来，区域股权市场如火如荼地在全国各地建立，确实对完善我国多层次资本市场、改善我国金融体系结构，为中小微企业提供更多更广阔的融资途径带来重要的作用和意义。但是就真实现状来说，一些市场存在很多局限性，对拟挂牌的企业来说，这是需要认真对待的问题。区域股权市场的优势前面的问题都谈到了，这里只谈其局限性。

一是几十年来我国本身具有“运动式”建设的习惯，各地这两年区域股权市场的全面上马，或多或少地受到这种传统习惯的影响，所以许多迷你版的交易市场在空间布局、制度机制设计等方面存在很大的同质性，未来的生存和投融资效能到底能有多大发展空间，还很难说。

二是目前区域股权市场更多的是代表地方政府打造各自金融中心的决心，这是很好的，但是，这些市场的建设一定要与政绩割断联系，布局上需要更多的考证与理性。从目前来看，区域股权市场在空间联动、制度设计、运营模式等方面还难以具备市场培育机制的优势。

三是从国家政策角度看，虽然区域股权市场的建设被视为为中小微企业投融资的服务平台，但前提是要保护投资者，特别是广大的自然人投资者。目前在该市场缺乏合理成熟的监管、挂牌企业形形色色的情况下，如果放开交易方式和投资者限制的话，投资者的权益将难以得到保护。交易所市场建设了这么多年，审核如此严格，这方面仍然做得不好，所以，或许是出于担心，国家对场外市场的交易品种和方式等做了很大限制，只限于协议交易方式。这样一来，就存在一个很大的问题，那就是挂牌企业的股权交易缺乏流动性，交易双方无法即时直接交易，势必会打击投资者对区域股权市场的兴趣。交易难以活跃，公司的股价不能够公允表达，股权质押贷款就失去了价值，这与不挂牌贷款看企业净资产或者抵押物没有区别，挂牌还要花费很多精力与金钱。

四是区域股权市场挂牌服务的对象是中小微企业，这些企业几乎清一色地存在财务税收问题，这也算是中国特色。企业去挂牌，其财务数据要给大家看，完全整改的话，很可能要补交一大笔税费，而市场又无法及时带来收益，因此很少有企业愿意整改，简单调整一下就去挂牌了，个中目的不尽相同。但是对于那些有志于继续在资本市场上走下去的企业来讲，可能在无意之间埋下了地雷。当然，如果企业盈利能力很强，就不要在意那点税费，认真整改挂牌是能带来很大好处的。

五是目前来看，区域股权市场处于两难境地，相比新三板市场，它们在交易规则、材料制作、备案核准等形式方面相差不多，但是在市场层次、监管政策、融资效能及运作规范等方面还是差别较大的。存在来自新三板的竞争，区域市场的两难处境就更加明显了，本来对企业的吸引力就不大，要求一旦严格，就会将更多的企业挤压出去而使市场急速萎缩，未来，在激烈的竞争态势下，一些区域股权市场走向跨区域联合，或者被淘汰出局可能是一种趋势。

六是区域股权市场目前的制度、机制创新等还远远不足。本来竞争就激烈，对个体市场来说，不可能永远在地方政府资金和政策的保护下运行，这是生死存亡的问题。

所以，对区域股权市场来说，还有很长的路要走，对拟挂牌企业，就目前的市场状况，建议综合各方面的因素，有针对性、有选择性地挂牌还是比较重要的。

第四节　区域股权市场的建设及发展

057. 为何说区域股权市场与新三板一起成就了我国资本市场的第二次革命？

第一场革命是以“老八股”为代表的中国股票交易市场的诞生，这是场内市场的内容；第二次革命是“新三板扩容”及区域股权市场的全面发展。

从市场构成上来说，成熟、良性的资本市场应该包含两大部分：场内市场（主要包括目前的股票、债券市场）和场外市场。场内市场的建立算一场革命，对应来说，场外市场的建设和全面推动也应该算是一场革命。

从实践经验来说，美国是个很好的样本。正是由于美国场外市场一直处于兴盛和创新性发展之中，才铺垫了纳斯达克及其 OTC Markets 的繁荣和兴盛，也掀起了美国高科技和新经济的辉煌浪潮。

从与实体经济的联动上来说，针对我国不同类型、不同级别的众多企业，应当对应形成多个层次的资本市场体系，对不同的企业有针对性地给予差异化服务。我国中小微企业数以千万计，需要一个强大的场外市场来联动发展。场外市场是场内市场存在和发展的重要基础，所以场外市场应该比场内市场大得多。

从市场层次上来说，多层次资本市场体系的本质是对风险的分层管理，实现制度的差异化安排，而多层次资本市场体系的基础就是场外交易市场。只有建立这样的多层次资本市场体系，才能有效地重构我国现有证券市场的畸形结构体系，促进资本市场的良性发展，才能奠定优胜劣汰的转板机制、风险管理的对冲机制，使场内市场蓄水机制等得以充分实现，从而为千千万万的中小微企业提供发展的资金和成长的动力。

从资源配置上来说。我国资本市场是在制度安排下，自上而下发展起来的，场外市场20年来的缺失，使资源配置很不合理。这需要一场场外市场的渐进式革命来改变这种资源配置格局。

从现状来说，目前我国场内市场的发展已经处于严重的瓶颈阶段：一是国内社会、政治、经济状况已到了需要大力发展场外市场的时候；二是国民经济发展的基础和生命之源——包括高新技术型在内的有着庞大数量的中小微企业，融资难、发展乏力，科技创新与转化的动力缺乏等情况越来越严重；三是国外成熟资本市场的经验参考；四是国内资本市场20多年建设的经验、教训与基础；四是天津、上海等区域市场探索与新三板的多年试点尝试等都聚集了场外市场革命的能量。

从我国资本市场发展历程来看，证券业协会、证监会的产生与运营，投资基金试点、QFII制度推行，新旧“国九条”的产生，股权的分置改革，公司债发行，中小板、创业板的设立，股指期权的诞生等都属于资本市场的大事件。虽然这些大事件推动着我国资本市场从微弱与畸形中逐步走向成熟和繁荣，但是，这些事件只能算作我国资本市场发展历程中某些关键节点上的一些重大变革，难以具备里程碑式的革命意义。

所以，据上分析，只有用新三板的全国性扩容及对区域股权市场全面建设的探索发展来构建我国层次性的场外资本市场才能算是我国资本市场的第二次革命。它将在推动我国经济体制变革和经济转型的过程中发挥重要作用。

058. 企业股权转让模式是如何从拍卖、产权形式转变到托管半交易模式的？

我国产权市场探索非上市企业股权转让模式的屡次创新与屡次清理，为我国场外市场特别是现今区域股权市场的兴起与发展奠定了重要基础，不仅为之探索了道路、摸索了模式，而且还积蓄了大量的实践经验。我们这里简单回顾一下这一主题。

从非上市股权转让的发展历程上看，1998 年金融危机时期，国务院办公厅转发《证监会关于清理整顿场外非法股票交易方案》之后，股权交易进入真空期。然而上有政策下有对策，人们很快就找到了应对的办法，根据《拍卖法》等相关法律的规定，人们把股权创新成为拍卖流通的标的，股权交易衍生成通过拍卖手段进行流通转让的买卖。该种方式在上海、深圳等地得到迅速发展。后来，随着产权市场的兴起，特别 2000 年后，非上市公司的股权又进一步地获得创新，可借产权之名，作为一种财产权在各地产权交易所同物权、债券、知识产权、排污权等一同挂牌交易。所谓产权，根据 1993 年《国有资产产权界定和产权纠纷处理暂行办法》的定义是“财产所有权以及与财产所有权有关的经营权、使用权等财产权”。

2001 年 7 月，中国证监会出台的《关于未上市股份公司股票托管问题的意见》提出“未上市公司股份托管问题，成因复杂，涉及面广，清理规范工作应主要由地方政府负责”等内容，这显然是对非上市公司股权托管提出了原则性的指导意见 。于是，国内大多数省、自治区、直辖市政府依据相关部委的文件，制定了地方性的非上市公司股权登记托管政策。据统计，当时，全国共有 24 个省、直辖市、自治区和计划单列市设立了非上市公司股权登记托管机构，出台了股权登记托管规则，其中大多数股权登记托管机构是依托产权交易机构设立的独立法人组织，也有在产权交易机构内设立一个业务部门的 。各地政府部门普遍支持产权交易机构通过股权登记托管制度安排对非上市公司股权变动进行管理。

这样，产权市场似乎可以名正言顺地开展股权登记托管及相关服务业务了。随后，上海、天津、北京、深圳、浙江、江苏、山东、武汉、成都、陕西等地均建立起非上市股份公司股权托管中心。托管中心不以营利为目的，按照国家及当地政府的法律法规，为托管企业提供股权登记及股权的日常管理，按托管企业要求提供股东登记服务、变更服务、信息查询及分红等其他服务。据统计，到 2006 年前后，各地的股权登记托管机构一共有 30 多家，股权登记业务在各地稳步发展。这些场所的股权托管并不进行股权交易，仅负责股份托管、股权质押、登记结算等业务。但投资者与交易者通过协商，以股权质押、变更登记等方式间接实现股份的流转。于是，各地股权托管中心进入了以登记管理为主的半交易模式时期。

股权托管对产权市场而言，所承载的功能及延伸目标是很多很大的。它是在当时制度缺失的情况下对非上市股份公司股权实现规范管理的可操作的有效途径，通过公司入场托管可以进一步提高对国有资产的监督管理，是对产业和金融资本融合新方式的探索，是对原有产权交易市场功能的创新与提升。2008 年 10 月我国颁布了《企业国有资产法》，其第五十四条规定，“除按照国家规定可以直接协议转让的以外，国有资产转让应当在依法设立的产权交易场所公开进行”。这之后，产权市场中的股权交易不仅限于国有企业，民营企业、集体企业也参与其中；公司结构也不限于非上市非公众公司，上市公司的非流通股、有限责任公司等同样可以在该平台进行股权交易。

由此，我们也可以明白这样一项事实，即中国产权市场是我国股权场外市场的探路者，其演变、发展、业务创新历程为我国场外市场的萌芽、发展等奠定了重要基础，产权市场在探索我国场外市场的建设方面，做出了巨大的历史性贡献，是我们谈及中国场外市场话题时，永远都不可能越过或忽略的“一道槛”。

059. 如何理解区域股权市场建立的合法性依据？

根据 37 号文的规定，“凡新设交易所的，除经国务院或国务院金融管理部门批准的以外，必须报省级人民政府批准；省级人民政府批准前，应取得联席会议的书面反馈意见”。由此，区域股权市场的批准权下放到了省级人民政府。同时，在省内并没有做股权交易场所数量上的限制，在股权交易发达的省份，一省区域内甚至可以设置几个市场进行充分竞争，但是跨省业务受到了一定的限制。

2013 年 8 月证监会发布的《关于规范证券公司参与区域性股权交易市场的指导意见》（证监会公告〔2012〕20 号）规定，“区域性市场原则上不得跨区域设立营业性分支机构，不得接受跨区域公司挂牌。确有必要跨区域开展业务的，应当按照 37 号文要求分别经区域性市场所在地省级人民政府及拟跨区域的省级人民政府批准，并由市场所在地省级人民政府负责监管”。可见，各地区域性股权市场原则上应先立足于本省地的发展，不得接受跨区域挂牌。在必要的情况下，经所跨区域地区省级人民政府批准，也可将业务延伸至其他省份。这样就为大型跨省区域股权市场的建立找到了法律依据。在充分竞争后各地区域股权交易所将可能整合资源，建立跨区域联合交易市场等。

060. 如何从资金的供需层面来理解建设区域股权市场的必要性？

从资金供给方来说，投资者因风险偏好不同具有不同层次。高风险高回报的股票是风险偏好者的选择；风险程度适中、预期报酬较高的股票是风险中立者的选择；国债等风险小、收益稳定的产品是风险厌恶型投资者的首选。所以只有多层次资本市场才能满足不同投资们的这些差异化需求。而多层次资本市场的基础是场外交易市场，场外交易市场的基础又是区域股权交易市场，所以发展区域股权市场很重要。

从资金需求方来说，企业的发展阶段、性质规模、风险状况的不同性决定了它们对股权融资的需求不尽相同。一些企业由于发展历史相对较长、规模大、业绩稳定、经营稳健，可能吸引大批投资者来购买它的股票。但是，对于数量众多的中小企业，特别是处于创业阶段的中小微型的创新型、科技型企业，由于规模小、产品成熟度低、市场风险偏大，通过交易所市场进行融资是很不现实的。但受诸多因素影响，中国资本市场的发展出现了高度集中化的倾向，资金在交易过程中不可避免地会向具备诸多优势的融资者倾斜，长期以来，我国沪深股市在为国企服务的主导思想下，市场必定只会为大企业服务而将众多的中小微企业排斥在外。目前还在建设中的二板市场虽然增加了交易层次，但其附属于交易所的性质决定了其满足融资需求的能力是有限的，从而造成了中小微企业特别是高新技术企业的融资困难。

要从制度设计上和实践中规避这些问题，就得大力发展多层次的中国资本化市场，这一切的基础就在场外市场的发展上，显然，场外市场只有新三板是远远不够的，发展区域股权市场成为必然。

061. 如何从市场层次的筛选机制上来看建设区域股权市场的必要性？

多层次的资本市场从场外市场的区域股权市场到新三板，再到场内市场的创业板、中小板和主板市场，其进入标准逐级升高、逐级严格，企业的规模、层次、质地及价值也呈阶梯式不断上升，这实际上形成了从非证券资本市场到证券资本市场逐级选择的筛选机制。在这条筛选机制形成的利益链条上，一些下一级市场上挂牌交易的企业经过培育，将成为优秀企业脱颖而出，从而进入上一级市场交易；对长期经营不善，已不符合某一层次挂牌标准的企业，则可以退出到下一级市场交易。这就形成了一种优胜劣汰的机制，也就是我们常说的“转板机制或转板制度”。

这种机制在保证挂牌公司与其所在市场层次相匹配的同时，又能促进高一层次的挂牌或上市公司在市场筛选的压力下，通过自律改善经营管理水平、提高上市公司质量。另外，在这条筛选机制链条上，由于利益的驱动，多层次的不同金融产品与服务项目被激发出来，这样又可以丰富我国资本市场的金融产品或衍生产品结构，对投融资者们形成更多更大的吸引力。这些吸引力的价值发酵后，又反作用于市场，这样互促共长，多层次资本市场就会得到更快、更好、更大的发展。

显然，多层次资本市场所形成这条筛选机制的价值链条的最初级基础，就是区域场外市场，这犹如生物学上食物链概念中的第一层次的植物层次。其重大作用不言而喻。

062. 如何从风险分层化解的角度来看建设区域股权市场的必要性?

企业融资分为直接融资和间接融资。从国外经验看，在间接融资为主的金融体系中，一旦经济实体发生严重问题，就会导致大量银行坏账，金融体系的脆弱性往往将经济拖入长期不振的境地。当前，中国的融资结构仍以间接融资为主，直接融资比例还很低。据有关数据显示，2008 年我国有 63% 的金融资产在商业银行，到 2013 年这一比例已经超过了 78% 。也就是说，过去几年中，在某种程度上中国金融结构的发展走向了更加严重的失衡。

直接融资有利于分散融资风险，能有效地避免风险向金融系统集中，从而降低金融系统性风险。因此，多层次的资本市场能通过改善挂牌或上市公司质量、满足多元化的投资需求，吸引资金进入资本市场，扩大直接融资额度，从而降低金融风险。随着多层次资本市场体系规模的扩大，直接融资比重的提高，会逐步形成风险程度存在明显差异的子市场，风险承担主体呈现多元化，有利于实现金融市场的稳定，分散和化解金融风险。

显然，这种风险的分层化解和多方向分化的机制需要多层资本市场规模越大、功能越强越好，所以，其基础性质的区域股权市场的建设显得更加重要。

063. 区域股权市场的建设需要注意哪4方面的问题？

区域股权市场的发展需要注意4方面问题：

一是注意把握区域股权市场建设的区域密度，减少重复建设。

二是在条件具备的情况下，将区域股权市场纳入全国多层次资本市场体系。并探索监管模式。这点已经在“新国九条”中提及，估计新政策、新制度出台不会太远。

三是完善多层次资本市场之间的贯通渠道，为企业转换市场提供便利，避免将企业限定在具体的某个市场中，可以逐步探索企业在多市场挂牌。

四是区域股权市场可逐步放开实行市场化跨区域竞争，逐步减少区域保护，要让市场作为优胜劣汰的裁判，练出真正有实力的区域股权市场。

064. 2014年开始证监会围绕区域市场健全多层次资本市场要做哪4件事？

根据相关报道，证监会确定，2014年将主要围绕健全多层次资本市场体系这一中心，进行4方面改革，包括进一步发展多层次的股票市场，在清理整顿的基础上建立区域性市场；深化债券市场改革；大力发展期货、衍生品市场；大力发展私募市场。

这将对新三板和区域性股权市场建设带来多重意义，一是新三板市场将会进一步开放，对它的政策和制度性待遇会越来越接近主板、创业板市场，有望被赋予债券、金融衍生品甚至期货等领域的更多职能；二是区域性股权交易市场未来将被纳入多层次资本市场体系，或将探索是否将其纳入证监会统一监管或者与地方政府实施联合监管的模式，使之进入规范发展的阶段，最乐观的预期是2014年内能实现。这样新三板和区域股权交易场外市场，将在满足和解决处于初创期或成长初期、具有持续经营能力的企业的融资需求等方面发挥重大作用。

065. 2013年11月国内6省市论坛是否能开启区域股权市场建设的合作之旅？

2013年11月12日，辽宁、上海、浙江、吉林、黑龙江和内蒙古6地省级政府金融办和股权交易中心在沈阳市自发组织举办了一次旨在探索区域股权交易市场发展与合作途径的“区域股权交易市场发展与合作论坛”。论坛探讨了如何建设和发展区域股权交易市场，促进各层级资本市场间的有效衔接，探索多层次资本市场的发展途径，加强区域间股权交易市场的合作以及如何帮助企业实现股权和私募债融资等问题。

论坛由辽宁省政府金融办和上海证券交易所联合主办，中国证券业协会及辽宁证监局应邀出席。希望这次论坛能唤起国内各区域股权交易市场的合作意识，开启我国区域股权市场之间的联合及合作之旅。

066. 在区域股权市场的建设中谁将成为赢家？

券商、挂牌企业以及投资基金等都将成为该市场的赢家。区域性股权交易市场的目的就是促进企业特别是中小微企业的股权交易和融资，鼓励科技创新和激活民间资本，所以，区域股权市场的投资对象主要为中小微企业，投资者收益主要在两个方面：即降低投资资金的退出成本从而更易获得所投企业的价值溢价和降低投资机构对企业价值的发现成本。

据一些机构估计，未来5年，区域性股权交易市场挂牌企业数量（非展示）有望突破20000家，总市值有望达到约1万亿元。市场初期能对券商收入提升的幅度约为5%，若考虑成熟阶段场外市场股本扩大及活跃度迅速提升的因素，场外市场收入占券商收入的比重可能将高达25%以上。

对中小微企业而言，最大的好处是区域股权市场可以缓解其融资难的问题。在区域股权交易市场挂牌，不仅股权融资时间短，费用低，仅需要其他资本市场费用的1/10～1/5，而且可以消除长期等待的被动，还可以为股东提供退出的平台。

一些企业以转板上市和做大做强为目标，先进入区域股权市场为进入其他板市场打下基础，因为公开资本市场上市都比较关注公司的历史沿革、规范运作和财务的独立性等，通过股权市场挂牌实践，可以让企业熟悉资本市场的运作，提前预演。不过，当前还没有转板制度。

除了券商和融资企业，投资基金如 VC 和 PE 也会受益于业务承揽、投资交易和退出路径等 3 方面带来的利好。

067. 对区域股权市场建设与发展的 8 点建言是什么？

为推动区域股权市场更快更好地发展，现归纳出如下 8 方面的建议：

一是尽快将区域股权市场纳入全国多层次资本市场体系，一方面建立监管部门与地方金融主管机构之间联席会议机制，共同规范区域性股权交易市场发展。另一方面，要鼓励区域性股权交易市场在运营模式、股权结构、市场分层、产品设计等方面进行创新，推动挂牌主体多元化、交易类型多元化，允许在信息披露制度、准入退出条件、投资者适当性管理制度等方面各自掌握标准等。

二是确立区域性股权交易市场与新三板之间的合理定位，坚持公平原则，既要有统一规划与人为推动，又要体现市场的自然竞争法则，为区域性股权交易市场发展留有更广泛的发展空间。

三是加紧推动非上市公众公司和非公众公司相关法律法规建设，支持中小微企业股本融资、债券融资、股份转让、资产重组等活动，为丰富区域性股权交易市场功能提供法规基础。

四是统筹发展进度，鼓励券商、大型金融集团等参与建设各地区域股权市场，早期适当给予财政支持，监管部门给予专业技能、人力资源和信息系统技术等方面的支持服务。

五是适当放松管制，建议比照新三板取消一些限制性措施，如不能拆细、不能连续交易、不能采取做市商制度以及股东人数不能突破 200 人（不能挂牌非上市公众公司）等限制。

六是建立统一和分散有机结合的场外资本市场体系，可以考虑“统一联网、分散做市”的市场架构，推动区域性市场联网运行，打破各地分割格局，提升整体效率，共享市场信息，给投资者提供便捷的信息获取与参与交易的渠道。

七是探索和实现区域性股权交易市场与场内市场的对接机制，推动完善多层次资本市场的转板机制。转板通道可以将区域股权市场挂牌的企业直接升板到交易所市场，退市企业也可以直接退市到区域股权市场等情况。

八是逐步放开区域限制，允许企业异地挂牌，允许各区域性股权交易市场促进要素集聚，适当展开跨区域联合与并购，以实现做大做强。各区域性股权交易市场发展水平、投融资功能和服务效率存在差别，在参与主体及企业融资需求多元化的要求下，更具吸引力的区域扩张将成为必然，这也是市场适当竞争机制的最好体现。

CHAPTER3
第三章

法规简读、券商参与模式与常规概念

第一节　法律规则体系

068. 区域股权市场法律规则体系由哪几大部分构成？

主要由 5 大部分构成：

一是国家层面的法规、政策，主要有《中华人民共和国公司法》；2011 年 11 月 11 日国务院发布的《国务院关于清理整顿各类交易场所切实防范金融风险的决定》（国发〔2011〕38 号）；2012 年 7 月 12 日国务院办公厅发布的《国务院办公厅关于清理整顿各类交易场所的实施意见》（国办发〔2012〕37 号）等。

二是中国证监会相关的政策制度，2012 年 8 月 23 日中国证监会出台的《关于规范证券公司参与区域性股权交易市场的指导意见（试行）》（证监会公告〔2012〕20 号）；2014 年 5 月 13 日，证监会发布的《关于进一步推进证券经营机构创新发展的意见》（国发〔2014〕17 号）。

三是行业组织自律规定，2013 年 2 月中国证券业发布的《证券公司参与区域性股权交易市场业务规范》。

四是地方政府关于区域性股权交易市场的各类政策措施规定等。

五是区域股权市场自身制定的自律性制度、管理办法、运行操作细则、指引等制度规定。

069. 以广州为例，其股权市场有哪些需要遵守的国家层面的法规？

除38号文、37号文之外，区域股权市场的运行及业务等都或多或少地涉及如下国家层面的法律法规，如广东股权交易中心罗列的法律法规有：

《中华人民共和国民法通则》；

《中华人民共和国公司法》；

《中华人民共和国担保法》；

《中华人民共和国合同法》；

《中华人民共和国证券法》；

《中华人民共和国物权法》；

《中华人民共和国票据法》；

《中华人民共和国反洗钱法》；

最高人民法院关于适用《中华人民共和国担保法》若干问题的解释 。

070. 以湖南为例，其股权市场有哪些需要遵守的部委层面的法规？

国务院办公厅《关于金融支持小微企业发展的实施意见》；

国务院办公厅《关于金融支持经济结构调整和转型升级的指导意见》；

国家发改委办公厅《关于促进股权投资企业规范发展的通知》（发改办财金〔2011〕）；

国家发改委办公厅《关于进一步规范试点地区股权投资企业发展和备案管理工作的通知》；

《关于规范金融企业内部职工持股的通知》（财金〔2010〕97号）；

《定向募集股份有限公司内部职工持股管理规定》（体改办〔1993〕114号）》；

国务院关于印发实施《国家中长期科学和技术发展规划纲要（2006—2020年）》；

中国证券监督管理委员会《关于未上市股份公司股票托管问题的意见》。

071. 以湖南为例，其区域股权市场地方性政策大致涵盖哪些内容？

①长沙市人民政府办公厅《关于鼓励企业在场外市场挂牌有关事项的通

知》；②关于印发《株洲高新区管委会鼓励和扶持企业上市若干政策的补充规定》；③宁乡县人民政府办公室关于印发《首轮省特色县域经济重点县建设宁乡县农副产品加工》的通知；④湖南省财政厅湖南省人民政府金融工作办公室关于印发《湖南省促进企业直接融资专项办法》的通知；⑤邵阳市人民政府印发《关于进一步加快金融业发展的若干政策意见》的通知；⑥长沙高新区管委会办公室关于印发《长沙高新区资助企业股份改制和上市（挂牌）实施办法》的通知；⑦湖南省人民政府《关于进一步支持中小微企业发展的实施意见》；⑧湘潭高新区管委会办公室关于印发《湘潭高新区鼓励扶持企业利用资本市场发展暂行办法》的通知；⑨《湖南省股权出质登记实施办法》；⑩湖南省人民政府《关于进一步加快发展资本市场的若干意见》；⑪《湖南省股权质押融资指导意见》；⑫《长株潭城市群两型社会示范区改革建设实施方案》。

072. 以上海为例，其区域股权市场业务规则大致包括哪些内容？

《私募股权投资基金份额报价业务管理办法（试行）》；

《上海股权托管交易中心私募债备案发行业务指引（试行）》；

《上海股权托管交易中心私募债业务暂行管理办法》；

《上海股权托管交易中心非上市股份有限公司股份转让业务暂行管理办法》；

《上海股权托管交易中心会员管理规则》；

《上海股权托管交易中心非上市股份有限公司挂牌与挂牌公司定向增资审核规则》；

《上海股权托管交易中心非上市股份有限公司挂牌业务规则》；

《上海股权托管交易中心挂牌公司定向增资业务规则》；

《上海股权托管交易中心挂牌公司股份转让规则》；

《上海股权托管交易中心非上市股份有限公司股份转让登记结算业务规则》；

《上海股权托管交易中心挂牌公司信息披露规则》；

《上海股权托管交易中心挂牌公司股份转让监管规则》；

《上海股权托管交易中心挂牌公司半年度报告信息披露指南》；

定期报告年度报告模板；

《上海股权托管交易中心挂牌公司年度报告信息披露指南》。

第二节　政策及法律法规简析

073. 包括区域股权市场在内的多层次资本市场的政策导向及演进历程是怎样的？

2003 年 10 月中共十六届三中全会第一次提出了“建立归属明晰、权责明确、保护严格、流转顺畅的现代产权制度”。2004 年 1 月 30 日国务院发布著名的“国九条”即《关于推进资本市场改革开放和稳定发展的若干意见》（国发〔2004〕3 号），明确指出，在统筹考虑资本市场合理布局和功能定位的基础上，逐步建立满足不同类型企业融资要求的多层次资本市场体系，积极探索和完善统一监管下的股份转让制度。从此，我国场外市场建立以及构筑多层次资本市场体系有了政策基础。

2010 年 10 月 18 日通过的《中共中央关于制定国民经济和社会发展第十二个五年规划的建议》指出“加快多层次资本市场体系建设，显著提高直接融资比……稳步发展场外交易市场”，为多层次资本市场的构筑、场外市场的发展以及企业的融资提供了纲领性的政策支持。国务院办公厅《关于打击非法发行股票和非法经营证券业务有关问题的通知》（国办发〔2006〕99 号）明确提出了非上市公众公司的概念，要求证监会将非上市公众公司监管纳入法制轨道。

2012 年 1 月，在全国证券期货监管工作会议上，中国证监会主席郭树清明确把“要以柜台交易为基础，加快建立统一监管的场外交易市场，为非上市股份公司提供阳光化、规范化的股份转让平台”作为五大工作部署的首要内容。2012 年 2 月 15 日国务院召开国务院常务会议，研究部署 2012 年深化经济体制改革重点工作，会议明确提出要“促进多层次资本市场健康发展”。2012 年 3 月，证监会向社会公开了我国场外市场建设的总体规划及思路。证监会表示，建立和发展场外交易市场，有利于进一步完善直接融资体系和多层次资本市场，更好地发挥市场配置资源的基础性作用，促进中小企业发展壮大。我国场外市场建设将从市场需求出发，总体设计、分步实施贯彻统一监管和防范风险的原则，把自上而下与自下而上结合起来，逐渐实现分层构建。2012 年 8 月 3 日，中国证监会宣布扩大非上市股份公司股份转让试点，新三板从 2006 年始建以来正式向上海张江、武汉东湖、天津滨海扩容。2012 年 9 月 7 日，中国证监会与四地政府签署扩大试点合作备忘录，首批 8 家企业集体挂牌。2012 年 11 月 8 日，中共在十八大报告中明确提出“要加快发展多层次资本市场”。报告将发展多层次资本市场放在重要地位，意味着由新三板、区域性股权市场组成的场外交易市场将与场内交易市场一起，通过多样化的投资机构、投资工具，为处于不同发展阶段的企业提供服务。

2013 年对中国场外市场的建设是非常重要的一年。年初国务院《政府工作报告》提出，深化金融体制改革，必须加快发展多层次资本市场，同时，中国证监会将加快发展多层次资本市场作为 2013 年十项重点工作的第一项工作。2013 年 3 月，国务院召开的国务院常务会议，针对今年政府重点工作的部门分工，提出金融改革要在发展多层次资本市场方面推出新的举措。同年 5 月 6 日，国务院常务会议将“出台扩大中小企业股份转让系统试点范围方案”列入 2013 年我国深化经济体制改革的重点工作，同年 6 月 19 日，国务院常务会议决定全国中小股转系统扩容将不限高新区。年中，证监会主席肖钢继续重申：“加快多层次资本市场体系建设，积极拓展中小微企业融资渠道。”2013 年 12 月 14 日国务院发布《国务院关于全国中小企业股份转让系统有关问题的决定》（以下简称《国务院全国股转系统决定》）之后新三板向全国扩容进入实施阶段。

2014 年 5 月 8 日，国务院印发了《关于进一步促进资本市场健康发展的若干意见》（国发〔2014〕17 号），被业界称为“新国九条”，其中提出“加快完善全国中小企业股份转让系统，建立小额、便捷、灵活、多元的投融资机制。在清理整顿的基础上，将区域性股权市场纳入多层次资本市场体系。完善集中统一的登记结算制度”，“实现并有利于投资者保护的退市制度，逐步形成公司进退有序、市场转板顺畅的良性循环机制”。其还指明了区域股权市场将被纳入证监会统一监管的范畴。

2014 年 5 月 13 日，证监会发布《关于进一步推进证券经营机构创新发展的意见》，并在支持业务产品创新“发展柜台业务”部分提出，“鼓励证券经营机构多方位参与区域性股权市场”。

074. 证监会对区域股权市场的指导意见为何要从券商的角度提出？

国内区域股权市场是受地方政府监管的市场，如果证监会直接发文对该市场提出监管指导意见的话，有“权利越界”之嫌，所以虽然《关于规范证券公司参与区域性股权交易市场的指导意见（试行）》（证监会 2012 年 8 月 23 日发布，以下简称“20 号文”）全文都在谈区域股权市场的事，但是标题及其内容表述方式却好像是在监管券商而区域市场只是配角。

不过，我们从 20 号文实际内容等情况来看，区域股权市场被纳入证监会监管范围，已是板上钉钉的事情了，只是时间早晚的问题而已。而且 5 月 7 日国务院发布的“新国九条”中已经明确“在清理整顿的基础上，将区域性股权市场纳入多层次资本市场体系。完善集中统一的登记结算制度”的内容。

075. “20 号文”制定的依据及对区域股权市场的定位是什么？

制定依据：落实 2012 年全国金融工作会议精神，《国务院关于清理整顿各类交易场所切实防范金融风险的决定》（国发〔2011〕38 号），《国务院办公厅关于清理整顿各类交易场所的实施意见》（国办发〔2012〕37 号）及其他有关法规。

区域股权市场的定位：区域性股权交易市场是多层次资本市场的重要组成部分，对促进企业特别是中小微企业股权交易和融资，鼓励科技创新和激活民间资本，加强对实体经济薄弱环节的支持，具有不可替代的作用。

076. 对区域股权市场的审批与监管有何规定？

根据 20 号文规定及精神，区域股权市场是由省级人民政府批准设立的，原则上不得跨区域设立营业性分支机构，不得接受跨区域公司挂牌。确有必要跨区域开展业务的，应当按照 37 号文要求分别经区域性市场所在地省级人民政府及拟跨区域的省级人民政府批准。使用“交易所”字样的区域性市场，省级人民政府批准前须征求联席会议意见。

区域性市场是为市场所在地省级行政区域内的企业特别是中小微企业提供股权、债券的转让和融资服务的私募市场，接受省级人民政府监管。跨区域的分支机构和业务还一并受市场所在地省级人民政府的监管。

077. 对区域股权市场的日常管理及会员制度管理有哪些规定？

日常管理规范：对区域股权市场，需要建立健全的管理制度和业务规则，并需要通过区域性市场经营场所和网站公示。区域性市场需要采取有效的投资者合法权益保护和风险管理措施，建立风险防控和应急处理机制，发现风险隐患后能够及时处理并报告省级人民政府。

对施行会员制的区域股权市场，需要建立规范的会员管理制度，明确会员的权利和义务，要求会员严格遵守市场规则，公示会员名单和相关资料，建立诚信档案，并采取有效措施防范会员损害投资者合法权益。

078. 对区域股权市场的投资者适当性管理制度有哪些规定？

根据20号文的规定及精神：区域性市场需要建立投资者适当性管理制度，要求参与区域性市场的投资者为具备一定风险承受能力的合格投资者，明确合格的机构投资者和个人投资者的标准并予以公示。

区域性市场会员为投资者开立账户时，应当了解投资者的基本情况和风险承受能力，确定投资者满足适当性管理要求，向投资者充分揭示风险，要求投资者签署风险揭示书。区域性市场会员应对投资者基本信息和账户信息予以保密。

区域性市场合格机构投资者可以是具备一定条件的法人、私募股权投资基金、合伙企业，或经监管部门许可或备案的、金融机构面向特定投资者发行的理财产品。有关法律法规或监管部门对机构投资者投资区域性市场有限制性规定的，应当遵照其规定。

区域性市场合格个人投资者应当具备较强的风险承受能力，接受区域性市场会员的风险测评，并承诺自担投资风险。

079. 对区域股权市场交易结算等制度有何规定？

根据20号文规定及精神，区域股权市场在为投资者提供网上或柜台报价、转让等服务及探索其他交易方式时应当遵守38号文、37号文的规定，定期在其营业场所或以其他形式公布成交信息，并采取有效措施严格控制价格操纵行为，有效控制风险。

区域股权市场需要明确登记结算规则、方式和程序并予以公示。登记结算事宜由区域股权市场依据市场管理办法规定程序认可的机构负责。负责登记结算的机构应当诚实守信，具备相应的专业能力，建立健全风险管理制度，保证权益持有人名册和登记过户记录真实、准确、完整，不得隐匿、伪造、篡改或毁损。

080. 对区域股权市场中介、挂牌企业及其信息披露有何规定？

根据20号文规定及精神，区域股权市场应当要求挂牌公司推荐机构、会计师事务所、律师事务所、评估事务所等中介机构及其业务人员勤勉尽责，严格遵守执业规范和职业道德，独立进行核查和判断，出具专业意见，切实履行中介机构职责。

区域股权市场需要对申请挂牌的公司规定必要的条件并予以公示，如要求申请挂牌的公司业务独立、治理结构健全、运作规范；公司股东（大）会依照公司章程做出申请挂牌的决议，并承诺履行相关信息披露义务。

区域股权市场需要建立健全的信息披露制度，明确各参与主体的信息披露要求，并指定适当的信息披露途径，提高信息披露质量。应当要求挂牌公司作为信息披露的第一责任人，及时、规范地履行信息披露义务。披露信息包括定期信息和临时信息。定期信息应包括年度报告和半年度报告，其中年度财务报告须经会计师事务所审计；临时信息包括对挂牌公司有重大影响的信息。挂牌公司的董事、监事、高级管理人员应当承诺保证披露信息内容真实、准确、充分、完整。

第三节　券商参与区域市场的模式及风险管理

081. 券商参与区域股权市场投资主要有哪两条主线？

将区域性股权交易市场纳入多层次资本市场体系，对券商而言主要可从两条主线寻找投资机会。

一是作为区域性市场的股东参与市场管理并开展相关业务。这主要是针对区域优势明显的本地化券商，它们将发挥地缘优势，积极参与本区域股权市场的建设，包括入股等。这些券商中，优势比较明显的有广发证券、中信证券、中原证券、兴业证券、长江证券、安信证券、国信证券、齐鲁证券、国元证券、西部证券和华泰证券等。

二是作为区域性市场会员开展相关业务。这主要是针对业务能力强大的全国化券商，尤其是承揽中小项目业务能力强、全业务链扎实的券商，它们可以参与到区域股权市场中开展股权投资融资及其相关中介等业务。这些券商主要有申银万国、华泰证券、中信证券、国信证券、平安证券等。

082. 券商参与区域股权市场的全业务链包括哪些内容？

证券公司参与股权交易市场，不仅可以投资入股区域性市场交易场所（这一点前一节已经详细谈到），还可开展全业务链：在承销和保荐业务上，可为非上市公司提供与挂牌推荐、定向股权融资、私募债券融资等相关的服务；在证券经纪业务上，可为投资者提供代理买卖服务；在证券自营业务方面，可买卖在区域性市场挂牌的股权或私募债券；在证券资产管理业务方面，可发行以区域性市场挂牌的股权或私募债券为投资标的的资产管理产品。券商还可在区域性股权交易市场创新交易方式或开展创新业务。

083. 对证券公司参与区域股权市场的模式及其他相关业务有何规定？

根据20号文规定及精神，证券公司参与区域股权市场前，应当对区域性市场进行评估，并形成评估报告。参与方式由证券公司与区域股权市场协商确定。证券公司以股权方式参与区域股权市场的，应当按规定扣减净资本。证券公司成为区域股权市场会员的，可以开展挂牌公司推荐、挂牌公司股权代理买卖服务，并为区域性市场挂牌公司提供股权转让、定向股权融资、债券融资、投资咨询及其他有关服务。证券公司开展相关业务应建立风险隔离制度，并按规定充分计提风险资本准备。

在区域股权市场挂牌且符合相应条件的公司申请公开发行证券及到其他依法设立的证券交易场所转让交易的，证券公司可以依法为其提供服务。有关申请公开发行及到其他依法设立的证券交易场所转让交易的条件、程序，按照法律法规和中国证监会的有关规定办理。具体转板制度由中国证监会制定。

084. 券商参与或终止区域股权市场业务，应在证券业协会备案哪些材料？

根据中国证券业协会2013年2月7日发布的《证券公司参与区域性股权交易市场业务规范》（中证协发〔2013〕17号，以下简称“17号业务规范”），证券公司拟入股区域股权市场或成为区域股权市场会员的，应将下列材料报证券业协会备案：

①对区域股权市场的评估报告并附区域股权市场的相关业务规则和管理制度；②关于参与区域股权市场的方式及业务范围的说明并附拟开展业务所需的业务资格证明文件；③证券公司开展区域股权市场业务的管理制度；④公司股东（大）会或董事会关于参与区域股权市场的相关决议；⑤与区域股权市场签订的入股协议或会员协议（如有）；⑥证券业协会要求的其他文件。

证券公司决定终止区域股权市场业务的，应在终止相关业务后5个工作日内将下列材料报证券业协会备案：

①终止区域股权市场业务的报告；②公司股东（大）会或董事会关于终止区域股权市场业务的决议；③与区域股权市场签订的业务终止协议（如有）；④证券业协会要求的其他文件。

085. 券商参与区域股权市场建设或业务报备有哪些规定?

根据证券业协会“17号业务规范”规定，证券业协会在收到证券公司备案材料后5个工作日内决定是否受理备案，如不受理，书面通知具体原因。受理后，协会在15个工作日内进行审查，审查无异议的予以确认备案；须补充材料的，协会审查结束后一次性要求证券公司补充，审查工作日自补充材料受理之日起重新计算。备案完成前，证券公司不得在区域性市场开展相关业务。

证券公司参与区域股权市场后，参股比例或业务范围发生变化的，应在完成变更手续后5个工作日内向协会报备相关公司决议、内部制度和资格证明资料等文件。

086. 券商参与区域股权市场业务有哪些要求?

根据证券业协会“17号业务规范”规定，证券公司推荐非上市公司股权在区域股权市场挂牌，应勤勉尽责地开展尽职调查工作，出具尽职调查报告，并履行内核程序。尽职调查时，证券公司应核实申请挂牌公司是否符合区域性市场的挂牌条件，并对其设立情况、业务独立性、治理结构、运作情况、公司关于挂牌的决议及履行信息披露义务的承诺等予以重点关注。证券公司应与其推荐的挂牌公司签订后续服务协议。在约定的服务期内，证券公司应督促挂牌公司规范履行信息披露义务。服务协议终止时，证券公司应发布公告提示区域股权市场的投资者。

证券公司为挂牌公司提供定向股权融资服务的，应指导挂牌公司制定定向股权融资方案，明确融资数量、价格或价格区间、认购人范围、融资使用计划等主要内容。认购人应符合投资者适当性管理相关要求。证券公司为此前未由本公司开展过尽职调查的挂牌公司提供定向股权融资服务的，应对该挂牌公司开展尽职调查，出具尽职调查报告，并履行内核程序。尽职调查报告内容包括但不限于：挂牌公司设立情况、治理结构、运作情况、信息披露义务履行情况、历次定向股权融资情况、拟进行的定向股权融资情况、融资对挂牌公司股权结构的影响。证券公司为其他证券公司推荐的挂牌公司提供定向股权融资服务的，可适当简化尽职调查程序。

证券公司可以推荐自己承销的私募债券在区域股权市场进行转让。证券公司应遵守协会对私募债券承销业务的相关规定，对债券发行人开展尽职调查，并督促其履行信息披露义务。证券公司可接受本公司客户的委托，为客户买卖挂牌股权和私募债券提供服务。证券公司应对其客户委托进行核查，确认客户委托是否符合证监会和区域性市场的相关规定。

证券公司提供登记、托管、结算服务的，应保证权益持有人名册和登记过户记录真实、准确、完整，不得隐匿、伪造、篡改或毁损，不得利用提供登记、托管、结算服务获取的信息为自己或他人谋取利益。

087. 区域股权市场的风险程度如何？该如何进行制度防控？

作为私募市场的区域股权市场，目前还没有专门的、完整的、全国性的市场管理法规，对投资者来说，由于区域性股权市场的标的企业均为中小企业，其业绩往往会出现大幅波动，价值判断难度较大，同时市场建立初期，在信息披露、风险预案等方面均待完善，因此，投资风险相比成熟的主板市场更大。

对于此类风险，有关机构在风险预案、信息披露、投资者教育、准入条件等方面须出台更多更完善的规定来强化区域股权交易市场的风险防控。未来应采取市场化取向，建立在政府严格立法基础上的自律管理型监管模式。

088. 券商参与区域股权市场业务如何做好投资者适当性管理工作？

根据证券业协会“17 号业务规范”规定，券商参与区域股权市场业务，要向投资者充分揭示风险，指导投资者阅读风险揭示书及业务协议，并要求投资者在开立账户时签署风险认知书，承诺具备合格投资者资格，知悉区域性市场风险，将依据发行人信息披露文件进行独立的投资判断，自行承担投资风险。

通过证券公司代理参与区域股权市场交易的合格投资者，应通过证券公司的风险承受能力测评。证券公司开展投资者风险承受能力测评，应充分考虑投资者在证券公司开立账户的年限、证券投资知识和经验、财务状况和需求等因素，并符合区域性市场相关规定。

投资者为挂牌公司股东、董事、监事或高级管理人员的，仅参与本公司股权、私募债交易或融资的可不受上述合格投资者资格条件限制。挂牌公司开展员工持股计划的，相关员工不受上述合格投资者资格条件限制。

089. 对券商参与区域股权市场业务的风险控制与合规管理有哪些要求？

根据证券业协会“17 号业务规范”规定，证券公司以股权方式参与区域股权市场的，应按规定扣减净资本；开展相关业务的，应按规定计算风险资本准备。

证券公司应建立健全区域股权市场业务的风险管理制度，加强业务开展过程中的风险识别、评价和管理；建立相应的风险控制指标体系和动态监控机制；建立风险报告和预警制度，制定针对不同业务、产品的风险应急处理预案。证券公司应建立健全区域股权市场业务的合规管理制度，明确内部职责分工，建立健全必要的隔离制度，防范开展区域性市场业务过程中可能存在的内幕交易，管理利益冲突。

证券公司入股区域股权市场的，应采取必要措施与区域股权市场保持业务独立，不得利用股东身份牟取不正当利益。

090. 对券商参与区域股权市场业务的自律管理有哪些要求？

根据 20 号文和证券业协会“17 号业务规范”的规定，证券公司参与区域股权市场应符合中国证监会的相关监管规定，应向协会报备其参与区域股权市场的相关业务信息。证券公司应于每月结束后 5 个工作日内按要求向协会报送区域性市场业务月度报表，每年 4 月 30 日前向协会报送上一年度区域性市场业务开展及合规情况报告。

证券业协会制定自律规则，对参与区域股权市场的证券公司进行自律管理，并督促参与区域股权市场的证券公司建立必要的推荐挂牌、尽职调查、信息披露、投资者适当性管理等业务制度和相应的合规风控制度，依法合规地开展相关业务。

证券业协会按照相关意见规范对证券公司报备的材料进行审查，并对证券公司开展的区域股权市场业务进行检查，证券公司应当配合。对证券公司及其相关业务人员违反相关规范的，证券业协会将视情节轻重采取相关自律惩戒措施，并记入诚信信息管理系统。存在违反法律法规行为的，将移交证监会或其他有权机关依法查处。

第四节　区域股权市场常用概念[1]

091. 什么是天使投资、天使投资人？

在风险投资领域，根据投资规模一般可以将风险投资分为天使基金、VC（风险投资）、PE（私募股权投资）几个级别。天使基金主要关注原创项目构思和小型初创项目，投资规模大多在300万元以下；风险投资关注初创时期企业长期投资，规模在1000万元以下；私募股权投资主要关注3年内可以上市的成熟型企业。在国内，PE投资VC化，VC投资天使化的趋势明显，PE、VC投资的交集已经模糊了彼此的概念。

天使投资（angelequity）指个人出资协助具有专门技术或独特概念而缺少自有资金的创业家进行创业，熏陶并承担创业中的高风险和享受创业成功后的高收益。或者说是自由投资者、非正式风险投资机构对原创项目构思或小型初创企业进行的一次性的前期投资。它是风险投资的一种形式，根据天使投资人的投资数量以及被投资企业可能提供的综合资源进行投资。

而“天使投资人”（angels）通常是指投资于非常年轻的公司以帮助这些公司迅速启动的投资人。在风险投资领域，“天使”这个词指的是企业家的第一批投资人，这些投资人在公司产品和业务成型之前就把资金投入进来。天使投资人通常是创业企业家的朋友、亲戚或商业伙伴，由于他们对该企业家的能力和创意深信不疑，因而愿意在业务还未开展起来之前就向该企业家投入大笔资金，一笔典型的天使投资往往只是区区几十万美元，是风险资本家随后可能投入资金的零头。

① 本节19个问答内容全部来自相关文献资料或互联网收集，作者略做调整。

092. 如何理解私募基金的概念？

中文“私募基金”一词，在国外一些国家的法典和英文大词典中并没有相应的词。

私募（private placement）是相对于公募（public offering）而言的，是就证券发行方法之差异，以是否向社会不特定公众发行或公开发行证券为标准，界定公募和私募的（或公募证券和私募证券）。基金（fund），作为一种专家管理的集合投资制度，在国外，从不同视角分类，有几十种的基金称谓，如按组织形式划分，有契约型基金、公司型基金；按设立方式划分，有封闭型基金、开放型基金；按投资对象划分，有股票基金、货币市场基金、期权基金、房地产基金等。

所谓私募基金，是指通过非公开方式，面向少数机构投资者募集资金而设立的基金。由于私募基金的销售和赎回都是通过基金管理人与投资者私下协商进行的，因此它又被称为向特定对象募集的基金。

首先，私募基金通过非公开方式募集资金。在美国，共同基金和退休金基金等公募基金，一般通过公开媒体做广告来招徕客户，而按有关规定，私募基金则不得利用任何传播媒体做广告宣传，其参加者主要通过获得的所谓“投资可靠消息”，或者直接认识基金管理者的形式加入。

其次，在募集对象上，私募基金的对象只是少数特定的投资者，圈子虽小门槛却不低。如在美国，对冲基金对参与者有非常严格的规定：若以个人名义参加，最近两年个人年收入至少在20万美元以上；若以家庭名义参加，家庭近两年的收入至少在30万美元以上；若以机构名义参加，其净资产至少在100万美元以上，而且对参与人数也有相应的限制。因此，私募基金具有针对性较强的投资目标，它更像为中产阶级投资者量身定做的投资服务产品。

再次，和公募基金严格的信息披露要求不同，私募基金这方面的要求低得多，加之政府监管也相应比较宽松，因此私募基金的投资更具隐蔽性，运作也更为灵活，相应获得高收益回报的机会也更大。

最后，私募基金一个显著的特点就是基金发起人、管理人必须以自有资金投入基金管理公司，基金运作的成功与否与他们的自身利益紧密相关。从国际目前通行的做法来看，基金管理者一般要持有基金3%～5%的股份，一旦发生亏损，管理者拥有的股份将首先被用来支付参与者，因此，私募基金的发起人、管理人与基金是一个唇齿相依、荣辱与共的利益共同体，这也在一定程度上较好地解决了公募基金与生俱来的经理人利益约束弱化、激励机制不够等弊端。

公募就是公开募集。公开的意思有两方面：第一是可以做广告，向所有认识和不认识的人募集。第二是募集的对象数量比较多，比如一般定义为200人以上。

私募就是私下募集或私人配售。私下的意思有：第一，不可以做广告。第二，只能向特定的对象募集。所谓特定的对象又有两个意思，一是指对方比较有钱具有一定的风险控制能力，二是指对方是特定行业或者特定类别的机构或者个人。第三，私募的募集对象数量一般比较少，比如200人以下。

093. 私募种类有哪些？

在中国投资的私募股权投资基金有4种：

（1）专门的独立投资基金，拥有多元化的资金来源。

（2）大型的多元化金融机构下设的投资基金。

（3）关于中外合资产业投资基金的法规2014年出台后，出现的一些新成立的私募股权投资基金。

（4）大型企业的投资基金，这种基金的投资服务于其集团的发展战略和投资组合，资金来源于集团内部

其中，前两种基金具有信托性质，他们的投资者包括养老基金、大学、机构、富有的个人、保险公司等。

美国投资者偏好独立投资基金，认为他们的投资决策更独立，而多元化金融机构下设的投资基金可能受母公司的干扰。欧洲投资者更喜欢多元化金融机构下设的投资基金，认为这类基金因母公司的良好信誉和充足资本更安全。

094. 如何理解PE的概念？

Private Equity（简称PE）也就是私募股权投资，从投资方式角度看，是指通过私募形式对非上市企业进行的权益性投资，在交易实施过程中附带考

虑了将来的退出机制，即通过上市、并购或管理层回购等方式，出售持股获利。有少部分 PE 基金投资已上市公司的股权。

广义的私募股权投资为涵盖企业首次公开发行前各阶段的权益投资，即对处于种子期、初创期、发展期、扩展期、成熟期和 Pre – IPO 各个时期企业所进行的投资，相关资本按照投资阶段可划分为创业投资（venture capital）、发展资本（development capital）、并购基金（buyout/buyin fund）、夹层资本（mezzanine capital）、重振资本（turnaround）、Pre – IPO 资本（如 bridge finance），以及其他如上市后私募投资（private investment in public equity，即 PIPE）、不良债权（distressed debt）和不动产投资（real estate）等（以上所述的概念也有重合的部分）。狭义的 PE 主要指对已经形成一定规模的，并产生稳定现金流的成熟企业的私募股权投资，主要是创业投资后期的私募股权投资部分，这其中并购基金和夹层资本在资金规模上占最大的一部分。在中国 PE 多指后者，以与 VC 区别。

095. PE 有哪些特点？

资金来源广泛，如富有的个人、风险基金、杠杆收购基金、战略投资者、养老基金、保险公司等。

（1）投资回报方式主要有三种：公开发行上市、售出或购并、公司资本结构重组。

（2）对引资企业来说，私募股权融资不仅有投资期长、增加资本金等好处，还可能给企业带来管理、技术、市场和其他需要的专业技能。如果投资者是大型知名企业或著名金融机构，他们的名望和资源在企业未来上市时还有利于提高上市的股价、改善二级市场的表现。

（3）相对于波动大、难以预测的公开市场而言，股权投资资本市场是更稳定的融资来源。

（4）在引进私募股权投资的过程中，可以对竞争者保密，因为信息披露仅限于投资者而不必像上市那样公之于众，这是非常重要的。

（5）在资金募集上，主要通过非公开方式面向少数机构投资者或个人募集，它的销售和赎回都是基金管理人通过私下与投资者协商进行的。另外在投资方式上也是以私募形式进行的，绝少涉及公开市场的操作，一般无须披露交易细节。

（6）多采取权益型投资方式，绝少涉及债权投资。PE投资机构也因此对被投资企业的决策管理享有一定的表决权。反映在投资工具上，多采用普通股或者可转让优先股，以及可转债的工具形式。

（7）资金一般投资于私有公司即非上市企业，绝少投资已公开发行的公司，不会涉及要约收购义务。

（8）比较偏向于已形成一定规模和产生稳定现金流的成形企业，这一点与VC有明显区别。

（9）投资期限较长，一般可达3～5年或更长，属于中长期投资。

（10）流动性差，没有现成的市场供非上市公司的股权出让方与购买方直接达成交易。

（11）PE投资机构多采取有限合伙制，这种企业组织形式有很好的投资管理效率，并避免了双重征税的弊端。

（12）投资退出渠道多样化，有IPO、售出（trade sale）、兼并收购（M&A）、标的公司管理层回购，等等。

096. 考察PE收益情况的J曲线效应是指什么？

通常人们在考察PE基金的收益情况时，会以时间为横轴，以收益率为纵轴画出一条曲线。通过长期观察，人们发现这条曲线的轨迹大致类似于字母J，因此这种现象被形象地成为J曲线效应。

形成J曲线效应的原因是，在一支PE基金运作之初，基金要开始支付管理费和开办费用，然而这时基金所投资的项目还无法立刻产生回报，使得基金在最开始的一段时间收益为负值。当经过一段时间后，基金开始有项目推出时，基金收益率就会快速攀升。

从投资者的角度看，J曲线效应的启示是，在一项长期投资中过分看重短期收益情况不利于投资者追求并实现长期目标；而基金管理人的目标则是尽量缩短J曲线，以使基金尽早实现正收益。

097. VC有何中国特色？

国外风投停止业务的同时，国内刚成长起来的风险投资公司日子也不好过。虽然已经募集到的资金还要投到项目上去，但是，投资的项目已经明显发生了变化。PE 投资 VC 化，VC 投资天使化的趋势已经有了苗头。

中国 VC 机会有时真的很独特。很多在海外被证实不成功或者已走向夕阳的商业模式，却能在中国市场充满活力。在中国，各类新媒体商业模式都能吸引大笔创投资金，但在国外，你几乎看不到类似户外媒体或楼宇广告的商业模式。又如母婴用品销售商红孩子，这是一家目录销售型企业，这种商业模式在美国已存在 20 年，根本不会有 VC 看好它。但在中国，红孩子却在短短数年间跻身规模最大的母婴用品网络营销商之一；汉庭酒店，这套商业模式在海外已过气，但它在中国的规模扩张活力却很强。

中国经济过去 30 多年高增长所带来的创投机会，可能会产生起死回生的奇迹。然而，渠道创新衍生大量创投机会的结果是双重性的。很多新兴产业领域，即使大型企业也只占市场份额的 10% ~20%，而且地域性特征很明显，它需要并购竞争对手确立自身市场地位。

未来企业并购会越来越活跃。VC 始终在和泡沫做斗争，但制胜的关键就是 VC 得在泡沫破裂前完全撤走，不过 IPO 的退出道路比较难，利用企业整合并购实现股权退出，是很好的渠道。

中国 VC 机会很多，可以用三个词总结：独特、整合、变化。

098. PE、VC 及私募基金三者的区别是什么？

PE 与 VC 虽然都是对上市前企业的投资，但是两者在投资阶段、投资规模、投资理念和投资特点等方面有很大的不同。

很多传统上的 VC 机构现在也介入 PE 业务，而许多传统上被认为专做 PE 业务的机构也参与 VC 项目，也就是说 PE 与 VC 只是概念上的一个区分，在实际业务中两者的界限越来越模糊。

另外 PE 基金与内地所称的“私募基金”也有区别，PE 基金主要以私募形式投资于未上市的公司股权，而我们所说的“私募基金”则主要是指通过私募形式，向投资者筹集资金，进行管理并投资于证券市场（多为二级市场）的基金，主要是用来区别共同基金（mutual fund）等公募基金的。

099. 私募股权投资基金管理公司的作用是什么？

私募股权投资基金管理公司作为专业投资管理机构，实现“集合投资，专家理财”的核心功能。它在私募股权投资基金的发起设立、管理运营和到期清算中都肩负着重要责任。从整体上看，私募股权投资基金管理公司的定位体现在3个方面：

（1）基金的策划：基金管理人根据自己的专业分析能力和资源整合能力，结合经济社会和产业领域发展的需要，设计具有特定投资方向和明确标的物的基金方案，提供给潜在投资人进行投资决策。

（2）基金的牵头发起：基金管理人要牵头组织基金的融资募集工作，具体组织实施基金设立工作，包括组织基金募集路演、确定出资意向、组织对设立文件条款的谈判、组织投资者创立大会、完成投资者出资和法律文件签署，同时帮助投资者选择确定基金托管人，组织投资者与托管人签署合作协议。

（3）基金的管理运营：这主要是根据基金委托管理合同，寻找调研项目提供给基金作投资决策，在通过投资决策后，协调基金托管银行划拨投资款项。同时，基金管理人要向被投资项目派出产权代表，代表基金履行投资人权益，并给项目提供增值服务。在每个财务年度，基金管理人要提交基金年度报告和利润分配方案，并接受基金董事会的评估和监事会的审计。

100. 什么是平行基金？

平行基金模式是外资创投在中国开展创业投资业务的一种新型合作模式。所谓平行基金就是在海外和国内分别募集两个规模相差不多的投资基金，通过有共同利益的管理公司把两个基金模拟成一个基金进行分配和清算。

在平行基金模式下，国外创业投资机构在中国境外建立一家创业投资基金，国内创业投资机构在国内建立一家创业投资基金或公司。原则上，这两家基金平行存在，在法律上各自独立。但这两家基金在相互磋商，确立合作意向的基础上，共同在国内建立一家创业投资管理公司，并委托这家公司同时管理国内外两只基金。

这种模式的操作过程为：创业投资管理公司作为一个机构，行使基金管理人的职能，负责寻找项目、审核项目、尽职审查。一旦投资项目确定，即向境外基金和国内基金同时推荐项目，申请所需投资的款额。投资后，管理公司直接参与所投项目公司的运作及管理，帮助其成长。必要时，管理公司也积极帮助所投公司进行再融资。待企业成功后，可以采取境外上市或国内上市，境外基金和国内基金（公司）可以通过股权协议转让的方式顺利完成退出。

101. 什么是有限合伙制？

有限合伙制是合伙制的一种特殊形式，对外在整体上也同样具有无限责任性质，但在其内部设置了一种与普通合伙制有根本区别的、两类法律责任决然不同的权益主体：一类合伙人作为真正的投资者，投入绝大部分资金，但不得参与经营管理，并且只以其投资的金额承担有限责任，称为有限合伙人；另一类合伙人作为真正的管理者，只投入极少部分资金，但全权负责经营管理，并要承担无限责任，称为普通合伙人，亦称一般合伙人或无限合伙人。这就是有限合伙制的主要特点，也是其在组织安排和制度设计上主要的创新之处。

有限合伙制的优势：

（1）与普通合伙制度比较而言，有限合伙制度的最大特点在于它是人合和资合的有机融合。这种融合使有限合伙具有以下两个显著特征：合伙人与合伙企业相分离，因为有限合伙人虽然在分享收益、分担亏损的意义上仍是合伙的成员，但已不是通常意义上的合伙人；有限合伙企业具有更大的稳定性和持久性。

（2）有限合伙的管理模式和运行机制，适应风险投资的特点，能最大限度地提高运营效率，相应增加资本收益。

（3）有限合伙制有利于降低运营成本。

（4）有限合伙制通过合伙契约中的约定，构成对合伙人的各种约束机制，最大限度降低人为损失。

102. 什么是 LP 和 GP？

LP（Limited Partnership）通译为有限合伙。有限合伙企业中又分 LP 和 GP。LP 指的是有限合伙人（limited partner），负责出钱，仅仅投资资本，不参与公司管理；GP 指的是普通合伙人（general partner），负责投资管理。两方合起来就是有限合伙的方式。.

LP 这种制度安排由资金的所有者向贸易操作者提供资金，投资者按约定获取利润的一部分，但不承担超过出资之外的亏损。如果经营者不存在个人过错，投资者亦不得要求经营者对其投资损失承担赔偿责任。

20 世纪以来，风险投资行为采用的主要组织形式即为有限合伙（LP），且通常以基金的形式存在。投资人以出资为限对合伙企业债务承担有限责任，而基金管理人以普通合伙人的身份对基金进行管理并对合伙企业债务承担无限责任。这样既能降低投资人的风险，又能促使基金管理人为基金的增值勤勉谨慎服务。

103. LP 价值观是如何决定 VC 的效率和方向的？

LP 价值观决定 VC 的效率。看上去中国 LP 资本很活跃，但从投资理念层面看，其还处于初级阶段。成熟的创投市场，关键是看 LP 的投资理念。它的价值观决定 VC 的工作效率及整个创投市场的前进方向。

真正的 LP 应要求财务回报越高越好。在中国，目前称得上 LP 的，主要是一批民间资本与政府创业引导的基金资本。然而，很多民间资本持有人都是自己管理创投资本。他们更倾向 Pre－IPO 赚快钱，但这种机会其实不多。

政府创业引导基金资本的使用效率不高，市场化运作力度还不够，他们可能以招商引资或扶持“有政策需要”的项目为主，而暂时不会过多考虑财务回报。但真正的 LP 应该要求财务回报越高越好。

这两者的投资价值观都可能改变 VC 的效率，前者希望赚快钱，但机会并不多，反而错过很多投资优秀企业的机会。后者的创投动机不以财务回报率高低为标准，可能让 VC 过早放弃很不错的高成长企业。实际上，成熟市场的 LP，既要求财务回报越高越好，但也愿意承担投资失败，对 VC 的每个创投项目都有很合理的信息披露要求与创投意见。在美国，大学基金、退休基金与保险基金往往是最大的成熟 LP，他们不追求短期回报，而是想要长期投资积累更多收益。

LP 的价值观，也决定 VC 的投资方向。目前中国的高科技应用型企业比较多，除了少数新材料、生命科技、IT 技术企业已实现投产利润之外，更多

VC机会都留给那些渠道创新的新兴领域上，但高科技原创型企业的创投机会比较少。VC要敢于开拓这块未开掘的处女地，这就需要LP的支持，他们得勇于承担投资失败的风险，VC才敢于动手掘金。

104. 什么是债务融资？其与股权融资相比有何特点？

企业融资的重要方式有股权融资和债务融资。债券融资（debt financing）是指企业通过向个人或机构投资者出售债券、票据筹集营运资金或资本开支。个人或机构投资者借出资金，成为公司的债权人，并获得该公司还本付息的承诺。企业的融资决策都是要考虑融资渠道和融资成本的，因此，产生了一系列的融资理论。

债务融资可进一步细分为直接债务融资和间接债务融资两种模式。一般来说，对于预期收益较高、能够承担较高的融资成本，而且经营风险较大、要求融资的风险较低的企业倾向于选择股权融资方式；而对于传统企业，经营风险比较小，预期收益也较小的，一般选择融资成本较小的债务融资方式进行融资。

相对于股权融资，债务融资具有以下几个特点：

（1）短期性。债务融资筹集的资金具有使用上的时间性，须到期偿还。

（2）可逆性。企业采用债务融资方式获取资金，负有到期还本付息的义务。

（3）负担性。企业采用债务融资方式获取资金，须支付债务利息，从而形成企业的固定负担。

（4）流通性。债券可以在流通市场上自由转让。

股权融资所得资金属于资本金，不需要还本付息，股东的收益来自税后盈利的分配，也就是股利；债务融资形成的是企业的负债，需要还本付息，其支付的利息进入财务费用，可以在税前扣除。

105. 提高债务融资比例有何好处？

债务融资比例，即资金总量中债务资金的比例对公司治理产生的影响。提高债务融资比例主要有如下两方面的好处：

一是提高债务融资比例能够降低企业自由现金流，提高资金使用效率。

自由现金流表示的是公司可以自由支配的现金。如果自由现金流丰富，则公司可以偿还债务，回购股票，增加股息支付。当公司产生大量的自由现金流时，经理人从自身价值最大化出发，倾向于不分红或少分红，将自由现金流留在公司内使用，经理可以自由支配这些资金用于私人利益，或是进行过度投资，这降低了资金的使用效率，产生了代理成本。首先，由于对股东的支付会减少经理控制下的资源，因而减少了经理的权利，甚至在企业必须获取资金时，又会受到资本市场的监督，因此经理人倾向于不分红或少分红；其次，当公司内部留有大量自由现金流时，经理可以将自由现金流用于私人利益，这直接增加了经理的效用；最后，企业经营者有将企业扩张到超过最优规模的动机，因为经营者的权利因他们所控制资源的增加而增大，而且与销售增加正相关的经营者的报酬也会相应增加，导致企业进行过度投资。然而，股东的利益在于公司价值最大化和投资回报问题，规模大并不代表效益高。因此，如何让经营者支出现金而不是投资于回报小于资本成本的项目或者浪费在组织的低效率上，是公司治理的一项重要任务。

原本企业可以通过股票回购或发放股利的形式将现金支付给股东，降低自由现金流量的代理成本。但是，由于使用未来现金流的控制权留给了经理，经理从自身效用最大化出发，难以保证上述行为的必然实施，也就是说，发放股利或股票回购对经营者的约束是软性的。与此相反，企业向债权人按期还本付息是由法律和合同规定了的硬约束。企业经营者必须在债务到期时，以一定的现金偿还债务本息，否则面临的将是诉讼与破产。负债融资对经营者的这种威胁，促使经理有效地担负支付未来现金流的承诺。因此，因负债而导致还本付息所产生的现金流出可以是红利分配的一个有效替代物，从而更好地降低自由现金流量的代理成本，提高资金使用效率。

二是提高债务融资比例能够优化股权结构。最早对负债融资的股权结构效应做出分析的是 Jensen 和 Meckling（1976），他们的研究表明，在经营者对企业的绝对投资额不变的情况下，增大投资中负债融资的比例将提高经营者股权比例，减少股东和经营者之间目标利益的分歧，从而降低股权代理成本。

如果债权人对公司的约束是硬性的，那么在股权分散，法人或管理层持股比例较小的情况下，增加负债融资，一方面能相对提高公司的股权集中度和管理者持股比例，增加大股东的监督力度和管理者与股东利益的一致性；

另一方面，能使债权人特别是大债权人更好地发挥对大股东、管理层的监督和约束的职能。因此，在相对分散的股权结构中，负债融资一方面增加了管理层的激励，对约束经营者行为、防止经营者过度投资、降低股权代理成本、改善公司治理结构、提高公司业绩起着积极的治理效应；另一方面，债权人的监督约束了大股东的私利行为，避免了大股东对中小股东的侵害。

而当股权过于集中时，大股东可以利用手中的控制权通过董事会中的绝对多数来直接控制经营者。此时，经营者为了保住自己的职位，往往会迎合大股东一起来侵占债权人、其他股东（尤其是小股东）的利益。大股东的股权集中优势越明显，这种可能性就越大。此时外部融资的困难将会加大。

106. 项目融资的一般性流程是什么？

以 VC 创业投资为例来说明这一流程。

第一步：创业者提交创业申请，VC 做初步审查。

第二步：如果 VC 对该项目持肯定态度，将要求创业者提供完整的商业计划。该商业计划应包括：①业务简介：风险企业的管理者简历、过去的盈利状况、公司的战略定位以及对投资者的退出安排。②经营计划：经营战略、营销计划、行业分析、对竞争对手的分析、资金用途分析。③其他与公司有关的背景资料分析。

VC 将用两周时间做出分析并对创业者所提供的资料承担保密义务，创业者所提供的资料，VC 不承担归还的义务。

第三步：尽职调查阶段。在 VC 审查完创业计划并认为该项目具备较大的增值潜力之后，将与创业者用合同的形式锁定一段时期做尽职调查工作，在此期间，该创业者不能与其他投资者讨论融资问题。VC 将派人到投资对象公司及其相关客户、供应商等各方做调查，创业者应给予必要的协助。

第四步：价格谈判。在 VC 进行尽职调查的后期或完成之后，如无发现重大隐瞒问题，将与创业者就被投资企业的价值进行谈判。

第五步：确定投资方式、投资条款与投资条件。

在准备签署的有关文件或投资合同中，主要明确以下 4 个内容：

（1）双方的出资数及各自所占股份，包含对技术的定价、对员工持股的安排。

(2) 企业的组织结构及双方各自担任的职务。

(3) 投资者的控制与保护。

(4) 有担保债权。

VC 将会选择以下几种投资方式：一是可转换优先股；二是参与分红优先股；三是投资倍数回报。

第六步：结束谈判，资金到位，VC 与创业者开始一种新的伙伴关系。

107. 什么是杠杆收购？

定义：杠杆收购（leveraged buy - out，LBO）是一种企业金融手段，指公司或个体利用自己的资产作为债务抵押，收购另一家公司的策略。是一种以小博大、高风险、高收益、高技巧的企业并购方式。LBO 的突出特点是，收购方为了进行收购，大规模融资借贷去支付大部分交易费用，通常为总购价的 70% 甚至全部，同时，收购方以目标公司资产及未来收益作为借贷抵押。借贷利息将通过被收购公司的未来现金流支付。

来源：LBO 在 20 世纪 80 年代开始盛行，当时公开市场发展迅猛，向借贷人敞开了方便之门，允许他们借贷很大数额的现金进行风险很高的项目，在 LBO 发展之初的 1980 年，被认为是 LBO 之基的四大并购项目累计交易额就达到了 17 亿美元。

演变：1988 年是 LBO 发展的巅峰时期，当时累计交易额已达 1880 亿美元。这些通过大举借贷完成的交易行为也带来了极大的风险——那些利率极高的“垃圾股”，这些“垃圾股”往往用极高的利率去吸引股东，背后却没有强有力的后盾，所以很多项目演变成灾难，导致了借贷人的破产。

优点：①对并购项目所需的资产和现金要求很低；②能产生协同效应，将生产经营延伸到企业之外；③使企业运营效率得到提高；④改进企业的领导力与管理；⑤产生杠杆作用，当债务比率上升时，企业收购融资的股权就会做一定程度的收缩，使得投资公司只要付出整个交易的 20% ~40% 就能购得目标公司。

缺点：①并购公司通过盗用第三方财富来获得目标公司的额外现金流；②被收购公司由于支付利息而享受了免税政策，但股东分配到的股息享受不到这样的优惠。如果收购公司管理不善，或遇到金融危机、政策变化等不可预知的因素，通常会导致股东利益的损害。

杠杆收购在国外已被证明是一种行之有效的收购融资工具，在中国同样有广泛的适用范围。因为中国大多数国企负债比例高、不良资产多，需要合适的融资途径来解决资本运营环节的大量资金，即使少数有条件以自有资金购并的国企，也曾考虑适度融资，以实现资本结构的最优化，降低收购资金成本。但 LBO 也非万能良药，收购不成功的案例比比皆是，因此企业在选择这种方式时需要格外慎重。

108. 什么是路演？

路演一词译自英文 roadshow，是国际上广泛采用的证券发行推广方式，指证券发行商发行证券前针对机构投资者的推介活动，是在投、融资双方充分交流的条件下促进股票成功发行的重要推介、宣传手段。通过投资银行家或者支付承诺商的帮助，在初级市场上出售股票，以便提高股票潜在的价值叫路演。

路演的目的：促进投资者与股票发行人之间的沟通和交流，以保证股票的顺利发行。

109. 什么是对赌协议？

对赌协议是投资方与融资方在达成协议时，双方对未来不确定情况的一种约定。如果约定的条件出现，投资方可以行使一种权利；如果约定的条件不出现，融资方则行使一种权利。所以，对赌协议实际上就是期权的一种形式。

通过条款的设计，对赌协议可以有效保护投资人利益，但由于多方面的原因，对赌协议在我国资本市场还没有成为一种制度设置，也没有被经常采用。但在国际企业对国内企业的投资中，对赌协议已经被广泛采纳。在创业型企业投资、成熟型企业投资中，都有对赌协议成功应用的案例，最终企业也取得了不错的业绩。

CHAPTER4
第四章

天交所运营特点及投融资途径

第一节　天交所市场构架及特色

110. 第一个获国务院支持建立全国性 OTC 的地方在哪里？运行如何？

2008 年 3 月，国务院在对《天津滨海新区综合配套改革总体方案》的批复中提出了关于“积极支持在天津滨海新区设立全国性非上市公众公司股权交易市场”的总体要求，国家发改委提出了关于“扎实做好设立天津滨海新区柜台交易市场的前期准备，逐步健全多层次资本市场”的工作目标。为落实这一要求和目标，经天津市政府批准，由天津产权交易中心、天津开创投资有限公司等机构于 2008 年 9 月共同发起组建了天津股权交易所（以下简称“天交所”），注册地在天津滨海新区，采用公司制模式。天交所成为我国第一家向全国推行 OTC 业务的区域性股权交易市场。

天交所借助成熟资本市场成长经验，通过组织开展非上市公司股权融资、挂牌交易，探索建立中小企业、科技成长型企业直接融资渠道，促进非上市公司熟悉资本市场规则、完善公司治理、改善经营管理、积累企业信用、提升核心竞争能力、实现健康快速成长。天交所致力于通过建立和完善市场化筛选和孵化机制，为交易所市场和境外资本市场培育和输送优质成熟的上市后备资源；努力建设一个具有投资价值、充满活力又稳定、集中统一的非上市公司股权市场，成为我国场外交易市场的一个重要基础部分。

天交所独特的运营模式，完善的业务操作、信息披露等经营管理体系，稳健、规范和持续的发展途径和经验，成为后起区域场外市场学习的样本。到目前为止（2014年5月31日），天交所累计挂牌来自全国28个省市地区的465家企业，注册报价商99家，注册投资者18826人，共发行私募债10只，挂牌企业总市值达到395.95亿元，平均市盈率在10.85倍左右。

111. 天交所傲视群雄的7大运营中心分别是什么？

到目前为止，天交所除本部运营中心外，还在山西、广东、福建、江苏和天津等地成立了7个运营分中心。天交所以加速扩张的方式暗示着其在全国区域场外市场的实力和龙头地位。这7大运营中心是：

2012年9月29日揭牌的福建泉州区域运营中心；2013年7月5日成立的福建龙岩运营中心；同年10月29日成立的广东顺德运营中心；同年11月20日成立的广东惠州业务运营中心；同年12月28日揭牌的长三角运营中心（江苏无锡崇安区）；2014年3月9日成立的东丽运营中心；2013年4月17日在晋中挂牌的山西运营中心。

112. 天津就“全国性OTC”建设曾上报国务院的3种预案是什么？

在天交所获批建立之前，天津市上报国务院有关部门的“OTC市场筹建专项方案”中，提出了3种预案：一是以中国证监会为主导制定相关建设方案，天津市组织配合承办；二是在天津市产权交易中心的“非上市股份公司的股权托管系统”基础上，加以改造形成OTC的框架；三是天津市与北京中关村的“非上市股份公司股权代办转让系统”联合构建起全国性OTC市场。

113. 天交所成立的背景及原因是什么？

区域经济背景：环渤海湾经济圈的发展在2004年后得到时任政府的重视，各类政策的倾斜，各种重大经济、金融变革举措接踵而来。环渤海湾经济圈的核心和引擎城市就是天津。

区域金融环境：到天交所成立前夕，天津累计注册的股权投资基金和创业风险投资企业近千家，成为我国股权投资基金相对集中的城市；全市基本形成了以银行、保险、证券基金、租赁、保理、财务公司等总部为主体，包括信托、证券、期货、服务外包等各类金融机构在内的多层次、多元化、开放型金融机构体系 。

政策背景及主导：2008 年 3 月，天津市《滨海新区综合配套改革试验总体方案》正式下发后，天津获国务院批复建设“全国性非上市公众公司股权交易市场”。同年 5 月 4 日，天津市政府就以津政办函〔2008〕19 号文的形式，批准天津产权交易中心发起建设“两高两非（即高科技、高成长性、非上市非公众股份公司）”股权和私募基金份额交易市场，并将之纳入天津金融改革创新 20 项重点工作和 2008 年金融改革创新 10 项重点工作的重中之重。同国务院关于“要为在天津滨海设立全国性非上市公众公司股权交易市场创造条件”的批复暗合。

监管背景及主导：2008 年 3 月 24 日，即在国务院批复天津建立全国性 OTC 市场的两个工作日后，中国证监会对外宣布设立非上市公众公司监管部，将非上市公众公司监管切实纳入法制轨道。这也为 OTC 市场的筹建明确了相应的监管机构。

114. 天交所到目前为止获得了哪些政策支持?

（1）《国务院关于推进天津滨海新区开发开放有关问题的意见》（国发〔2006〕20 号）提出：鼓励天津滨海新区进行金融改革和创新；金融企业、金融业务、金融市场和金融开放等方面的重大改革，原则上可安排在天津滨海新区先行先试。

（2）2008 年 5 月，天交所建设被纳入天津市金融改革创新 20 项重点工作，之后又列入天津市金融改革创新“重中之重”。

（3）2009 年 10 月 26 日，经国务院同意批复的《天津滨海新区综合配套改革试验金融创新专项方案》中明确：支持天津股权交易所不断完善运作机制，规范交易程序，健全服务网络，拓展业务范围，扩大市场规模。充分发挥市场功能，为中小企业和成长型企业提供高效便捷的股权投融资服务。

（4）2012 年 3 月 28 日，天津市滨海新区政府正式印发《十二五时期综合配套改革试验规划》，其中在深化金融改革创新方面要求：加强现代金融体系建设，服务和带动经济社会协调发展。完善金融市场体系，支持天津股权交易所等金融市场发展。

(5) 2012 年 4 月，天津市政府发布的《关于大力支持小型微型企业发展的若干意见》中提出：从 2012 年 1 月 1 日至 2015 年 12 月 31 日，对在天津股权交易所挂牌交易的本地企业，初始融资额达到 500 万元以上的，市财政给予 50 万元的一次性专项补助。

(6) 截至 2013 年 12 月，共有包括山东、湖南、山西、浙江、江苏、福建、河北、天津、广东等地在内的 13 省 37 市出台政策鼓励支持本地企业到天交所挂牌。

115. 2014 年之前天交所的市场架构体系如何？

天交所 2014 年前的市场体系为“统一制度下的双层次递进式设计”。三大企业板块是指传统行业板、科技创新板和创业板；两个市场层次为全国市场和区域市场；“三板块两市场”在统一的制度下设置不同的财务准入标准，适合于中小微型企业和科技创新型企业的挂牌与融资。其结构体系如图 4－1 所示。

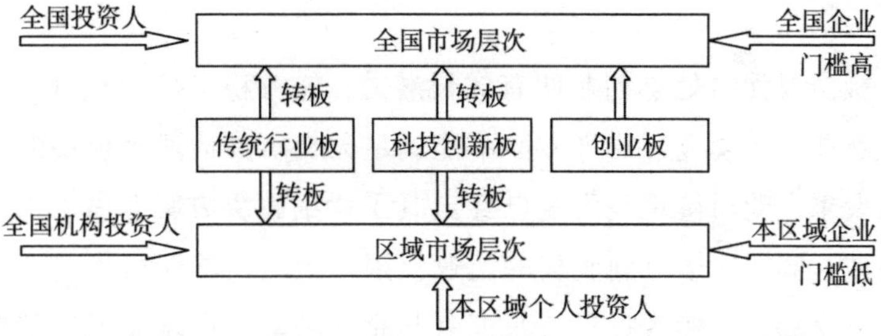

图 4－1 天交所 2014 年前统一制度的双层次递进式市场结构

116. 2014 年天交所重新设计的市场架构体系如何？有什么好处？

从 2014 年 3 月开始，为了扩大服务中小企业的市场覆盖范围，实现挂牌企业分层管理和差异化服务，同时也为了更好地防范市场风险，天交所将原来的市场架构进行了调整，划分并设置为主板、成长板和创业板三个层次板块。构成了现行的“三个立体板块双向升降衔接市场体系设计”，如图 4－2 所示。

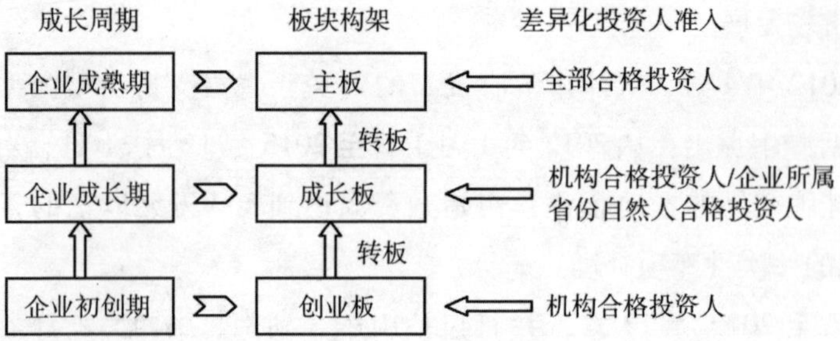

图 4-2　天交所 2014 年后三大立体板块双向升降市场体系

资料来源：天交所官网。

在这个重新设计的市场体系中，主板主要面向成熟期前期的企业。要求企业持续经营 2 年以上，最近一年会计年度利润不低于 500 万元人民币，最近一期期末净资产不少于 2000 万元人民币，企业挂牌面向天交所注册的全部机构和合格自然人投资者开放，并按规则进行交易。

成长板主要面向处于成长期阶段、运作相对规范并已经步入规模化前期的企业，要求持续经营 1 年以上，最近一期财务净利润为正。同时限定挂牌企业所属省份，自然人投资者及天交所注册机构的合格投资人才能参与系统交易。

创业板主要面向处于创业期有成长潜力，能够稳定持续经营，但存续期年限、经营业绩、规范运营等方面不能满足天交所其他两个板块的标准和要求；同时要求企业对待规范问题已经出具了详细解决方案并做出承诺，承诺尚未履行或未履行完毕。创业板的企业仅限于天交所注册机构的合格投资人进行系统内交易，自然人投资者只能参与企业私募定向增发或协议转让，交易受到较多限制。

天交所板块与交易方式匹配，三个立体板块双向升降衔接的设计，深层次体现了天交所支持优质企业优先发展和引导企业持续规范成长的市场孵化培育功能。

117. 天交所的定位和基本功能是什么?

天交所定位由 4 方面内容构成：一是全国性非上市公司股权场外交易市场；二是中国多层次资本市场体系的重要组成部分；三是中国主板、创业板市场的必要补充和重要支撑；四是探索建设中国场外交易市场重要平台。

基本功能有：

（1）融资功能：为成长型企业、中小微企业和高新技术企业以及私募基金提供快捷、高效、低成本融资。

（2）投资功能：为投资者提供具有较高投资价值的多交易品种，提供畅通便捷的进入与退出通道。

（3）交易功能：为非上市公司股权、私募基金份额提供挂牌交易平台，通过独特电子交易系统，形成较强的市场定价能力。

（4）规范功能：建立适用于中小微型企业的信息披露制度和市场信用体系，增加挂牌企业的透明度，提高市场效率，降低市场风险。

（5）孵化筛选功能：通过市场融资、交易和规范的信息披露，持续、贴身的高品质服务和管理，促进挂牌公司熟悉资本市场规则、完善公司治理结构、形成合理发展战略、提升核心竞争能力、实现快速成长，并通过市场化的筛选机制，源源不断地为主板市场、中小企业板市场、创业板市场和境外证券交易所筛选和输送优质成熟的上市后备企业。

118. 天交所的目标与业务范围是什么？

目标：充分运用国家给予的政策优势，借鉴国内外先进的金融理念、技术和管理经验，通过市场组织、交易产品、交易制度、交易形式等方面进行分阶段、分层次创新，逐步建成包括多层次、多品种、多交易方式、面向全国的统一市场体系，构筑多层次资本市场体系的重要基础层次。

业务主要包括：为非上市公司提供股权登记托管、股权融资、股权转让和交易、私募债的发行和交易、私募基金份额交易以及理财产品、信托产品的交易等业务。

119. 天交所 6 大特点是什么？

天交所具备 6 大特点，为非上市非公众公司的股权流动提供平台。

（1）是非公众市场。依法为非上市非公众公司股权和私募股权基金提供流动和退出服务，公司股东或基金份额持有人数在法定的非公众范围之内。

（2）是非公开、非连续竞价市场。天津股权交易所是面向符合资格的机构投资人的市场，不面向社会公众和自然人，不进行连续竞价交易。

（3）是源于市场的市场。天津股权交易所立足规范、引导和满足现有市场需求，在有效防范和控制风险的前提下，对交易产品、市场准入条件与程序、交易方式、交易系统以及运营管理等做市场化的制度安排。

（4）是立足服务的市场。天津股权交易所的核心功能是中介服务，通过贴近市场的功能定位、市场机制和市场工具，让企业能够以最快的速度、最合理的价格融到所需要的资金，让投资人能够在最短时间内找到更多更好的投资项目，并以最低的成本有效管理投资项目。

（5）是低门槛、平民化的市场。交易所将以多层次、多板块的组织结构，容纳大量各类企业和私募基金等产品，让中小企业和投资者成为市场主体，以可接受的较低成本，主动参与市场。

（6）是证券市场的基础和补充。天津股权交易所与证券市场不是竞争关系，也不是并行关系，而是为证券交易市场不断培育、筛选优质合格的上市资源，因而，是证券交易市场的重要基础和必要补充。

第二节　天交所的服务机构

120. 天交所有哪些服务机构？

天交所目前有 5 类服务机构，他们是督导服务机构、保荐服务机构、综合服务机构、中介机构和私募债承销商。

121. 天交所如何规范、管理市场机构执业行为？

（1）定期组织各类机构参加业务培训会。

（2）指导执业人员掌握天交所具体业务操作流程。

（3）对机构执业能力和规范性进行考核。

（4）通过强化管理，推动市场机构从业人员执业能力。

122. 督导服务机构的注册条件是什么？

（1）资金要求：最新一期认缴出资和净资产不低于 500 万元（取得天交所执业资格的中介服务机构除外）。

（2）专业能力：业务人员具有较强的财务、法律以及咨询专业能力。

（3）部门设置和制度建设：具有健全的督导服务工作制度及内核制度。

（4）人员要求：获得证券从业资格人员至少 3 名；获得法律职业资格人员至少 1 名，获得中级及以上会计专业资格的会计师至少 1 名。

（5）合规要求：申报机构申报前 2 年无违法和重大违规行为。

（6）天交所规定的其他条件。

123. 督导服务机构的注册流程是什么？

（1）提交注册申报材料。

（2）缴纳管理服务费用。

（3）参加准入培训。

通过如上 3 个步骤即可以开展持续督导业务。

124. 督导服务机构是否要缴纳费用？如何盈利？

目前天交所注册督导服务机构暂不收取任何费用；可以获得挂牌企业的服务费用。

125. 天交所对督导服务机构的要求及机构的主要工作是什么？

根据《天津股权交易所督导服务机构管理暂行办法》，天交所对督导服务机构实行动态管理，注册机构需要持续参加天交所组织的业务培训、通过准入考核、遵守天交所相关管理要求。凡是违反天交所相关规定的机构将会受到警告、约谈、暂停资格、取消资格等处理。

目前天交所注册督导服务的主要工作是协助企业进行信息披露、现场检查及公司治理等。

126. 保荐服务机构的注册条件是什么？

（1）资金要求：最新一期认缴出资和净资产不低于1000万元。

（2）专业能力：申报机构业务人员具有较强投资价值和市场研究能力。

（3）制度建设：申报机构具有完善的管理制度、业务规程和风险控制机制。

（4）部门设置：申报机构内部设有保荐业务及内核部门。

（5）人员要求：保荐部门至少7名专业人员负责对保荐企业进行保荐、持续督导（其中获得法律职业资格人员1名，获得注册会计师资格人员1名，获得证券从业资格人员5名且总计覆盖5个科目）。

（6）合规要求：申报机构申报前2年无违法和重大违规行为。

（7）天交所规定的其他条件。

127. 保荐服务机构的注册流程是什么？

（1）提交注册申报材料；

（2）缴纳管理服务费用；

（3）参加准入培训。

通过如上3个步骤即可以开展保荐企业挂牌、督导挂牌企业相关业务。

128. 保荐服务机构是否要缴纳费用？如何盈利？

目前天交所对注册保荐服务机构收取管理费5万元/年；其盈利为保荐费用的收取及后续督导挂牌企业的服务费用。

129. 天交所对保荐服务机构的要求及机构的主要工作是什么？

根据《天津股权交易所保荐服务机构管理暂行办法》，天交所对保荐服务机构实行动态管理，注册机构需要持续参加天交所组织的业务培训、通过准入考核、遵守天交所相关管理要求。凡是违反天交所相关规定的机构将会受到警告、约谈、暂停资格、取消资格等处理。

目前天交所保荐服务机构的主要工作是协助企业股改、组织私募、保荐挂牌、终身督导及天交所规定的其他工作。

130. 综合服务机构的注册条件是什么？

（1）已注册成为天交所的合格机构投资人。

（2）资金要求：最新一期认缴出资和净资产不低于3000万元。

（3）专业能力：申报机构业务人员具有较强投资价值和市场研究能力。

（3）制度建设：申报机构具有完善的管理制度、业务规程和风险控制机制；

（4）部门设置：申报机构内部设有保荐部门、报价部门以及内核部门。

（5）人员要求：保荐部门至少7名专业人员负责对保荐企业进行保荐、持续督导（其中获得法律职业资格人员1名，获得注册会计师资格人员1名，获得证券从业资格人员5名且总计覆盖5个科目）；报价部门至少3名业务人员为挂牌企业提供报价服务，其中至少1名通过证券从业资格考试（含证券交易科目）。

（6）合规要求：申报机构申报前2年无违法和重大违规行为。

（7）天交所规定的其他条件。

131. 综合服务机构的注册流程是什么？

（1）提交注册申报材料。

（2）缴纳管理服务费用。

（3）参加准入培训。

通过如上3个步骤即可以开展保荐企业挂牌、为企业股权交易进行报价、督导挂牌企业相关业务。

132. 综合服务机构是否要缴纳费用？如何盈利？

目前天交所对注册综合服务机构收取管理费5万元/年。综合服务机构可以获得保荐费用收入、后续督导挂牌企业的服务费用以及通过买卖双向报价获得的市场买卖价差，同时获得股权投资收益、分红收益以及享受企业在资本市场长期升值带来的收益。

133. 天交所对综合服务机构的要求及机构的主要工作是什么？

根据《天津股权交易所综合服务机构管理暂行办法》，天交所对综合服务机构实行动态管理，注册机构需要持续参加天交所组织的业务培训、通过准入考核、遵守天交所相关管理要求。凡是违反天交所相关规定的机构将会受到警告、约谈、暂停资格、取消资格等处理。

目前天交所综合服务机构的主要工作是协助企业股改、组织私募、保荐挂牌、企业股权的双向报价、终身督导及天交所规定的其他工作。

134. 中介服务机构的注册条件是什么？

全国业务类中介服务机构：

（1）机构年限：从事审计、评估、法律服务、信用评级等专业服务的机构须取得主管部门从事资格认定，且从事该项专业中介服务不少于5年。

（2）人员要求：取得相关行业执业资格的人员不少于20名。

（3）制度建设：有规范的组织章程、内核机构和服务质量内控体系。

（4）合规要求：近3年未受到行业监管部门及其他相关部门的处罚，无重大不良记录。

（5）具有承担相关工作责任和风险的能力。

（6）天交所规定的其他条件。

区域业务类中介服务机构：

（1）机构年限：从事审计、评估、法律服务、信用评级等专业服务的机构须取得主管部门从事资格认定。

（2）人员要求：取得相关行业执业资格的人员不少于10名；相关行业从业年限5年及以上的人员至少5名。

（3）制度建设：有规范的组织章程、内核机构和服务质量内控体系。

（4）合规要求：近3年未受到行业监管部门及其他相关部门的处罚，无重大不良记录。

（5）具有承担相关工作责任和风险的能力。

（6）天交所规定的其他条件。

135. 中介服务机构的注册流程及缴纳费用如何？

天交所中介服务机构的注册流程为：

（1）提交注册申报材料；

（2）缴纳管理服务费用；

（3）参加准入培训。

通过如上 3 个步骤即可开展审计、法律等相关业务。目前天交所对注册保荐服务机构收取管理费 2 万元/年。

136. 全国和区域业务中介服务机构的区别是什么？

区域业务类中介服务机构只能从事机构注册所在省份（直辖市、自治区）的天交所相关业务；全国业务类中介服务机构则可以从事全国范围内的天交所相关业务。

137. 中介服务机构考评与培训活动是怎样的？

中介服务机构实行月考与半年考相结合的考评办法。

中介服务机构除参加天交所准入培训之外，可以自主选择参加不定期的业务培训、现场培训或专项培训等多种培训活动。

138. 天交所投资者的开户条件是什么？

机构投资者：

（1）具有独立主体资格和投资能力的法人企业、合伙企业及其他经济组织。

（2）法人企业实缴注册资金不得低于人民币 100 万元；合伙企业及其他经济组织，自有净资产总额不得低于 100 万元。

（3）拥有固定的经营场所和必要的设施。

（4）有健全的组织机构和严格的财务管理制度。

（5）具有比较成熟的投资经验，较高的风险识别和风险承担能力。

（6）天交所规定的其他条件。

自然人投资者：

①具有完全民事行为能力；②公司挂牌交易前，已经在公司投资入股成为原始股东的自然人，或个人金融资产在10万元以上的其他自然人投资者；③投资知识和风险能力测评达到80分以上。

139. 天交所自然人投资者准入的个人财力证明要求是什么？

天交所通过实施合格投资人适当性管理制度和准入制度保护投资者的利益和防范市场风险。按天交所的相关制度要求，自然人投资者需要提供个人财力证明的形式包括但不限于银行存款证明、存折、存取款凭条、证券账户查询单、历史明细查询单等。具体内容如下：

一是财力证明须原件真实有效；二是财力证明内容须至少包括“开户申请人姓名、金融资产余额超过10万元”等信息；三是财力证明发生日期为申请开户期前一个月内；四是财力证明上须有出具此证明机构的清晰印章。

140. 投资人的开户手续费及注册流程是什么？

天交所目前暂不收取投资人开户手续费。注册流程为：

（1）登陆天交所官网，注册成为“普通用户”。

（2）进入天交所官网“业务平台”栏目，升级成为合格投资人（机构或自然人投资人）。

（3）现场办理开户或开户资料邮寄天交所登记清算部。

（4）办理开户手续并开通银行第三方支付业务。

（5）开户完成获得客户初始密码，登录进入交易系统。

141. 天交所在保护投资人权益方面有哪些制度安排和主要措施？

主要有5方面的内容：

（1）对挂牌项目进行全流程监督控制。

（2）强化对企业信息披露的规范要求。

（3）保荐机构对挂牌企业终身持续督导。

（4）政府金融监管部门对挂牌企业进行备案监管。

（5）市场监管专员定期开展挂牌企业现场检查。

142. 如何保护投资人权益?

天交所主要从 5 个方面着手保护投资人的权益：

①严格的企业挂牌流程。②完善的信息披露制度。③保荐机构终身持续督导。④政府监管部门备案监管。⑤投资人见面会制度。

第三节　登记托管、挂牌转让及交易

143. 天交所可以为挂牌企业提供哪些专项服务?

天交所通过其企业服务部为挂牌企业提供专项服务，主要有：

（1）为企业完成股权增发融资提供协助。

（2）为企业办理股权质押融资提供帮助。

（3）为企业分红派息提供流程指导。

（4）组织投资人与企业见面会，为企业引入战略投资者创造机会。

（5）为企业组织路演推介会提供策划方案。

（6）为企业高管人员提供专项培训服务。

（7）为企业发展需要提供其他咨询服务。

144. 在股权登记托管方面，天交所挂牌企业能享受哪些服务?

此业务具体由天交所登记清算部负责办理，主要服务内容：

（1）股权初始登记、变更和注销服务。

（2）为投资人开户，后续变更、挂失以及因遗产继承、离婚、赠予等所引起的权益变动提供服务。

（3）为股权持有人提供名册管理、权益派发等服务。

（4）为挂牌企业办理股权质押、冻结等原因引起的股权变更登记提供服务。

（5）为各市场主体提供其他相关业务咨询服务。

145. 天交所挂牌企业股权托管业务的内容和作用是什么？

股权托管是指挂牌企业将股东名册委托股权托管机构管理的民事行为，是一种社会化服务；其目的在于弥补非上市企业股东名册的管理缺位，由天交所客观公正地提供第三方服务，为非上市企业提供具有公示力和公信力的股东名册记载，为股东提供所持股权的有效权属证明。

其作用是：有利于挂牌企业规范运作，提高经营管理水平；有利于降低公司管理股东名册的运营成本；有利于拓宽企业融资渠道，为股权质押、股权担保贷款创造条件。股权托管服务也有利于保护挂牌企业中小股东权益，促进企业制度建设，提升经营能力，并为企业上市等创造条件。

146. 挂牌企业权益分派业务包括哪些内容？如何申请办理？

挂牌企业权益分派业务包括送股、公积金转增股本、现金红利派发等。

主要流程有：

（1）董事会制定利润分配预案。

（2）股东大会审议权益分派方案，发布决议公告。

（3）挂牌企业应在股东大会决议 2 个工作日内向天交所提交权益分派所需文件，并详细了解企业权益分派所需注意事项。

（4）挂牌企业发布权益分派实施公告。

（5）实施权益分派。

相关业务由天交所登记清算部统一受理。

147. 哪些企业可以到天交所挂牌？

目前申请到天交所挂牌的企业不受行业、地域范围限制，股份有限公司和有限责任公司（需改制）都可以申请挂牌，对应不同挂牌板块对企业准入条件有不同的要求。

148. 天交所目前设置了哪些层次板块？其挂牌企业范畴是什么？

天交所目前设置了主板、创业板和成长板 3 个层次板块。

主板主要面向已步入成熟期前期的企业。企业经营情况相对稳定，主营产品具有一定的市场占有率，生产已经实现初步规模化，在所属细分行业或区域具有一定的影响力。

成长板主要面向处于成长期阶段的企业。企业在所处行业中具有较好的成长性，产品科技含量高，产品市场占有率不断上升，生产已经步入规模化前期。

创业板主要面向处于创业期、成长期早期的企业。企业产品具有一定的独创性，在当地已经拥有一定的市场份额，且具有较好的市场发展前景。

149. 天交所主板挂牌企业的准入条件是什么

主体资格：

（1）依法设立且持续经营 2 年以上的股份有限公司。有限责任公司按原账面净资产值折股整体变更为股份有限公司的，持续经营时间可以从有限责任公司成立之日起计算。

（2）申请人注册资本已足额缴纳，非货币资产出资已经办理了权属变更手续，主要资产不存在重大权属纠纷。

（3）申请人主营业务完整、突出，最近 1 年没有重大变化。

（4）申请人最近 1 年董事、高级管理人员没有发生重大变化，实际控制人没有发生变更。

（5）申请人股权结构清晰，控股股东和受控股股东、实际控制人支配的股东，持有申请人股权不存在重大权属纠纷，历次股权转让行为符合相关法律的规定。

（6）申请人生产经营符合法律、行政法规和公司章程的规定，符合国家产业政策。

财务与会计：

（1）近一年会计年度利润不低于 500 万元人民币，净利润以扣除非经常性损益前后较低者为计算依据。

（2）最近一期期末净资产不少于2000万元人民币，且不存在未弥补亏损。

（3）申请人资产状况良好，资产负债结构合理，盈利能力较强，现金流正常，具有持续经营业绩。

150. 天交所成长板挂牌企业的准入条件是什么？

主体资格：

（1）依法设立且持续经营1年以上的股份有限公司。有限责任公司按原账面净资产值折股整体变更为股份有限公司的，持续经营时间可以从有限责任公司成立之日起计算。

（2）申请人注册资本已足额缴纳，非货币资产出资已经办理了权属变更手续，主要资产不存在重大权属纠纷。

（3）申请人主营业务完整、突出，最近一年没有重大变化。

（4）申请人最近1年董事、高级管理人员没有发生重大变化，实际控制人没有发生变更。

（5）申请人股权结构清晰，控股股东和受控股股东、实际控制人支配的股东持有申请人股权不存在重大权属纠纷，历次股权转让行为符合相关法律的规定；

（6）申请人生产经营符合法律、行政法规和公司章程的规定，符合国家产业政策。

财务与会计：

（1）最近一期财务净利润为正，且不存在未弥补亏损。

（2）申请人资产状况良好，资产负债结构合理，盈利能力较强，现金流正常，具有活跃、持续经营业绩。

151. 天交所创业板挂牌企业的准入条件是什么？

主体资格：

（1）依法设立的股份有限公司。

（2）申请人注册资本已足额缴纳，非货币资产出资已经办理了权属变更手续，主要资产不存在重大权属纠纷。

（3）申请人主营业务明确，具有持续经营能力。

（4）申请人股权结构清晰，控股股东和受控股股东、实际控制人支配的股东持有申请人股权不存在重大权属纠纷。

（5）申请人生产经营符合法律、行政法规和公司章程的规定。

152. 天交所累计挂牌数及企业规模分布情况如何？

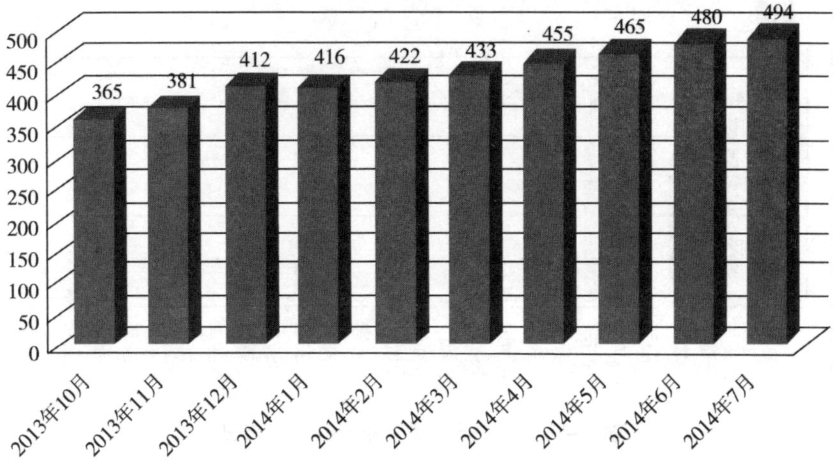

图4－3　累计挂牌企业数

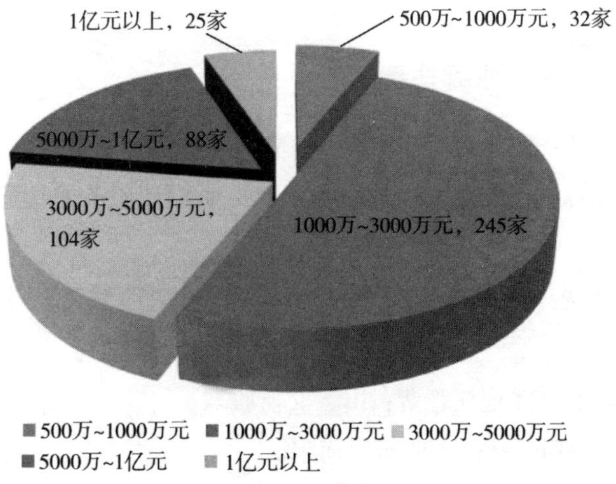

图4－4　挂牌企业规模

资料来源：天交所官网。

153. 天交所累计挂牌企业在全国省市分布情况如何？

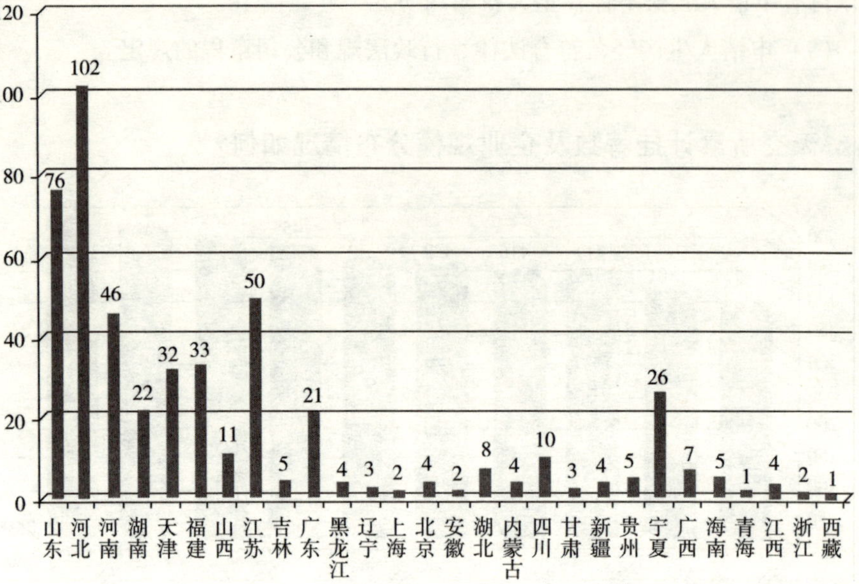

图4－5　天交所挂牌企业全国分布情况

注：数据截至2014年8月31日。

资料来源：天交所官网。

154. 天交所挂牌收取哪些费用？

（1）保荐费：在天交所注册的为企业提供保荐服务的保荐机构收取。

（2）审计费：在天交所注册的为企业提供审计服务的注册会计师事务所收取。

（3）律师费：在天交所注册的为企业提供法律服务的注册律师事务所收取。

（4）挂牌费、登记托管费：由天交所收取。

各项明细费用数额因企业情况而定。

155. 天交所的交易制度和交易时间是怎么安排的？

天交所采用“投资人报价＋综合服务机构报价＋协商定价”的混合交易

制度；资金实行第三方存管以保证资金安全性。

交易时间：投资人开盘报价：9:15—9:25；综合服务机构首次报价时间：9:25—9:30；综合服务机构首次报价和投资人委托时间：9:30—11:30，13:00—14:00；投资人收盘报价：14:00—14:15；投资人协商定价：14:15—15:00。

156. 如何区分天交所的交易模式和对应的参与交易主体？

投资人报价：参与交易的市场主体为合格投资人。

综合服务机构首次报价时间：参与交易的市场主体为综合服务机构。

综合服务机构首次报价和投资人委托时间：参与交易的市场主体为综合服务机构、合格投资人。

协商定价：参与交易的市场主体为合格投资人。

第四节　股权融资与债券融资

157. 天交所融资模式的特点、优势是什么？企业融资会涉及哪些机构？

天津 OTC 的融资模式是“小额、多次、快速、低成本”。

①“小额”是指融资额根据中小企业对资金需求的特点而设计，企业一次定向私募融资大概为 1000 万～3000 万；②“多次”是指企业可根据需要，一年内多次私募融资；③“快速”是指从项目启动到实现挂牌（含定向私募）平均时间为 3 个月左右；④“低成本”是指企业挂牌融资的全部费用大大低于公开资本市场；挂牌融资总成本一般在 100 万元左右。

天交所的融资模式对成长型中小微企业股权融资的优势，见下表：

表4－1　天交所融资模式对中小微企业融资的优势

融资金额	一般每次融资不超过5000万元，但考虑到企业挂牌后的增发，以及带动的银行授信额度增加和股权质押融资，总融资额仍较为可观；中小企业按需融资，资金使用效率高，有利于市场理性健康发展
融资时间	不存在烦琐的层层审批，通过专业化的服务为企业高效完成股权融资，一般从项目启动到完成融资用时3个月左右，努力将企业融资的时间成本降到最低
融资效率	融资方式灵活，已挂牌的企业1年内可以通过天交所市场实现多次股权融资，融资效率较高
融资成本	天交所对市场专业中介服务机构的收费进行管理，有效控制企业的融资成本

中小微企业在天交所融资涉及的机构有：在天交所注册的督导服务机构、保荐服务机构、综合服务机构、中介服务机构。天交所项目管理部工作人员将为企业挂牌融资提供全程服务。

158. 如何才能看到挂牌企业私募或增发的详细信息？

在天交所官网上注册成为普通会员，然后升级成为“合格投资人”，即可看到挂牌企业及私募或增发企业的详细信息。

159. 私募的流程是什么？

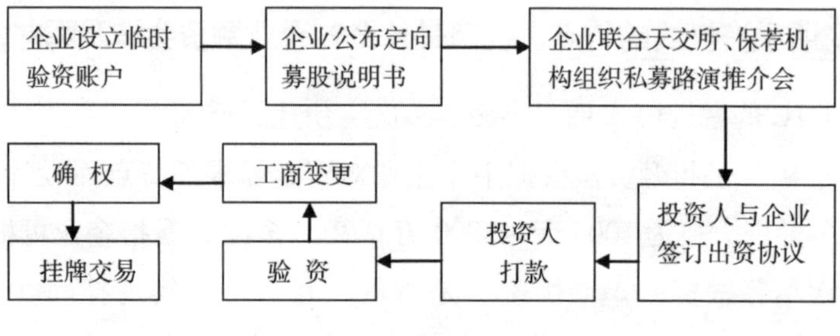

图4－6　天交所私募流程图

160. 挂牌企业的增发融资主要有哪些步骤和内容？

根据天交所相关制度规定，挂牌企业的增资步骤和内容有：

（1）挂牌企业需要满足增发条件，由意向企业提交增发申请、初步调差表和增发预案等材料至天交所，由天交所进行初步审核，并在3个工作日内做出反馈；增发申请在经天交所审核通过后，将由企业服务部与企业沟通后续增发事宜。

（2）企业召开董事会，表决增发预案，并提议召开股东大会，会后发布表决结果公告、停牌公告及近期将召开临时股东大会通知；企业召开临时股东大会表决增发方案。会后发布决议公告，与投资责任人签署认购协议。

（3）企业执行增发方案，与投资人签署认购协议。

（4）打款验资完成后。由会计师事务所出具验资报告。

（5）企业办理完工商变更手续，发布工商变更公告。

（6）企业须向天交所登记结算部提交股权托管材料。

（7）挂牌企业实施增发，从董事会发布决议公告之日起停牌，到企业完成工商变更、股权的确权工作之日起复牌。若临时股东大会未通过企业的增发议案，企业则需复牌交易。

161. 挂牌企业在增发前需要做好哪些准备工作？

主要做好如下准备工作：

（1）确认企业运营规范且满足增发融资条件。

（2）安排具有相关业务经验的专人负责本企业股权增发工作。

（3）为推介活动做好充分准备，力求真实全面展示企业投资减值和项目发展前景。

（4）积极做好投资者关系维护工作，积极接洽战略投资者。

162. 挂牌企业股权质押业务的流程是什么？注意事项有哪些？

主要流程为：

（1）企业与银行接洽并提出股权质押申请。

（2）银行组织专人实地考察企业，并做出凭借授信。

（3）经银行审批同意对企业进行股权质押融资。

（4）各方签订质押合同和借款合同。出质人出具其出质股权由该公司过半以上股东同意出质的决议，出质人已出质的股权不能转让和重复质押。

（5）企业携带股权质押融资业务所需材料及由出资人签字或者盖章的《股权出资设立登记申请书》到工商行政管理部门办理股权质押出质登记。

（6）天交所登记清算部为出质人办理股权冻结手续。

对挂牌企业申请办理股权质押融资业务，应明确其在公司章程中是否有对股东禁止股权质押或质押时间上的特殊规定；并核实本次出质人的身份名称、出资方式、金额等相关信息以及对拟质押股权未重复质押进行审核并出具证明；还应提供由会计师事务所出具的股东出资验资报告和出质人出资证明书。

163. 天交所私募债及其功能是什么？

私募债就是在中国境内依法注册的有限责任公司或股份制有限公司以非公开发行方式募集和转让，约定在一定期限还本付息的公司债券。其私募债产品功能有3个：

（1）直接融资工具，优化资本结构。

（2）中长期融资方式，缓解银行短期贷款偿还能力。

（3）积累资本市场信用，提升融资能力。

164. 天交所私募债的产品特色和发行流程是什么？

天交所私募债的产品特色是：

（1）限制少：一是发行条件宽松；二是资金使用限制少；三是无地域、行业、企业所有制形式限制。

（2）效率高：一是高效备案，3～5天完成备案；二是可附高效募集，资金募集渠道较多、资金到位时间短。

（3）制度设计灵活：一是融资规模不设限；二是可转债条款、可做结构化设计；三是一次备案、多次发行。

简单来说，天交所私募债发行与转让流程为项目筛选—项目启动—项目备案—发行—转让和兑付兑息。

165. 天交所私募债承销商的注册条件是什么？

（1）准入类型：经有关金融部门批准设立的金融机构。

（2）资金要求：最新一期经审计的认缴出资和净资产不低于5000万元。

(3) 制度建设：申报机构具有完善的尽职调查、信息披露和内部风险控制制度及制度文件。

(4) 部门设置：内部设有专门的私募债承销业务部门及内核部门，其中至少7名专业人员对发债主体进行尽职调查，业务人员具有较强的债券研究分析能力。

(5) 人员要求：获得法律职业资格人员1名，获得注册会计师资格人员1名，获得证券从业资格人员5名且总计覆盖5个科目。

(6) 合规要求：申报前2年无违法和重大违规行为。

(7) 机构或机构的核心管理人员具有培育企业或在资本市场承销债券产品的良好记录。

(8) 天交所规定的其他条件。

166. 天交所私募债承销商注册的流程是什么？

①提交注册申报材料；②缴纳管理服务费用；③参加准入培训。

通过如上3个步骤即可开展私募债承销的相关业务活动。

167. 天交所私募债承销商是否要缴纳费用？如何盈利？

目前天交所对私募债承销商收取管理费5万元/年；其盈利来自债券的承销费用以及相关的服务费用。

168. 天交所对私募债承销商的要求及承销商主要工作是什么？

根据《天津股权交易所保荐私募债承销管理暂行办法》，天交所对私募债承销商实行动态管理，注册机构需要持续参加天交所组织的业务培训、通过准入考核、遵守天交所相关管理要求。凡是违反天交所相关规定的机构将会受到警告、约谈、暂停资格、取消资格等处理。

目前天交所私募债承销商的主要工作是尽职调查、债券募集、发行、备案与转让及天交所规定的其他工作。

169. 天交所股权融资累计次数及额度的情况如何?

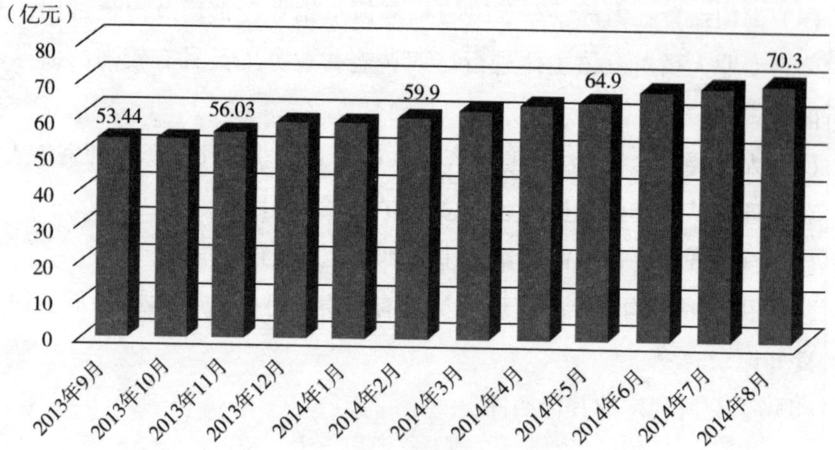

图4-7　累计股权直接融资额

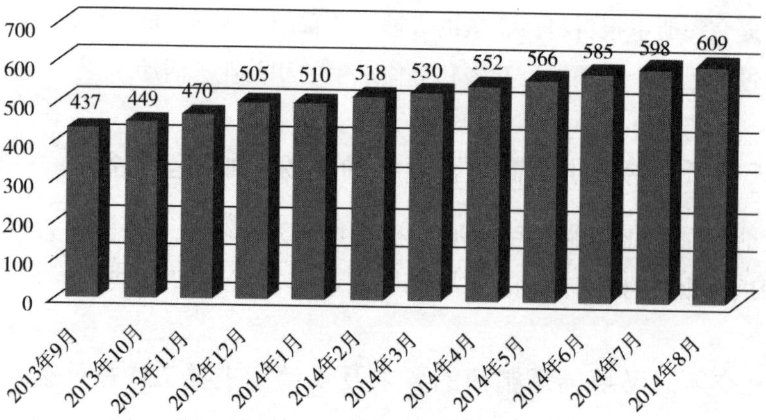

图4-8　累计股权直接融资次数

资料来源：天交所官网。

170. 天交所企业挂牌前首次融资金额及用时分布情况如何?

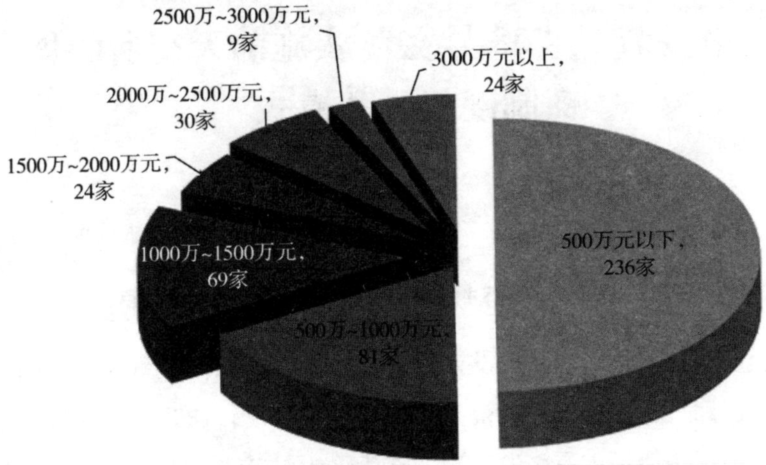

图4-9　挂牌前首次融资金额分布（截至2014年8月31日）

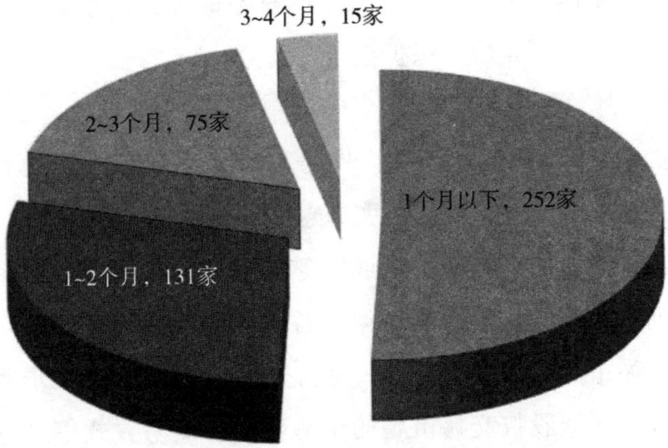

图4-10　挂牌前首次融资用时分布（截至2014年4月30日）

资料来源：天交所官网。

第五节 “38 号文”实施前天交所的做市商制度与盈利模式①

171. “38 号文”前天交所对做市商制度做了哪些探索？

天交所早在建立之初，便设计和实施了做市商双向报价为主导的混合型交易制度，即“做市商双向报价＋集合竞价＋协议转让”交易制度，首开我国股权交易市场“做市商之先河”。天交所在做市商如何做市、如何盈利，以及如何既发挥做市商制度强大的定价功能，提高流动性、稳定市场，又避免传统做市商制度缺陷等方面做出了大量的有益的探索。形成了对做市商的制衡机制，从而做到合理定价、保护投资者利益。

2011 年 11 月，国务院发布了《国务院关于清理整顿各类交易场所切实防范金融风险的决定》（国发〔2012〕38 号）；2012 年 7 月，国务院办公厅印发了《关于清理整顿各类交易场所的实施意见》（国办发〔2012〕37 号）。38 号文规定：除依法设立的证券交易所或国务院批准的从事金融产品交易的交易场所外，任何交易场所均不得将任何权益拆分为均等份额公开发行，不得采取集中竞价、做市商等集中交易方式进行交易。37 号文进一步明确了清理整顿的要求，并对区域股权交易市场的交易范围、交易方式等进行了严格的规定。所以，在这之后，天交所不再实施做市商交易制度。

到目前为止，做市商依然是我国股权交易市场的新兴事物。2014 年 6 月 5 日，全国股转系统公布了《全国中小企业股份转让系统做市商做市业务管理规定（试行）》，同时，做市业务已经正式于 8 月 25 日启动，据全国股转系统消息，第一批引入做市商交易模式的企业共计 43 家。这些公司 2013 年平均总资产

① 本节参考并引用了《掘金场外市场：经济转型浪潮下的资本宴席》（王骥，刘向明，项凯标著，中国社会出版社 2013 年 3 月版）16 章中的部分资料和内容。

2.32亿元，较挂牌公司均值高出47.8%；平均净资产1.16亿元，较挂牌公司均值高出92%；平均净利润2034.23万元，较挂牌公司均值高出154%。因此，这里介绍天交所曾经在做市商方面持续4年之久的探索是很有必要的。

第172~197问主要介绍的内容包括两大方面；一是天交所之前做市商的交易规则是怎样的；报价的要求有哪些，如何实际操作。二是做市商在做市的过程中，是怎样获得利益的；他们获利的渠道有哪些；什么是他们获利的最主要的渠道，他们怎样利用这些渠道；在做市以“履行公务”的情况下，如何操作，才能使自身获利最大化等内容。

172. 做市商的概念是什么?

做市商（market maker），指金融市场上的一些独立的证券交易商，为投资者承担某一只证券的买进和卖出，买卖双方无须等待交易对手出现，只要有做市商出面承担交易对手方即可达成交易。

做市商制度一般为柜台交易市场所采用，是不同于竞价交易方式的一种证券交易制度。做市商是指在证券市场上，由具备一定实力和信誉的证券经营法人作为特许交易商，不断向公众投资者报出某些特定证券的买卖价格，双向报价并在该价位上接受公众投资者的买卖要求，以其自有资金和证券与投资者进行证券交易。做市商通过这种不断买卖来维持市场的流动性，满足公众投资者的投资需求。做市商通过买卖报价的适当差额来补偿所提供服务的成本费用，并实现一定的利润。传统交易是由一个专家处理几百家上市公司的股票交易，而做市商制度是多对一的关系，即一组做市商为一个上市公司服务。更重要的是做市商为交易提供了资金，在交易中做市商先要用自己的资金买进股票，然后再卖出。这些做法使得市场的流通性大大增强，增加了交易的深度和广度。

173. 天交所对做市商曾经规定过哪些义务?

一般来说，做市商的义务是持续达到特定的保存交易记录和履行财务责任的标准，不间断地主持买、卖双方的市场，并在最佳价格时按限额规定执行交易指令，发布有效的买、卖两种报价以充当流动性提供者，解决交投量不足的问题。做市商须在证券交易完成后90秒内报告交易情况，以便向公众公布。

天交所做市商的义务：①对所做市的股权连续给出买卖双向报价；②保存交易记录和报告的义务；③维持市场流动性和稳定性的义务；④信息披露的义务；⑤关联关系禁止义务；⑥操纵市场行为禁止义务。

174. 天交所做市商曾经的做市时间是怎样规定的？

根据曾经的相关规定和操作，第一次集合竞价时间：9:15—9:25；做市商做市前报价时间：9:25—9:30，此时只报价，不成交，确保9:30投资者能看到做市商的报价；做市商双向报价做市时间：9:30—11:30，13:00—14:00，做市商进行双向报价。第二次集合竞价时间：14:00—14:15；协商定价交易时间：14:15—15:00。

显然，从时间安排上，可以看出做市商在交易上拥有优先权。

175. 什么是做市商的开盘价和收盘价？

公司股权的开盘价由第一次集合竞价产生。如无成交价，则以最优买卖盘平均价为开盘价。如无订单或只有单边订单，则以上一次成交日收盘价为开盘价。挂牌首日，由做市商在首次认购价10%的范围内报出开盘价。

所谓收盘价，即每一交易日，以成交量为权重，对做市商报价期间最后一次成交价、集合竞价成交价和协商定价成交价进行加权平均得到的价格。如当时做市商报价期间成交两次，价格（元）、数量（手）分别为（5.7，5），（6，6）；集合竞价成交价量为（6.1，5），协商定价成交价量为（6.2，4），则收盘价为：成交金额/成交量 =（6×6+6.1×5+6.2×4）/（6+5+4）=6.09（元）。

176. 对做市商的报价单位有何要求？

表4－2　做市商报价最小价格变动单位表

股价	变动单位	举例
≤5元	0.01元	股份为2元时，可以报2.01，1.99……
>5元	0.05元	股份为7.52元时，只能报7.57，7.47……
>10元	0.10元	股份为10.29元时，只能报10.39，10.19……

最小数量单位：按照相关规定，基本数量单位为挂牌公司全部股份的1/200，即一手；投资人持有附带零手股份，买入时，须买入整手；卖出股权时，余额不足1手部分应当一次性卖出。如某挂牌企业1手股权为50万股，某投资人持有90万股，则只能买入整手，即50万股的倍数；卖出时，可以报卖90万股，或者先卖50万股（整手），再卖40万股（零手），但不能先卖40万股（零手），再卖50万股（整手）。

177. 对做市商的报价次数有何规定？

根据天交所曾经关于报价次数的相关规定，对于盘前报价，做市商应于每个交易日开市前5分钟（9:25—9:30），提供至少1手的买入和卖出报价。每次限报一组买卖价格及数量；每一交易日，做市商提供不少于3次合格报价；当做市商连续报出当日最优买卖价格，且连续成交2次时，当日合格报价次数可少于3次。

178. 做市商报价的有效范围是什么？

根据曾经的相关规定，其价格有效范围为：

（1）报价价差：① 盘前报价：10%，即卖、买报价之间的差距不得超过卖出报价的10%；② 盘中报价：15%，即在正常报价时间，卖出和买入报价之间的差距不得超过卖出报价的15%；其中，盘前报价附加规定：不得偏离开盘价±10%；

（2）涨跌幅：15%。

做市商报价的有效范围，可参考表4-3：

表4-3　做市商报价的价格有效范围表

<table>
<tr><th>时间</th><th>日价格有效范围</th><th>附加长期价格限制</th></tr>
<tr><td>盘前报价</td><td>涨跌幅限制：15%
价差限制：10%
不得偏离开盘价±10%</td><td rowspan="3">挂牌6个月内，报价不得高于或低于其认购价格的30%；
6~12个月，报价上限：高于认购价格的60%；下限：低于认购价格40%；
12~24个月，报价上限：高于认购价格的100%；下限：低于认购价格60%；
超过24个月，报价上限：高于认购价格的200%；下限：低于认购价格80%</td></tr>
<tr><td>盘中报价</td><td>涨跌幅限制：15%
价差限制：15%</td></tr>
<tr><td>挂牌首日</td><td>无涨跌幅限制</td></tr>
</table>

179. 做市商成交的原则是什么?

做市商成交的原则是价格优先、时间优先原则，具体来说：

在做市商报价期间：对于投资人订单，按价格优先、时间优先原则排队与做市商成交，成交价为做市商报出的价格。

在集合竞价期间：按价格优先、时间优先原则排队，进行集合竞价。

在协商定价期间：买卖双方讨价还价，商定价格。

180. 做市商更新报价与禁止报价指的是什么？怎么操作?

根据曾经的相关制度及操作，重新报价是指在未成交前，做市商可撤销或重新报价；成交后不足一手或撤销报价后，做市商须重新报价。重新报价与上次有效报价之间的空白持续时间不得超过5分钟。

所谓多做市商报价，即指做市商报价期间，做市商之间不能做对手交易。任何一个做市商的买入报价必须低于任何一个做市商的卖出报价。例如，甲做市商报出买、卖价格为（7，7.7），则乙做市商报出买价不能高于7.7元，所报出卖价不能低于7元。

181. 做市商是如何进行股权交割与资金结算的?

根据曾经的相关制度及操作，足额存入的资金包括各项手续费等存入资金保管机构的资金结算账户。

根据交易指令划款：交易系统根据交易指令向资金保管机构发出划款指令，将资金划到天交所“交易保证金”账户内。

日清算：闭市后，根据成交确认结果向资金保管机构发出指令，将成交资金由“交易保证金”账户划至“待交收资金”账户，将交易手续费划入本所“费用收入”账户中。未成交的剩余交易资金由“交易保证金”账户划回买方原资金账户。

对做市商实行股权和资金T+0回转，股权和资金T+1完成交割；对投资人实行资金T+0回转，股权和资金在T+1完成交割。对未成交资金的清算，交易日当天划回原账户。卖出股权，所得资金当时可用；买入股权，做市商可当日卖出，但投资人次日才可卖出。

182. 做市商的成本和风险是什么？

做市成本包括直接成本和间接成本。直接成本包括基础费用、研发费用、操作费用等；间接成本是指对做市风险带来的成本。

做市商面临的风险主要有以下几种：流动性风险、操作风险、挂牌企业的风险（信用风险）、存货风险。

各种风险基本上都与存货有关，存货风险是核心风险。

183. 做市商做市的收益来自哪 3 个方面？

根据曾经的相关规定和操作，做市商做市的收益来自 3 个方面，分别是：

（1）主要收益是价差收益，包括短期买卖差价和长期增值差价两种。前者的差价额是做市商依托信息不对称等因素通过买卖双向报价得以实现的，考察期内企业素质未发生质的变化；后者的差价额来自股权价值的跨期变化，也就是享受了企业在资本市场长期升值带来的价差利益，考察期内企业素质发生了质的变化。

（2）次要收益是股份投资收益及股权分红收益。

（3）额外收益：一是法定责任豁免，如在突破法律要求的持股比例限制时可以延迟披露大宗交易信息等；二是各项税费减免等优惠；三是享有一定的证券融资权利；四是优先承销市场上新证券的转手交易等。

184. 做市商做市的主要收益来源是什么？

做市商通过双向报价时段的交易垄断权获取价差收益。在做市商双向报价期间，做市商在某种程度上具有交易垄断权，即所有的买卖活动必须同做市商进行，投资人不能越过做市商进行交易。例如：投资人甲愿以 8 元价格卖出 4 手股权，投资人乙愿以 9 元买入 4 手股权，如果不存在做市商，则双方可以 8.5 元价格成交 4 手。但在做市商交易模式下，甲必须先卖给做市商，然后由做市商再卖给乙。在观察到甲乙双方的订单后，做市商可以报出如下双边报价：（8 元，4 手）（买），（9 元，4 手）（卖），从中可以赚取 1 元价差。

显然，价差收益是做市商的主要收益。

185. 做市商做市的潜在价差收益在哪里？

做市商还具有潜在的价差收益，以交易所的 A 股为例能简单说明问题：

某日上交所 A 股成交量 1925729.67 万股，成交金额 2749.942 亿元，平均每股 14.28 元。如果实行做市商制度，做市商每股设定 0.01 元价差，则做市商的价差收益为 27499.41969 万元，假如当日共 1400 只 A 股股票，平均每只股票每日做市商的收入为 19.64 万元。价差收入甚至可以高过经纪人的佣金。

186. 做市商利用优先权套利做市的原理是什么？

在天交所混合交易制度中，各种交易方式以时段划分，做市商报价时段在前且时间最长（共计 3 小时）。

在存在价格粘滞的条件下，时间的优先就可转化为利润。

价格反映信息的时滞效应是指价格完全反映信息需要一定的时间。

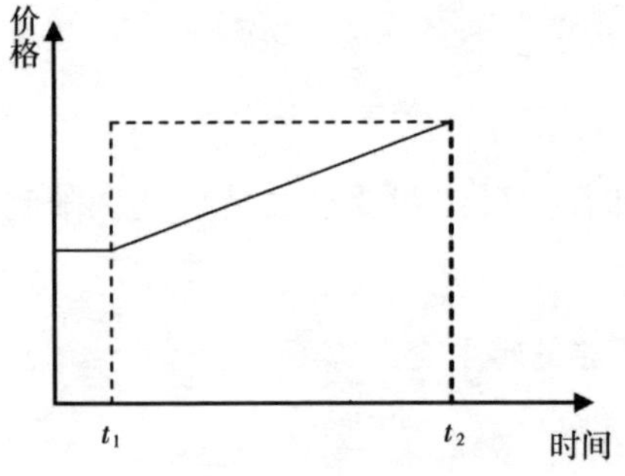

4－11　利好信息出现时的价格反应时滞

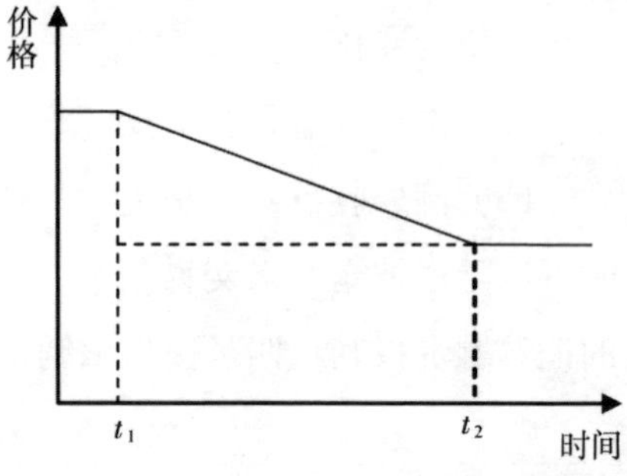

图 4－12　利空信息出现时的价格反应时滞

187. 做市商利好反应时滞下的套利模式是什么？

套利模式：先行优势，即优先买入看涨股权。

在时点 t_1 上，假设不知情者愿意以价格 P_2 卖出股权，而知情者预计到价格将调整至 P_1，因此愿意以大于等于 P_2 小于等于 P_1 的价格买入股权。

这时，做市商拥有优先购买权，只有做市商买过之后（9:30—11:30；

13:00—14:00)，其他投资人才能买到（14:00—14:15 ），甚至在做市商达到满意的仓位之前，其他投资人都买不到股权。

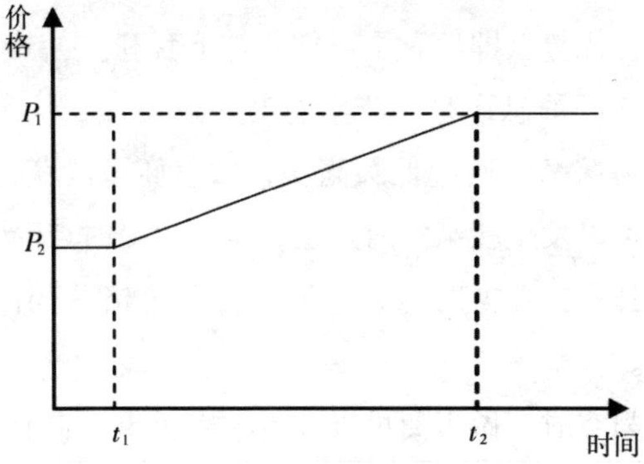

图 4 - 13　利好反应时滞下的操作图

188. 做市商利空反应时滞下的套利模式是什么？

套利模式：先行优势，即优先卖出看跌股权。

在时点 t_1 上，假设不知情者愿意以价格 P_1 买入股权，而知情者预计到价格将调整至 P_2，因此愿意以小于等于 P_1 大于等于 P_2 的价格卖出股权。

这时，做市商拥有优先卖出权，只有做市商卖过之后（9:30—11:30；13:00—14:00)，其他投资人才能卖出（14:00—14:15 ），甚至在做市商减到满意的仓位之前，其他投资人都卖不出股权。

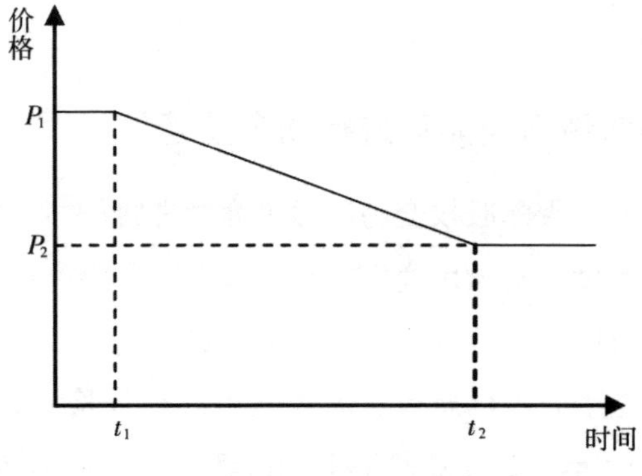

图 4 - 14　利空反应时滞下的操作图

189. 做市商信息不对称条件下的套利模式是什么？

套利模式：先行优势，即信息不对称条件下套利。

无论是在出现利好消息还是利空消息时，只要存在信息不对称，就存在套利机会。凭借交易垄断，通过低买高卖，做市商可以获得普通投资者难以获得的利益。套利可以发生在某一时点上，也可以跨时点套利。

某一时点上的套利：在 t_1 时点，［P_2，P_1］价格区间内，都有人愿意买卖，存在套利机会。

跨时点套利：利空时，做市商可以在 t_1 时点卖出（高价卖），在 t_2 时点买入（低价买）；利好时，做市商可以在 t_1 时点买入（低价买），在 t_2 时点卖出（高价卖）。

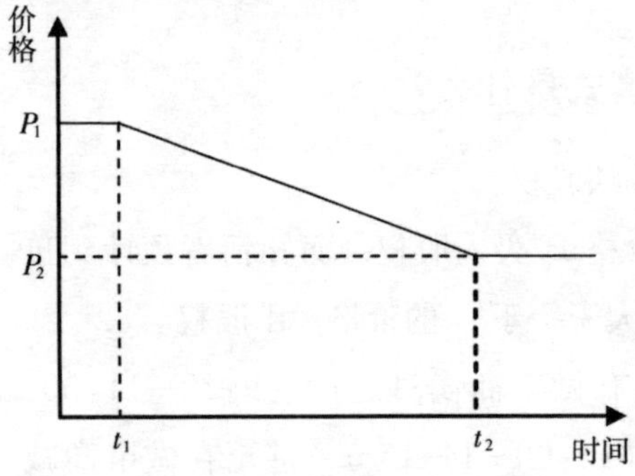

图 4－15　某一时点上的套利

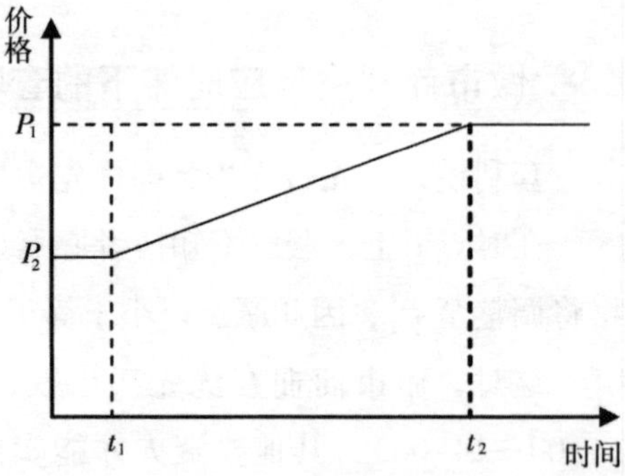

图 4－16　跨时点套利

190. 天交所曾经对做市商如何进行动态监管？

天交所曾制定了《天津股权交易所做市商管理暂行办法》《关于做市商行为的监管意见》等制度，对做市商实行动态管理，主要有：

（1）对做市商报价与交易行为进行严格的实时监控。

（2）不定期对做市商进行规范、高效做市的现场检查；对做市商在从业过程中的不规范行为，天交所采取了个别谈话制度，依据市场管理制度，通过面对面沟通协调解决问题。

（3）对违反天交所相关规定的机构还会采取警告、约谈、暂停资格、取消资格等方式进行处理。

这样，天交所就通过实时报价监督制度、业务现场检查制度、个别谈话制度，及相应的处罚措施加强了对做市商的监管以保证做市商做市的公正、合规与高效。

191. 天交所对做市商的评价体系有哪些评价指标？

天交所对做市商监管的评价体系不仅可以使企业和投资人更容易判断各做市商的做市服务水平，从而进行做市商的选择，而且对做市商也是一种正负激励，其评价指标有：

（1）合规性：主要评价做市商是否遵循《天交所暂行规定》和《天交所报价规则》的相关要求。

（2）报价价差：主要评价做市商在被评价期间的双边报价价差（以 bp 表示）。

（3）报价量：主要评价做市商在被评价期间的报价总量情况。

（4）成交量：主要评价做市商在被评价期间的做市成交笔数和成交总量情况。

（5）配合与报告：主要评价做市商配合主管部门工作、提交季度报告的及时性和质量等情况。

（6）加分项：该项主要对在某些方面表现较好的做市商给予加分，包括做市总数、一年以上报价天数以及最优报价次数。

（7）减分项：该项主要对合规性指标表现较差的做市商给予减分。

其中，第（2）项至第（4）项为质量性指标，第（1）项和第（5）项为合规性指标。天交所还根据市场变化适时调整评价指标体系。

192. 根据评价指标，天交所对做市商做市评价如何操作？

根据上一问列出的各项指标，天交所做出如下操作：

（1）对做市商统计每一季度的评价得分，确定做市商季度排名，并将季度排名通过网站向市场公布。

（2）每年年初根据做市商上一年度各季度评价得分的算术平均值，并考虑做市商的具体做市合规和质量情况，确定做市商年度评价结果。做市商年度评价结果分为优秀、一般、较差 3 个等级。对于级别太差的做市商实行淘汰机制，使其出局。

（3）根据做市商年度评价结果向挂牌主体推荐，供挂牌企业参考。

（4）每年的第一季度根据上一年度做市表现情况对优秀做市商给予表彰，并在金融产品创新及业务培训等方面给予便利。

（5）每半年通过网站和媒体等信息平台公布做市商有关做市情况，做市情况包括做市合规情况和做市质量情况。

（6）定期召开做市商会议，研究、讨论完善做市商制度有关事项，并将有关建议及时向主管部门汇报，同时向相关中介机构反馈。

193. 举例说明天交所是如何对做市商进行正向监管的？

天交所对做市商通过实时报价、交易监控，不定期业务现场督查，个别谈话，经济、行政奖惩以及强制退市等方式从正向、负向两个方面对做市商进行监管，同时综合相关各类指标对做市商做出全面评价，严格要求他们遵守各类规章制度，以保证他们履行自身义务，促进市场的繁荣。

天交所正向监管的内容为：表彰、经济或行政奖励，通过评价做市商综合实力和表现来实行。以其做市商月度评级来说明这一监管方式。天交所做市商月度评级评价指标的构成为做市绩效占50%、做市能力占20%和做市规范性占30%等。2011年12月被评为天交所A级做市商的有（排名不分先后，资料来源于当年天交所网站披露的信息）：

做市企业5家以上的机构中被评为A级的机构有：①天津蓝水私募股权基金合伙企业；②山东昌泰投资有限公司。

做市企业2~4家的机构中被评为A级的机构有：①上海淮矿资产管理有限公司；②沧州燕赵股权投资基金中心（有限合伙）；③河北国信投资集团股份有限公司；④沧州志雷高新投资有限公司；⑤山西省投资集团国有资产经营管理有限公司；⑥上海添一投资有限公司；⑦天津盈杉私募股权基金合伙企业；⑧上海百杰创业投资有限公司。

做市企业1家的机构中被评为A级的机构有：①天津虹融投资有限公司；②保定众信创业投资有限公司；③江苏隆泰嘉信投资有限公司；④天津邦盛私募股权基金合伙企业；⑤河南麒麟投资有限公司；⑥北京东方融金投资有限公司；⑦河南力恒投资有限公司；⑧天津国盛汇通投资管理有限公司；

⑨广州达键投资担保有限公司。

194. 天交所做市商有哪两种退市方式？

天交所做市商退市分两种情况：

一是强制退市，即天交所建立或确定专门的机构评估做市商的资信能力、资产充足率、资产负债等财务指标，并定期向市场公布，对信用能力和可信度严重不足的做市商可令其退市。

二是自愿退市，退市制度是做市商规避风险的方式之一。

195. 天交所对做市商制度的探索有哪些经验？

天交所通过对做市商制度操作体系的探索，形成了一套完善的做市商培育机制，在活跃了市场交易、稳定了市场价格的同时，提高了做市商业务质量和水平，逐渐培养出了一批业务熟练、做市规范、实力雄厚的做市商队伍，为天交所探索投资价值高、风险可控且市场稳定、健康发展的股权交易市场奠定了基础，同时也培育了我国股权市场做市商文化，为未来做市商交易制度的多市场实施等积累了经验。这些经验集中表现在做市商的准入制度、业务培训考核制度、业务实时监管制度以及业务考评制度等方面。

在市场准入方面，天交所做市商的注册制度保证了只有实力雄厚、投资经验丰富的机构投资者方可取得做市商资格，保证了做市商做市的基础能力。

在培训考核方面，天交所建立了规范的培训制度，对新注册的做市商，每月进行一次集中培训。内容包括做市基础知识、天交所做市商报价规则、天交所做市商管理办法、做市商业务流程与要点等。同时，定期对做市商进行业务培训和考核。通过培训与现场考核，不断提高做市商业务素质与从业水平。

在业务考评方面，天交所建立了诚信档案制度、市场满意度调查制度：①定期向挂牌企业、投资人进行做市商做市业务满意度调查；②建立严格的诚信档案制度，并定期向各类市场主体发布公示等。

在监管方面，天交所建立了实时报价监督制度、业务现场检查制度以及个别谈话制度和经济、行政处罚制度，加强了对做市商的监管。

196. 天交所对做市商制度的探索所起到的作用是什么？

天交所对做市商制度的探索主要起到了如下作用：

（1）通过做市商做市可以提高市场流动性，增强市场对投资者的吸引力。一般来说，在区域股权市场等场外市场挂牌的公司规模小、风险高，PE、VC等投资者参与的积极性不太高，而通过做市商做市，情况就会变得不同。在只有素质好的企业才能吸引优秀做市商为其做市的情形下，一般来说，天交所每一家做市商都仅做市几只股权，对做市股权的分析、价值的挖掘等都能达到比较深入的境地，从而为市场交易直接提供合理的股权价格参考。做市企业的股权在做市的过程中，也能起到推介宣传的效果，对投资者来说具有一定的引导作用。这样对于企业以及投资者都能对挂牌股权有一种合理的价值估值，在降低投资风险的同时，也能提升投资信心，促进投资者交易，从而使市场保持良好的流动性。

（2）能够稳定市场挂牌股份的价格，促进市场平衡运行。做市商做市有两种机制在作用，一是责任强制机制，即做市商在制度设计上限定了它们有责任在股价暴涨暴跌时参与做市，从而有利于遏制过度投机，稳定市场。二是市场自由竞争机制，由于竞争，市场的信息不对称问题就会得到一定的缓解，个别的机构投资者很难通过操纵市场来牟取暴利，市场的投机性大大减少，减少了庄家暗中操纵股价等现象。

（3）促进挂牌股份价格趋向实际价值，体现市场的价格发现功能。做市商所报的价格是在综合分析市场所有参与者的信息以衡量自身风险和收益的基础上形成的，投资者在报价基础上进行决策，并反过来影响做市商的报价，从而促使股权价格逐步靠拢其实际价值。

197. 天交所对做市商制度的探索有哪些问题与不足？

天交所曾经推出的做市制度和试行经历，开起了国内股权市场做市商制度的先河，取得了很重要的意义和探索经验，但是也存在很多问题和不足，主要表现在做市商社会责任意识不强、规范操作意识偏低、规模偏小、做市能力不高，以及监管运营模式有待商榷等问题。

先来看看成熟的纳斯达克市场，纳斯达克市场对于任何一款金融产品至少需要2家做市商参与，一般的会有8家，多的甚至能有40家做市商。为何有这种情况？原因是，2家做市商进场时，会分别代表买方与卖方对某一股权产品的价格进行讨价还价，通过博弈的结果使双方均可接受的价格被发现，如果多家做市商参与其中，其价格发现的过程可瞬间完成，呈现给投资者的将是可供便捷交易的股权成品。

而天津股权交易所制定的一家做市商即可报价的机制，允诺了做市商即使在没有交易对手的情况下也可以挂牌出市的权利，这虽然与当时股权市场整体环境和各类条件限制有关，但同时也留下了很大的缺陷：做市商体系中的最大一项功能即“平抑信息不对称”被大打折扣。于是，股权的价值发现与价格的对应性在某种程度上失灵了，做市商的暗箱操作和投资者的利损等便有了存在的空间和理由，这也助长了做市商的坐庄行为，增生了对市场监管的难度，影响了挂牌公司与投资者的公允心理，间接地影响了市场的流动性和发展空间。

在操作方面的问题与不足。做市商偏重于短期利益而违规操作，主要体现在如下8种情形：一是做市商参与项目太多，没有足够资金实力；二是未提前在账户里存入足够的报价资金；三是借企业的资金进行做市；四是与企业签订代持股份、回购股份以及特别附加条件的额外协议；五是不严格执行做市预案，不按要求参加培训造成报价有误；六是不按要求进行相关报价如单边报价、未报价、少于3次报价等；七是看重保荐的短期收益，任何项目都敢接敢做，造成自有资金不够报价；八是不及时提交月报，未有固定的业务人员与天交所进行及时沟通等。

这些问题和不足，都有待后来者进行机制的改革、制度的规范、模式的完善和运作的创新。

CHAPTER5
第五章

上海股交中心的模式及投融资特点

第一节 上海股交中心的特点及会员制管理

198. 上海股交中心的性质及概况是怎样的？

为进一步落实加快上海国际金融中心建设的步伐，遵循中国证监会对我国多层次资本市场体系建设的统一要求，继天津股权交易所成立近1年后，上海股权托管交易中心（以下简称“上海股交中心”）于2010年7月19日正式揭牌设立。该中心是经上海市政府批准设立，归属于上海市金融服务办公室监管的重要的区域场外市场，注册资本8000万元，由上海联合产权交易所、上海国际集团有限公司和张江高科分别按50%、30%和20%的比例出资持股构成，注册地为上海张江高科技园区。该中心到2012年2月15日首批企业挂牌并同时正式运营之时，注册资本扩充到了1.2亿元，股东也发生了变化，变成由上海国际集团有限公司、上海证券交易所、上海张江高科技园区开发股份有限公司和上海联合产权交易所分别按31%、29%、23.25%和16.75%的比例出资持股。

上海股交中心集股份转让、登记结算、代理买卖、市场拓展、定向增资、企业购并等多种金融服务业务于一体，为一、二级市场投资者提供多样化的金融产品和综合服务。这些服务除了为挂牌公司提供定向增资、重组购并、股份转让、价值挖掘、营销宣传等服务外，还对挂牌公司的规范运作、信息披露等市场行为予以监管，努力为挂牌公司实现转板上市等发挥培育、辅导和促进的作用。

上海股交中心从成立到 2014 年 5 月 31 日止，累计 E 板挂牌企业 189 家，Q 板突破 700 家，推荐机构会员 86 家，专业服务机构会员 126 家。并在股权转让、定向增发及私募债等方面为挂牌企业融得了大量资金支持。

199. 上海股交中心的功能定位、目标及设立的意义是什么？

上海股交中心的功能定位：股份交易中心、资源集聚中心、上市孵化中心和金融创新中心；奋斗目标：规模可观、服务一流、国内领先和国际知名。

设立的意义主要有：①建设机制完善、运行安全、功能高效、统一监管、与全国性场外市场有效对接的股权托管交易市场；②建设上海国际金融中心的内在要求；③服务新时期区域经济发展方式转变的有效途径；④满足中小企业融资需求，培育上市资源以探索金融创新的重要平台。

200. 上海股交中心设立的依据及政策支持是什么？

国务院《关于推进上海加快发展现代服务业和先进制造业建设国际金融中心和国际航运中心的意见》（国发〔2009〕19 号）中提出了“研究探索推进上海服务长三角地区非上市公众公司股份转让的有效途径”的政策。

经国务院同意的《“十二五”时期上海国际金融中心建设规划》（发改财金〔2011〕2991 号）制定了“以上海股权托管交易中心建设为载体，积极探索非上市公司股权托管和非公开转让市场建设”的政策。

上海市政府发布的《上海市人民政府关于本市推进上海股权托管交易市场建设的若干意见》（沪府发〔2011〕99 号）的政策落实。

上海市金融服务办公室发布的《上海股权托管交易中心管理办法（试行）》（沪金融办〔2012〕4 号）等政策监管。

201. 上海股交中心监管体系的结构是怎样的？

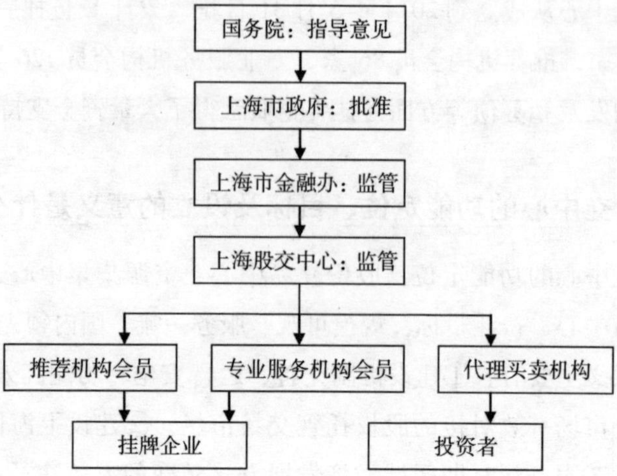

图5－1　上海股交中心监管体系简图

202. 上海股交中心与新三板的简要区别是什么？

表5－1　上海股交中心与新三板的简要区别

事项	新三板	上海股交中心
挂牌公司来源	不受注册地限制	不受注册地限制
存续期要求	存续2年	非货币出资时存续1年
挂牌条件	主营业务明确，无财务要求	主营业务基本独立
股份交易	合格机构与自然人、原股东、高管及核心员工	机构、原股东自然人、合格自然人
交易单位	1000股	10000股
定增对象	合格机构与自然人	合格机构与自然人
定向增资	挂牌同时可定增，储架发行、无限售期锁定（董监高除外）	储架发行；锁定期：货币增资半年，资产增资1年
中介机构	主办券商	推荐机构会员、专业服务机构会员
推荐机构职责	尽调、内核、推荐、督导、监管	尽调、财务顾问、督导
财务审计	两年加一期	两年、不足两年的到最近一期
审核要求	类似备案制	充分的信息披露，还原市场本源

203. 上海股交中心会员制分类构成情况是怎样的?

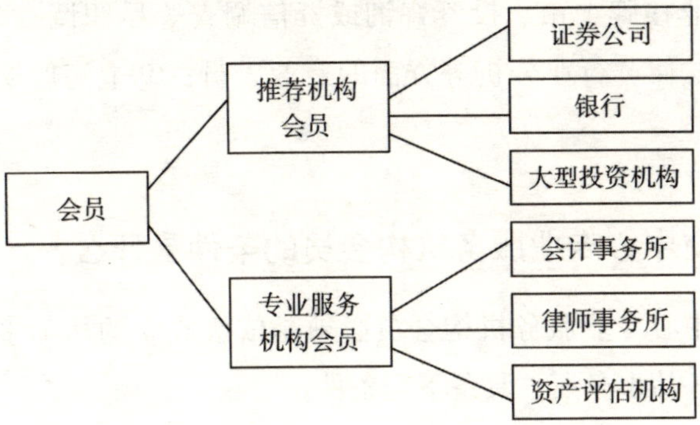

图 5-2　上海股交中心会员制分类的构成

204. 上海股交中心会员如何分类？可参与什么业务?

上海股交中心会员分为推荐机构会员和专业服务机构会员。参与股份转让业务的中介机构应先申请成为上海股交中心的会员，并以会员的身份开展工作。

推荐机构会员可作为推荐人或财务顾问参与上海股交中心非上市公司改制、挂牌及挂牌公司定向增资等相关业务。专业服务机构会员可为非上市公司进入上海股交中心挂牌、挂牌公司进行定向增资等提供法律、审计、验资、评估及其他专业服务，专业服务机构会员应对其出具的相关报告承担相应责任。

205. 上海股交中心推荐机构会员的条件是什么?

上海股交中心推荐机构会员必须是经国家金融管理部门依法批准设立的证券公司、银行等金融机构或经上海股交中心认定的投资机构，具备下列条件：

①依法设立的机构或组织；②具有良好的信誉和经营业绩；③认可并遵照执行上海股交中心业务规则，按规定缴纳有关费用；④最近 24 个月不存在重大违法违规行为，且未受到监管部门或其他部门的行政处罚；⑤最近一期

末经审计机构确认的净资产不少于人民币1000万元；⑥最近一年度或一期财务报表未被注册会计师出具保留意见、否定意见或无法表示意见的审计报告；⑦具有开展企业挂牌上市、投资咨询或资信调查等尽职调查相关工作经验；⑧具有财务、法律、行业分析等方面的专业人员；⑨上海股交中心要求的其他条件。

206. 上海股交中心专业服务机构会员的条件是什么？

上海股交中心专业服务机构会员必须是依法成立的律师事务所、会计师事务所或资产评估事务所，具备下列条件：

①依法设立的机构或组织；②具有良好的信誉和经营业绩；③认可并遵照执行上海股交中心业务规则，按规定缴纳有关费用；④最近24个月不存在重大违法违规行为，且未受到监管部门或其他部门的行政处罚；⑤上海股交中心要求的其他条件。

207. 申请成为上海股交中心会员须提交的文件及审核程序是什么？

申请成为会员，应向上海股交中心提交下列文件：

①申请书；②自律承诺书；③营业执照或其他合法执业证照；④公司章程或设立协议；⑤上海股交中心要求的其他文件。上述文件中的有关复印件须加盖申请人有效公章。

其中申请成为推荐机构会员，除应提供上述文件外，还应提交下列文件：①经审计机构审计的最近一期财务报告（设立未满一年的，应提交最近一次验资报告）；②推荐业务管理部门设置及人员配备方案；③内部控制和风险控制制度设置及运作情况说明。上述文件中的有关复印件须加盖申请人有效公章。

审核程序是：

申请材料符合要求的，上海股交中心予以受理；申请材料不符合要求的，由上海股交中心一次性告知所缺材料全部内容。申请材料补充完毕后再次提交的，受理时间自上海股交中心收到补充材料的下一个工作日起重新计算。

申请成为会员，由上海股交中心自受理之日起10个工作日内审查完毕。

上海股交中心审查同意的，申请人与上海股交中心签订入会协议书后由上海股交中心授予会员资格证书。

208. 上海股交中心会员名称变更怎样操作？

上海股交中心会员申请名称变更登记，应向上海股交中心提交下列材料，并由上海股交中心换发会员资格证书。这些材料有：①申请书；②名称变更的批准文件；③变更后的营业执照或其他合法执业证照；④会员资格证书；⑤上海股交中心要求提交的其他文件。

209. 上海股交中心会员的职责、权利和义务是什么？

基本权利：①对上海股交中心业务开展的建议权；②在开展非上市公司挂牌、挂牌公司定向增资、挂牌公司转境内外有关资本市场上市或挂牌业务中得到上海股交中心的指导；③参与上海股交中心组织的市场宣介和开发活动；④取得上海股权托管交易市场的创新业务资格；⑤享受上海股交中心提供的其他服务。

基本义务：①遵守法律法规、政策性规定及上海股交中心相关业务规则；②依法依规开展业务，促进上海股交中心与会员共同发展；③按时缴纳会费；④上海股交中心规定的其他义务。

另外，推荐机构会员还须承担如下职责：①推荐公司改制；②尽职调查和内部审核，编制申请文件，并承担相应责任；③对拟推荐挂牌公司的全体董监高等人员进行辅导；④负责推荐挂牌公司的定向增资；⑤指导、督促挂牌公司信息披露；⑥发现挂牌公司及董监高等人员存在违法、违规行为或经营重大风险事件时及时警示并报告；⑦调查或协助调查指定事项并及时报告；⑧上海股交中心要求的其他职责。

专业服务机构会员还须承担为非上市公司挂牌、挂牌公司定向增资等提供法律、审计、验资、评估及其他专业服务。

210. 推荐机构会员在哪些情况下不能从事推荐及定增业务？

上海股交中心推荐机构会员存在下列情形之一的，不得从事该非上市公司推荐或挂牌公司定向增资等业务：

①持有该公司7%以上的股份，或者是其前5名股东之一；②该公司持有推荐机构会员7%以上的股份，或是其前5名股东之一；③推荐机构会员前10名股东中任何一名股东为该公司前3名股东之一；④推荐机构会员与该公司之间存在其他影响其公正履行职责的关联关系。

211. 上海股交中心会员业务资格管理有何规定？

会员资格证书有效期为2年。会员需要维持其会员资格的，应在资格证书失效前3个月内，向上海股交中心提出申请并报送最近会计年度的审计报告、相关业务开展情况和上海股交中心要求的其他文件，经上海股交中心复核通过后换发资格证书。

会员由于经营状况发生变化不再具备会员资格条件，但不影响其正常经营的，上海股交中心给予3个月的宽限期，宽限期内会员不再从事上海股交中心相关业务，但应继续履行对挂牌公司的督导职责。

会员在宽限期内如重新具备会员资格条件，可向上海股交中心提出申请，经上海股交中心审查同意后可恢复开展相关业务。

212. 上海股交中心会员在哪些情况下将被取消会员资格？

会员存在下列情形之一的，上海股交中心取消其会员资格：①入会申请材料存在虚假内容；②依法被停业整顿、撤销、解散或宣告破产；③丧失上海股交中心规定会员所具备的资格条件的（这种情况除外：会员由于经营状况发生变化不再具备会员资格条件，但不影响其正常经营的，会员有3个月的宽限期，宽限期内会员不再从事中心相关业务，但履行对挂牌公司的督导职责，在宽限期内如重新具备会员资格条件，可申请，经上海股交中心审查同意后可恢复开展相关业务）；④宽限期届满未能具备会员资格条件；⑤存在重大违法、违规或违反本规则且情节严重的行为；⑥上海股交中心认定的其他情形。

会员因存在上述第①项、第⑤项所列情形而被取消会员资格的，上海股交中心在其被取消会员资格之日起24个月内不再受理其入会申请。

会员申请终止会员资格或被上海股交中心取消会员资格，已缴纳的会费不予返还。

213. 上海股交中心对会员的日常管理和处分有何规定?

日常管理：会员应设会员代表 1 名，业务联络人 1 ~ 2 名，并设置相关责任、义务、培训、人员更换等规则；会费收取规定及上海股交中心的支持制度等。

纪律处分：会员违反有关规则，上海股交中心责令其改正，视情节轻重给予以下处理，并记入会员诚信档案：①谈话提醒；②警告；③通报批评；④谴责；⑤暂停受理其报送的申请文件或出具的相关报告；⑥取消会员资格。

会员对处理决定有异议，可自收到处理通知之日起 15 个工作日内向上海股交中心申请复核，复核期间该处理决定不停止执行。复核的有关事项按照上海股交中心相关规定办理。

第二节　“一市三板”市场架构及 Q 板 E 板简况

214. 上海股交中心“一市三板”的市场架构指的是什么?

上海股交中心目前设置了 3 个板块，分别为 Q 板（中小企业股权报价系统）、E 板（非上市股份公司股权转让系统）和私募股权基金份额报价系统。如图：

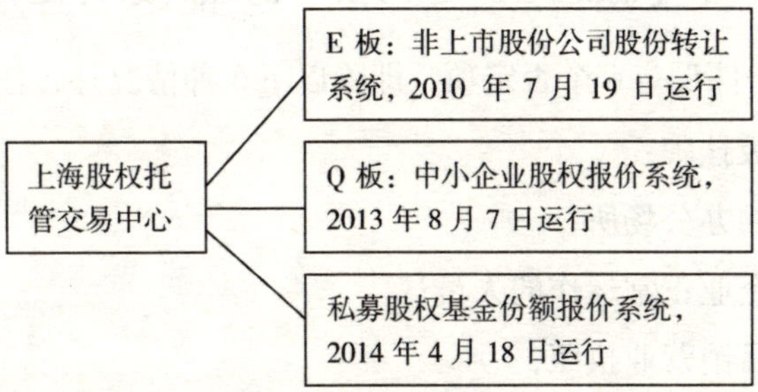

图 5 – 3　上海股交中心“一市三板”市场构架体系

215. 上海股交中心的 Q 板是什么？

Q 板（quotion system），全称为中小企业股权报价系统，是上海股权交易中心为解决小微企业融资难的困境，建立的一个全新报价平台。凡是挂牌的小微企业，都可以通过这个平台定向增资扩股，或利用参与发行私募债等模式进行融资。目前是线上报价，交易、融资均在线下完成。

该系统的挂牌要求很低，其挂牌企业形态多样化：有限责任公司、股份有限公司或上海股权托管交易中心认可的其他组织或机构；经济成分不限：国有企业、民营企业、集体企业和外资企业等均可。

216. 上海股交中心的 Q 板运营宗旨及服务内容是什么？

Q 板运营宗旨：宽申请、精挑选、优服务。

Q 板服务内容：为中小微企业提供挂牌、定向增资、信息披露、出让、受让信息发布和股权转让过户登记、人员培训、专业指导、企业展示、品牌宣传等多方位服务。

不过，Q 板比 E 板的融资难度更大，还要依靠其他资金中介机构，比如信托、小贷公司、典当、担保公司等。上海股交中心未来推出的小微企业私募债以及 2014 年 4 月 18 日上线的私募股权基金份额报价业务等都会对 Q 板的融资带来综合性利好。

217. 上海股交中心 Q 板趋于“零门槛”的挂牌条件是什么？

Q 板的挂牌条件设定 6 个否定项，即除以下 6 种情况外，任何企业均可在上海股交中心 Q 板挂牌：

（1）无固定的办公场所；

（2）无满足企业正常运作的人员；

（3）企业被吊销营业执照；

（4）存在重大违法违规行为或被国家相关部门予以严重处罚；

（5）企业的董事、监事及高级管理人员存在《公司法》第一百四十七条所例属的情况；

（6）上海股交中心认定的其他情况。

由上，也就是说，只要不存在以上 6 种情况就可以挂牌。显然其挂牌条件趋近于“零门槛”。

218. 在上海股交中心的 Q 板挂牌给企业带来哪些价值?

（1）融资、定价、交易：帮助企业融资，促进交易；为股权定价，发现价值，利于股权质押贷款。

（2）机构服务：推荐机构持续服务，帮助企业成长；帮助提升企业财务、运营等能力。

（3）企业形象：提升企业形象，增强企业公信力、名誉、员工忠诚度；有利于人员招聘，企业扩张，降低企业自身信用风险。

（4）定期培训：提高企业家、投资人在金融、管理等方面的知识；提高推荐机构服务水平。

（5）咨讯推送：中心定期推送企业最新动态及业内咨讯；利于企业展示，投资者发现价值企业，各方掌握最新金融咨讯。

219. 在上海股交中心的 Q 板目前挂牌的收费情况如何?

（1）挂牌初始费：挂牌备案费 5000 元。挂牌服务费 5000 元。股份托管年费，企业股本小于 5000 万股的，16000 元；大于 5000 万股，每增加 1 ~ 1000 万股增收 100 元/月。合计 26000 元 + 5000 万股本以上的额外费用。

（2）挂牌年费：服务年费 5000 元。股份托管费，挂牌企业股本小于 5000 万股的，16000 元；大于 5000 万股，每增加 1 ~ 1000 万股的股本增收 100 元/月。合计 21000 元 + 5000 万股本以上的额外费用。

（3）成功挂牌企业须付给推荐机构的推荐费，一般来说，上海本地企业为 40000 元以上，非上海本地企业为 5000 元以上；另外，推荐机构的业务人员每成功推荐一家企业挂牌，固定给予 4000 元的推荐奖励。

220. 上海股交中心 Q 板业务爆发性增长的情况如何?

上海股交中心的 Q 板从 2013 年 8 月 7 日正式运行以来，挂牌企业数量呈爆发性增长，到2014年4月底，挂牌企业已经突破600家，相关业务也大规模增长，已有10余家企业成功转板到E板，年内突破1000家挂牌企业看来已无悬念。

目前，Q板挂牌企业，来自全国各地，以本地企业居多，以起步期、创业期企业为主，兼顾其他阶段企业。

221. 上海股交中心的E板是什么?

E板全称：非上市股份有限公司股份转让系统，即上海股交中心为非上市股份有限公司股份提供股份挂牌、定向增资、出让受让信息发布和股权转让及其相关业务等报价与交割的平台。它与Q板相比，在挂牌企业规模、财务标准、审核机制以及信息披露等方面都有更高的要求。

222. 上海股交中心E板的挂牌条件是什么?

①业务基本独立，具有持续经营能力；②不存在显著的同业竞争、显失公允的关联交易、额度较大的股东侵占资产等损害投资者利益的行为；③在经营和管理上具备风险控制能力；④治理结构健全，运作规范；⑤股份的发行、转让合法合规；⑥注册资本中存在非货币出资的，应设立满一个会计年度；⑦上海股交中心要求的其他条件

223. E板“注册资本存在非货币出资”的挂牌条件该如何认定?

E板挂牌条件有一项内容为：注册资本中存在非货币出资的，应设立满一个会计年度。进行认定时，遵循如下原则：

对于注册资本中存在非货币出资、申请在上海股交中心挂牌的非上市公司，如为有限责任公司按原账面净资产值折股整体变更为股份有限公司的，公司存续时间从有限责任公司设立时开始计算；有限责任公司未按原账面净资产值折股整体变更为股份有限公司的，应待股份有限公司成立满一个会计年度后方可申请挂牌；全部为货币出资的有限责任公司按原账面净资产值折股整体变更为股份有限公司的，不视为存在非货币出资。

224. 在上海股交中心 E 板挂牌给企业带来哪些价值？

（1）有利于建立现代企业制度，规范企业运作，完善法人治理结构，促进企业健康发展。

（2）有利于提高股份的流动性，完善企业的资本结构，提高企业自身抗风险的能力，增强企业的发展后劲。

（3）有利于企业扩大宣传，树立品牌，促进企业开拓市场。

（4）有利于企业吸收风险资本投入，引入战略投资者，进行资产并购与重组等资本运作。

（5）通过规范运作、适度信息披露、相关部门监管等，可以促进企业尽快达到新三板、创业板、中小板及主板上市的要求。

（6）开展股份报价转让业务，完善股份退出机制，使企业定向增资更容易实现。

（7）公司在公共平台上挂牌，增加了企业的信用等级，更利于获得银行贷款。

225. 上海股交中心 Q 板与 E 板的关系是什么？

（1）它们与私募股权基金份额报价系统一起构成上海股交中心“一市三板”的市场架构体系。

（2）是上海股交中心针对不同企业进行差异化服务、设立差异化政策的具体表现。

（3）是市场的有效分层，Q 板比 E 板的层次要低很多，这种分层有利于为企业拓展更为广阔的融资、宣传和提升价值的途径。

（4）Q 板与 E 板之间存在“绿色的转板通道”，从而使两板更好地连接为一个整体。

（5）它们之间的区别见上述诸问的内容。

第三节 探索基金份额报价新业务

226. 2014年4月上海股交中心启动了什么新业务，其意义如何？

2014年4月18日上海股交中心继推出股权转让、私募债、重组并购业务后，又推出基金份额报价新业务。这一业务通过搭建并启动基金份额报价交互平台——私募股权投资基金份额报价系统，为有限合伙制的私募股权投资基金提供包括私募股权投资基金份额信息登记、报价信息发布、意向信息交互、交收服务和过户信息登记等多方位服务。

该系统启动上线首日，即实现了爱皮基金等2家基金的3笔份额转让报价，其中2笔份额转让在紫槐投资、合金资本等2家中介机构的撮合下达成交易。

目前，私募股权投资基金在我国资本市场上蓬勃发展，然而，私募股权投资基金以IPO占绝对比重的退出途径很狭隘，需要更广泛的拓展，特别是在当前IPO堰塞湖现象越来越严重的情况下，私募股权投资基金的二级市场转让需求正日益突显。

上海股交中心该平台的建立满足了私募股权投资基金中有限合伙人（LP）的投融资需求，逐步完善了私募股权投资基金二级市场，并使之成为中国多层次资本市场中重要的组成部分。

227. 私募股权投资基金份额报价业务的含义是什么？

上海股交中心有限合伙制私募股权投资基金份额报价业务（以下简称“基金份额报价业务”），是指依托该中心信息系统所提供的私募股权投资基金份额登记与托管、发布份额报价信息和其他相关服务的业务。

上述信息系统，即私募股权投资基金份额报价系统，是指上海股交中心为私募股权投资基金份额报价信息发布而设立，并提供相应支持服务的信息技术系统。

228. 基金份额报价业务的中介机构及报价信息发布的含义、规定是什么？

上海股交中心所称中介机构是指经授权为上海股交中心基金提供私募股权投资基金备案、份额报价信息发布等服务的私募股权投资基金普通合伙人或其认可的第三方。第三方注册成为上海股交中心私募股权投资基金份额报价业务的认证用户后，可以申请成为上海股交中心基金份额报价业务信息发布的中介机构。

上海股交中心所称报价信息发布是指中介机构根据《上海股权托管中心基金份额报价业务管理办法》和相关规则的要求，发布私募股权投资基金的份额意向报价信息。

私募股权投资基金份额报价信息由基金的中介机构协助发布，有关已备案的私募股权投资基金份额受让、出让意向报价信息均传送至该私募股权投资基金的中介机构。份额报价信息应当在上海股交中心私募股权投资基金份额报价系统发布，未经授权不得在其他网站、公开发行的报刊公开发布。

229. 基金份额报价业务的备案与撤销备案有何规定？

备案：根据相关规定，私募股权投资基金在信息系统发布信息须在上海股交中心备案。私募股权投资基金普通合伙人或其认可的第三方注册成为上海股交中心私募股权投资基金份额报价业务的认证用户后，可以申请成为基金份额报价业务信息发布的中介机构。中介机构可携合法、有效的备案申请材料在上海股交中心办理私募股权投资基金的备案申请。

在备案后，参与私募股权投资基金份额报价业务的各方须按照收费标准缴纳相关费用。

撤销备案：私募股权投资基金全体合伙人同意取消备案的，该私募股权投资基金的中介机构携合法、有效的撤销备案申请材料在上海股交中心办理私募股权投资基金撤销备案手续。撤销备案，相关业务资格自动取消。

230. 私募股权投资基金如何进行份额托管登记？

备案后，私募股权投资基金须与上海股交中心签署私募股权投资基金份额登记的相关服务协议，并将其基金份额在上海股交中心托管登记。登记内容包括但不限于私募股权投资基金份额初始托管登记、账户开立、份额过户登记等。私募股权投资基金合伙人持有合法、有效的材料可办理基金份额过户变更登记等手续。

撤销备案的，中介机构可以申请办理撤销私募股权投资基金份额的托管登记。

231. 私募股权投资基金合伙人有哪些？份额账户开立有哪3种？

私募股权投资基金合伙人可为自然人、法人机构及合伙企业、非法人创业投资企业。

上海股交中心设立私募股权投资基金份额簿记系统，实行财产份额的无纸化管理，记录份额数量的最小单位为1份。其份额账户开户有3种：一是自然人开户，二是法人机构开户，三是合伙企业、非法人创业投资企业开户。

232. 基金份额业务的开户须提交哪些材料？

自然人开户，须提交以下材料：①《账户开户申请表（自然人）》；②本人有效身份证明文件原件及复印件；③委托代理人现场办理，代理人应提交经公证的授权委托书原件和代理人有效身份证明文件原件及复印件；④人民币50万元以上金融资产证明。

法人机构开户，须提交以下材料：①《账户开户申请表（机构）》；②工商营业执照正本及副本/事业单位法人证书/社会团体法人登记证书原件及复印件；③组织机构代码证原件及复印件；④税务登记证原件及复印件；⑤法定代表人有效身份证明文件复印件；⑥法定代表人授权委托书；⑦经办人有效身份证明文件原件及复印件；⑧法定代表人证明书；⑨近期工商局出具的公司章程。

合伙企业、非法人创业投资企业开户，须提交以下材料：①《账户开户申请表（机构）》；②工商管理部门颁发的营业执照（或其他国家有权机关颁发的合伙组织成立证书）、税务登记证、组织机构代码证正本及副本及复印件；③合伙协议或投资各方签署的创投企业合同及章程；④全体合伙人或投资者名单、有效身份证明文件及复印件；⑤经办人有效身份证明文件及复印件，执行事务合伙人或负责人证明书，执行事务合伙人或负责人有效身份证明文件及复印件，加盖企业公章的执行事务合伙人或负责人对经办人的授权委托书；⑥创投企业还须提交国家商务部颁发的《外商投资企业批准证书》或省级（含副省级城市）以上创业投资管理部门出具的创投企业备案文件。

233. 基金份额报价业务的信息发布有哪两种，内容是什么？

报价信息包括出让意向信息和受让意向信息。

出让方发布的出让意向信息可包括但不限于出让方的名称、所持标的私募股权投资基金的份额、本次出让的份额、出让价格、基本要求、联系人及联系方式（系统显示的为中介机构的指定联系人及联系方式）、信息发布期限等内容。

受让方发布的受让意向信息可包括但不限于拟受让私募股权投资基金的名称、受让份额、受让价格、基本要求、联系人、联系方式、信息发布期限等内容。

234. 对基金份额报价业务信息发布的对象和期限有何规定？

中介机构在收到发布方提供的拟发布的报价信息后，可选择特定的信息发布对象进行定向发布。

报价信息发布的期限应当明确。报价信息发布方可自行确定信息发布期限，以在上海股交中心私募股权投资基金份额报价信息发布平台首次信息公告之日为起始日，并累计不超过 3 个月。信息发布终止日遇法定节假日的，终止日自动延后至法定节假日后的第一个工作日。法定节假日以政府相关部门公告及上海股交中心营业时间公告为准。

235. 对基金份额报价信息在发布期间所发生的事项有何规定？

信息发布期间，报价信息发布方应当接受受让方的咨询；受让方可自行或委托中介机构及中介机构认可的第三方开展尽职调查。

在信息发布期间内未征集到符合条件的受让方，并且报价信息发布方未明确约定延长信息发布期限的，信息公告到期后自行终结。

在信息发布期间，报价信息发布方不得变更信息公告的的内容。因特殊原因确需变更信息公告内容的，报价信息发布方应当通过中介机构向上海股交中心申请，经同意后终结信息发布。再次发布信息的，重新计算发布期。

在信息发布期间征集到受让方并完成签约的，报价信息发布方及中介机构应及时向上海股交中心申请终结信息发布。

236. 上海股交中心对基金份额转让协议签订的内容有何建议？

转让双方签订的私募股权投资基金份额转让协议，应包括如下内容：

①私募股权投资基金份额的转让遵循合法合规、自愿平等、诚实信用及公正、公平的竞争原则，不得侵犯他人的合法权益和损害社会的公共利益。②私募股权投资基金的普通合伙人或其认可的第三方可以作为转让意向信息发布的中介机构。③私募股权投资基金份额的出让方作为协议的甲方，受让方作为协议的乙方。协议双方还可标明住所、法定代表人或负责人、联系方式、银行账号等信息。④协议中可标明协议签署时适用国家的法律以及协议签署的基本原则。⑤“鉴于”部分可填写介绍协议标的的基本情况、签署协议所获授权的情况、协议价格的确定方式等内容。⑥协议双方应明确私募股权投资基金份额所涉及的标的名称、比例、价格等信息；约定价款的支付方式及期限；约定所涉私募股权投资基金份额所对应的权利义务的转移情况、交割日期及期后事项等；可对私募股权投资基金份额转让所涉及的税费的分担进行约定；约定协议的违约责任和纠纷处理方式；可约定协议的变更与解除事项。⑦协议双方还应明确其他事项，如协议的约束力、生效方式、所需附件名称及协议份数等。⑧协议经双方签字盖章后合同成立。

237. 基金份额报价业务的信息交互与过户登记有何规定？

根据上海股交中心有关规定，在份额报价信息的发布期间，出让方应当接受受让方的咨询，受让方可委托中介机构开展咨询、调查等相关工作。转让双方就达成私募股权投资基金份额转让一致的，应签署私募股权投资基金份额转让协议。

转让双方须按照国家法律、行政法规的规定及转让双方约定，在完成转让协议中约定事项及相关手续后，至上海股交中心业务柜台申请办理私募股权投资基金份额过户登记。转让双方也可委托上海股交中心提供私募股权投资基金份额的见证交收服务。

238. 基金份额报价业务中有违规怎么处理?

参与私募股权投资基金份额报价业务的各方违反有关制度规则的，上海股交中心责令其改正，并视情节轻重给予处理，包括：①谈话提醒；②警告；③通报批评；④谴责；⑤记入诚信档案；⑥暂停报价信息发布和过户变更登记；⑦强制撤销备案。

对违规的中介机构可进一步采取的措施有：①暂停私募股权投资基金份额报价业务中介机构业务资格；②取消私募股权投资基金份额报价业务中介机构业务资格。

对中介机构的违规工作人员可进一步采取的措施有：①暂停其从事私募股权投资基金份额报价信息发布的资格；②认定其不适合任职；③责令其所在中介机构给予处分；④市场禁入。

第四节　股份挂牌及股份转让业务操作

239. 上海股交中心挂牌制度的模式是什么?

模式是审核加备案，即市场审核、政府备案。也就是拟挂牌公司由推荐机构会员推荐、上海股交中心审核、上海市金融办备案。具体如下：

非上市公司拟进入上海股交中心挂牌的，应与推荐机构会员协商后，聘请经上海股交中心认定的会计师事务所、律师事务所、资产评估事务所（必要时）等专业服务机构为其挂牌提供有关专业服务。

推荐机构会员应对申请挂牌的非上市公司进行尽职调查，同意推荐挂牌的，应出具尽职调查报告，并向上海股交中心报送推荐挂牌申请文件。

上海股交中心对推荐机构会员报送的申请文件进行审核，审核同意后将有关文件报送上海市金融服务办公室备案。

240. 上海股交中心挂牌业务的作用是什么？

（1）对区域的作用：提升区域中小企业融资能力；提高地方税收；区域资源向有竞争力的企业倾斜。

（2）对挂牌企业的作用：挂牌流程效率高、挂牌成功率高、费用低廉、能进能出、促进转板上市；能促进企业融资、有利于形象宣传、促进股份合理定价、实现股份变现、增加企业无形资产。

241. 上海股交中心挂牌业务的流程是什么？

上海股交中心拟挂牌企业从改制算起，一般2～3个月可实现挂牌。其流程如下：

（1）非上市公司召开董事会和股东大会就挂牌事项做出决议。

（2）确定推荐及服务机构：拟挂牌公司确定推荐机构会员和会计师、资产评估、律师等事务所专业服务机构会员；推荐机构会员设立项目小组。

（3）项目预核：向上海股交中心报送预审材料、预审及反馈。

（4）尽职调查：对预审通过的拟挂牌企业，项目小组展开尽职调查，制作初步的申报文件。

（5）文件报送：申报文件经推荐机构内部审核后，上报上海股交中心。

（6）审核备案：上海股交中心审核、反馈，由推荐机构补充和修改材料（如需）；上海股交中心核准的，在45个工作日内报上海金融办备案。

（7）股份托管登记：拟挂牌公司取得同意挂牌通知，推荐机构会员申请拟挂牌公司的股份简称及代码。

（8）办理挂牌：挂牌前3日，在上海股交中心网站披露相关信息；办理挂牌手续。

242. 公司申请在上海股交中心挂牌应具备什么条件？

应具备以下条件：①业务基本独立，具有持续经营能力；②不存在显著的同业竞争、显失公允的关联交易、额度较大的股东侵占资产等损害投资者利益的行为；③在经营和管理上具备风险控制能力；④治理结构健全，运作规范；⑤股份的发行、转让合法合规；⑥注册资本中存在非货币出资的，应设立满一个会计年度。

243. 上海股交中心对推荐机构会员项目小组有何要求？

推荐机构会员应针对每家拟推荐的非上市公司成立专门项目小组，负责尽职调查，起草尽职调查报告，制作申请文件等。

项目小组至少2人，其中须包括具有财务和法律知识或相关工作经验的人员。项目小组负责人1名，应具有2年以上（含2年）证券业相关工作经验，或者参与并成功完成2个以上（含2个）推荐挂牌项目。

参与挂牌业务的会计师事务所、资产评估事务所、律师事务所须指派专人负责该项工作。

最近3年内有违法、违规记录的人员，不得参与挂牌业务。持有拟推荐非上市公司股份、在拟推荐非上市公司中任职或存在其他可能影响其公正履行职责情形的人员，不得参与该非上市公司挂牌业务。

244. 推荐机构会员开展尽调前应向上海股交中心报送哪些预审材料？

主要包括：①非上市公司的基本情况介绍；②推荐机构会员立项报告；③推荐机构及会计师、律师、资产评估师的事务所项目小组成员信息；④上海股交中心要求的其他文件。

245. 推荐机构会员向上海股交中心报送的申请文件有哪些？

推荐机构会员经内部审核后向上海股交中心报送如下申请文件：

①拟挂牌公司股份转让说明书；②非上市公司董事会、股东大会有关进入上海股交中心挂牌进行股份转让的决议；③非上市公司与推荐机构会员签订的推荐挂牌相关协议；④非上市公司的审计意见及经审计的财务报告；⑤非上市公司法律意见书；⑥推荐机构会员关于非上市公司的尽职调查报告、尽职调查工作底稿及附件；⑦推荐机构会员关于申请文件不存在虚假记载、误导性陈述和重大遗漏的承诺函；⑧上海股交中心要求的其他文件。

246. 对拟挂牌公司的股份托管登记有哪些规定?

非上市公司在取得上海股交中心出具的同意其挂牌的通知后，推荐机构会员向上海股交中心申请拟挂牌非上市公司的股份简称及代码。上海股交中心收到推荐机构会员关于股份简称及代码的申请后，在两个工作日内予以核定。

推荐机构会员应督促拟挂牌非上市公司与上海股交中心签订非上市股份有限公司进入上海股权托管交易中心挂牌协议书，办理全部股份的集中登记。

拟挂牌非上市公司办理股份托管登记的，须向上海股交中心提供公司股东身份证明文件、持股数量、股份转让账户等信息；经上海股交中心核对无误后，向拟挂牌非上市公司下发股份登记确认书。

247. 拟挂牌公司办理股份初始登记和正式挂牌的流程及内容有哪些?

（1）拟桂牌公司获得上海股交中心关于同意挂牌的通知。

（2）向上海股交中心挂牌管理部申请股份简称和代码。

（3）与上海股交中心签订《非上市股份有限公司进入上海股权托管交易中心挂牌协议书》。

（4）向上海股交中心登记结算部申请办股份初始登记。

（5）上海股交中心登记结算部对拟挂牌公司股份的初始登记材料进行审核，计算解除限售和限售股份数量。

（6）上海股交中心登记结算部将股份数据录入登记结算系统，进行股份登记，并向拟挂牌公司出具《预售登记持有人名册清单》；拟挂牌公司对《预登记持有人名册清单》核对确认，并签字盖章；上海股交中心完成股份登记，并出具《股份登记确认书》。

（7）拟挂牌公司原股东向上海股交中心交易管理部申请开户，签订《代理股份转让协议书》等。

（8）由推荐人或财务顾问向上海股交中心挂牌管理部递交以下文件，申请通过上海股交中心主机系统进行股份转让（T－4 日）。

（9）拟挂牌公司与上海股交中心挂牌管理部、推荐人以及财务顾问协商确定股份转让开始日期（T－4 日），并计算公司挂牌首日的成交均价。

（10）上海股交中心挂牌管理部出具办理挂牌通知书交拟挂牌公司（T－3日）。

（11）拟挂牌公司在正式挂牌前3日，在上海股交中心指定的网站上发布挂牌公告文件。

（12）上海股交中心挂牌管理部将拟挂牌公司的挂牌日期、股份代码等内容书面通知上海股交中心登记结算部、信息技术部（T－3日）。

（13）股份转让公司挂牌（T日）。

248. 公司在挂牌前与挂牌后需要披露哪些文件？

拟挂牌非上市公司最迟于挂牌日前3日，在上海股交中心指定网站上披露挂牌公告文件，包括：①股份转让说明书；②公司章程；③审计报告；④法律意见书。

非上市公司挂牌后应披露的事项有：①年度报告（经审计）；②半年度报告；③重大事项临时报告。

249. 挂牌公司及董监高人员出现挂牌业务违规该如何处理？

挂牌公司违反相关制度规则的，上海股交中心责令其改正，视情节轻重给予其以下处理，并记入相应的诚信档案：①谈话提醒；②警告；③通报批评；④谴责；⑤暂停其股份转让；⑥暂停其开展定向增资等业务；⑦终止挂牌。

挂牌公司董事、监事、高级管理人员违反相关制度规则的，上海股交中心责令其改正，视情节轻重给予其以下处理，并记入相应诚信档案：①谈话提醒；②警告；③通报批评；④谴责；⑤责令所在公司给予处分。

250. 上海股交中心股份转让制度的要点是什么？

转让方式：协议转让；

委托方式：意向委托、定价委托、成交确认委托；

涨跌幅限制：前一个交易日价格上下30%；

成交回转：T＋5，即投资者买入后卖出（或卖出后买入）同一挂牌公司股份的时间间隔不少于5个转让日；

买入限制：股东超过200人；

起买点：1万股；

转让日：每周一至周五（法定节假日除外）；转让时间：上午9:30-11:30；下午13:00-15:00；

非转让过户：特殊情况的协议交易、继承、赠予、司法裁决。

251. 上海股交中心股份转让的流程是什么？

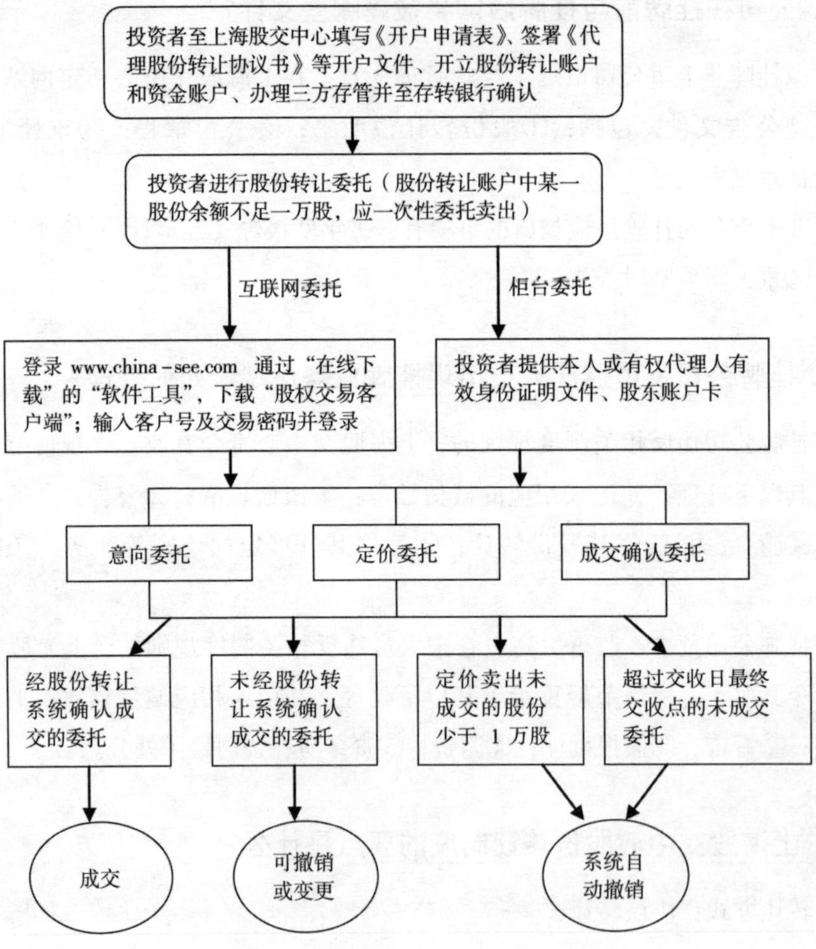

图5-4 上海股交中心股份转让流程

252. 参与上海股交中心挂牌股份买卖的投资者应具备哪些条件？

参与挂牌公司股份转让的投资者，应具备相应的风险识别和承担能力，可以是经上海股交中心认定的下列机构或人员：

①机构投资者，包括法人、合伙企业等；②公司挂牌前的自然人股东；③通过定向增资或股权激励持有公司股份的自然人股东；④因继承或司法裁决等原因持有公司股份的自然人股东；⑤具有两年以上证券投资经验，且拥有人民币 50 万元以上金融资产的自然人；⑥上海股交中心认定的其他投资者。

上述第②、③、④项中的自然人股东在不满足上述第⑤项条件时只能买卖其持股公司的股份。

253. 投资者买卖上海股交中心挂牌股份的基本要求和步骤是什么？

投资者买卖挂牌公司股份，应持有上海股交中心股份转让账户；应委托代理买卖机构办理，在代理买卖机构开立资金账户，资金存入银行第三方存管账户；应按照相关规定缴纳税费。

基本步骤是委托、申报、成交和结算。

254. 代理买卖机构为投资者提供服务的同时，还须承担哪些责任和义务？

代理买卖机构在与投资者签署代理股份转让协议前，应着重向投资者说明投资风险自担的原则，提醒投资者特别关注非上市公司股份的投资风险，详细讲解风险揭示书的内容，并要求投资者认真阅读和签署风险揭示书。在签署代理股份转让协议时，应对投资者身份进行核查，充分了解其财务状况和投资需求。对不符合条件和上海股交中心相关规定的投资者，不得与其签署代理股份转让协议。

代理买卖机构应采取适当方式持续向投资者揭示非上市公司股份的投资风险。应依照相关规定，对自然人投资者参与挂牌公司股份转让的合规性进行核查，防止其违规参与挂牌公司股份转让。一旦发现自然人投资者违规买入挂牌公司股份的，应督促其及时卖出，并及时向上海股交中心报告。

代理买卖机构应特别关注投资者的投资行为，发现投资者存在异常投资行为或违规行为的，应及时予以警示，必要时可以拒绝投资者的委托或终止代理股份转让协议，并及时向上海股交中心报告。代理买卖机构对违规转让股份事项应及时报告上海股交中心并协助进行调查，上海股交中心依据调查结果做出相应处理。

255. 投资者委托代理买卖的形式有哪3种？定义是什么？

投资者买卖挂牌公司股份，应与代理买卖机构签订代理股份转让协议。投资者委托分为意向委托、定价委托和成交确认委托。委托当日有效。

意向委托：投资者委托代理买卖机构按其指定价格和数量买卖股份的意向指令，不具有成交功能。定价委托：投资者委托代理买卖机构按其指定价格买卖不超过其指定数量股份的买卖指令。成交确认委托：买卖双方达成交协议或投资者拟与定价委托成交，委托代理买卖机构以指定价格和数量与指定对手方确认成交的指令。

256. 投资者委托代理买卖股份的内容及单位等有哪些规定？

投资者委托代理买卖时，意向委托、定价委托和成交确认委托均可撤销，但已经股份转让系统确认成交的委托不得撤销或变更。投资者可以撤销委托的未成交部分。

意向委托和定价委托应注明股份名称、股份代码、股份转让账户、买卖方向、买卖价格、买卖数量、联系人和联系方式等内容。成交确认委托应注明股份名称、股份代码、股份转让账户、买卖方向、成交价格、成交数量、约定号等内容。

委托的股份数量以“股”为单位，每笔委托股份数量应为1万股及以上。投资者股份转让账户中某一挂牌公司股份余额不足1万股的，应一次性委托卖出。股份的报价单位为“每股价格”。报价最小变动单位为0.01元。

257. 代理买卖机构该如何申报投资者买卖的股份？

代理买卖机构应通过专用通道，按接受投资者委托的时间先后顺序向股份转让系统申报。

代理买卖机构收到投资者卖出或买入股份的委托后应验证卖方股份转让账户和买方资金账户，如果卖方股份余额或买方资金余额不足，不得向股份转让系统申报。

投资者达成转让意向后，可各自委托代理买卖机构进行成交确认申报。投资者拟与定价委托成交的，可委托代理买卖机构进行成交确认申报。

代理买卖机构应按有关规定妥善保管委托、申报记录和凭证。

258. 投资者买卖挂牌股份是如何成交的？

上海股交中心股份转让系统收到代理买卖机构的定价申报和成交确认申报后，验证卖方股份转让账户和买方资金账户，如果卖方股份余额或买方资金余额不足，股份转让系统不接受该笔申报，并反馈至代理买卖机构。股份转让系统收到拟与定价申报成交的成交确认申报后，如系统中无对应的定价申报，该成交确认申报以撤单处理。

股份转让系统对通过验证的成交确认申报和定价申报信息进行匹配核对。核对无误的，股份转让系统予以确认成交，并向股份登记结算系统发送成交确认结果。多笔成交确认申报与一笔定价申报匹配的，按时间优先的原则匹配成交。

成交确认申报与定价申报可以部分成交，具体情况：一是成交确认申报股份数量小于定价申报的，以成交确认申报的股份数量为成交股份数量。定价申报未成交股份数量不小于 1 万股的，该定价申报继续有效；小于 1 万股的，以撤单处理，如定价申报卖方股份转让账户中该股份可转让余额为零，则该定价申报继续有效。二是成交确认申报股份数量大于定价申报的，以定价申报的股份数量为成交股份数量。成交确认申报未成交部分以撤单处理。

259. 投资者买卖挂牌股份是如何结算的？

上海股交中心为挂牌公司股份转让提供逐笔全额非担保交收服务，在每个转让日终根据股份转让系统成交确认结果，进行投资者之间股份和资金的逐笔清算。并通过代理买卖机构将交收结果反馈给投资者。

由于股份或资金余额不足导致的交收失败，上海股交中心不承担法律责任。

投资者因司法裁决、继承、赠予和特殊情况下的协议转让等原因需要办理股份过户的，依照上海股交中心相关规定办理非转让过户。

260. 投资者买卖挂牌股份的报价和成交信息是如何发布的?

股份转让时间内，股份转让系统通过指定网站和股份转让行情系统发布最新的报价信息和成交信息，代理买卖机构应在其经营场所披露最新的报价信息和成交信息。

报价信息包括：实时揭示意向委托和定价委托的委托类别、股份名称、股份代码、买卖方向、买卖价格、买卖数量、联系人和联系方式等。

成交信息包括：实时揭示前成交均价、当日最高价、当日最低价、当日加权平均价、最新成交价、当日总成交笔数、总成交量、总成交金额等，并逐笔揭示当日成交的股份名称、股份代码、成交价格、成交数量等。

非上市公司挂牌首日，前成交均价为该股份最近一期经审计的每股净资产。

261. 上海股交中心对挂牌股份的暂停和恢复转让有哪些规定?

根据上海股交中心的相关规则，挂牌公司向境内、外有关资本市场申请上市或挂牌的，上海股交中心自相关机构正式受理其申请材料的次一转让日起暂停其股份转让，直至上市或挂牌结果公告日。

挂牌公司涉及无先例或存在不确定性因素的重大事项需要暂停股份转让的，上海股交中心有权暂停其股份转让，直至造成重大影响情形消除、重大事项获得许可或不确定性因素消除。

因重大事项暂停股份转让时间原则上不得超过3个月。暂停期间，挂牌公司至少应每月披露一次重大事项的进展情况、未能恢复股份转让的原因及预计恢复股份转让的时间。

262. 上海股交中心挂牌股份终止挂牌有哪些规定?

挂牌公司出现下列情形之一的，上海股交中心为其办理终止挂牌手续并报送上海市金融办备案：

①进入破产清算程序；②在境内、外有关资本市场上市或挂牌；③上海股交中心认定的其他需要终止挂牌的情形。

263. 上海股交中心对股份转让中的哪些事项予以重点监控？

主要有：①涉嫌欺诈等违法违规行为；②股份转让的时间、数量、方式等受到有关法律法规、政策性规定及上海股交中心业务规则等相关规定限制的行为；③可能严重影响股份转让价格或者股份转让成交量的异常行为；④股份转让价格或者股份转让成交量明显异常的情形；⑤上海股交中心认为需要重点监控的其他事项。

264. 上海股交中心对股份转让如何监管？对违规投资者如何处理？

上海股交中心可以对股份转让中重点监控事项进行现场或非现场调查，并可以根据需要，要求相关代理买卖机构及投资者及时、真实、准确、完整地提供下列文件和资料：①投资者的开户资料、授权委托书、资金账户情况和相关股份转让账户的转让情况等；②相关股份转让账户或资金账户的实际控制者和操作者情况、资金来源以及相关账户间是否存在关联的说明等；③对股份转让中重点监控事项的解释；④其他与上海股交中心重点监控事项有关的资料。

投资者违反相关制度规则的，上海股交中心责令其改正，视情节轻重给予其以下处理，并记入投资者诚信档案：①谈话提醒；②警告；③通报批评；④谴责；⑤暂停其参与挂牌公司股份转让。其中对第⑤项措施有异议的，可以自接到相关措施执行通知之日起 15 日内，向上海股交中心申请复核。复核期间不停止该措施的执行。

265. 上海股交中心对股份转让异常情况和转让纠纷如何处理？

转让异常情况及处理：由于发生不可抗力、意外事件、技术故障和上海股交中心认定的其他异常情况，导致部分或全部转让不能进行的，上海股交中心可以决定单独或同时采取暂缓进入交收、技术性停牌或临时停市等措施，并予以公告。

出现无法申报或行情传输中断情况的，代理买卖机构应及时向上海股交中心报告。无法申报或行情传输中断的代理买卖机构数量超过代理买卖机构总数10%以上的，属于转让异常情况，上海股交中心可以实行临时停市并予以公告。

转让纠纷：代理买卖机构与投资者之间发生转让纠纷，相关代理买卖机构应记录有关情况，以备上海股交中心查阅。转让纠纷影响正常转让的，代理买卖机构应及时向上海股交中心报告。

代理买卖机构与投资者之间发生转让纠纷，上海股交中心可以按有关规定，提供必要的转让数据。投资者对转让有异议的，代理买卖机构有义务协调处理。

第五节　定向增资业务及股权登记托管

266. 挂牌公司定向增资的流程是什么？

（1）聘请推荐及服务机构。挂牌公司委托推荐机构会员作为定向增资财务顾问，聘请经上海股交中心认定的会计师事务所等专业服务机构为其定向增资提供有关专业服务。

（2）定增方案。挂牌公司或财务顾问确定定向增资对象，推荐机构制定定向增资方案（草案）。

（3）项目预审核。推荐机构向上海股交中心报送预审材料。上海股交中心在收到预审材料后的5个工作内进行审核，并向推荐机构会员反馈预审核意见。推荐机构会员收到上海股交中心无异议意见后，方可启动后续工作。

（4）董事会、股东会就定向增资方案审议并做出决议。

（5）推荐机构项目小组进行尽职调查并出具尽职调查报告。

（6）文件报送。推荐机构经内部审核后向上海股交中心报送相关申报文件。

（7）审核备案。上海股交中心对申请文件进行审核。上海股交中心审核同意的，将有关文件报送上海市金融办备案。上海市金融同意备案的，上海股交中心出具同意定向增资的通知，挂牌公司收到通知的两个转让日内予以公告，并同时公告定向增资股份认购办法。

（8）实施及验资。挂牌公司实施定向增资，会计师事务所完成验资。

（9）新增股份托管登记。推荐机构向上海股交中心报送下列文件。上海股交中心对报送文件审核同意后，3 个工作日内出具新增股份登记函。挂牌公司自新增股份登记函出具之日起 5 个工作日内完成新增股份在上海股交中心的托管登记工作。

（10）信息披露。主要挂牌公司披露定增事项的相关内容。

267. 挂牌公司进行定向增资应具备哪些条件？

①规范现行信息披露义务；②最近一年财务报表未被注册会计师出具保留意见、否定意见或无法表示意见的审计报告；③不存在挂牌公司权益被控股股东或实际控制人严重损害且尚未消除的情形；④挂牌公司及其附属公司无重大或有负债；⑤现任董事、监事、高级管理人员对公司勤勉尽责地履行义务，不存在尚未消除的损害挂牌公司利益的情形；⑥挂牌公司及其现任董事、监事、高级管理人员不存在因涉嫌犯罪正被司法机关立案侦查，且对挂牌公司生产经营产生重大影响的情形；⑦不存在其他尚未消除的严重损害股东合法权益和社会公共利益的情形。

268. 推荐机构定向增资项目小组尽职调查的主要内容有哪些？

推荐机构会员的项目小组应对定向增资的必要性，增资价格的合法性、合理性和公允性，募投项目资金需求量、可行性和收益前景等事项勤勉尽责地开展尽职调查工作，督促拟定向增资的挂牌公司及时披露信息并保证披露信息的真实、准确、完整。

推荐机构会员完成尽职调查工作后，应出具尽职调查报告，推荐机构会员项目小组各成员应在尽职调查报告上签名，并声明对其负责。

269. 推荐机构经内部审核后报送的申报文件有哪些？

报送的文件包括但不限于：①定向增资方案；②董事会、股东大会有关决议；③推荐机构与挂牌公司签订的定增协议；④挂牌公司定向增资申请；⑤挂牌公司定向增资涉及国有资产管理、外资管理、环境保护、土地管理等事项，取得的有关部门批准文件；⑥新增认购人与挂牌公司签订的认购协议；⑦新增认购人遵守认购协议条款，遵守《公司法》和公司章程，不损害公司利益和其他认购人利益的声明；⑧最近一年经审计的财务报告；⑨尽职调查报告；⑩盈利预测审核报告，预测期间为定向增资完成当年及下一个会计年度；⑪上海股交中心要求的其他文件。

270. 推荐机构在实施定增并完成验资后应主要报送哪些文件？

上海股交中心出具同意挂牌公司定向增资的通知后，挂牌公司可实施定向增资，完成验资后，推荐机构会员应向上海股交中心报送下列文件：①定向增资结果报告书；②验资报告；③挂牌公司与认购人签署的认购协议；④新增股东名单及股东身份证明文件；⑤推荐机构会员对挂牌公司定向增资出具的专项意见；⑥ 挂牌公司向上海股交中心申请股份登记的文件；⑦上海股交中心要求的其他文件。

271. 挂牌公司定增事项中应主要披露哪3方面的事项？

一是在董事会决议后两个转让日内披露定增方案；二是挂牌公司应在完成定向增资股份登记之日起两个转让日内，披露定向增资结果报告书；三是推荐机构会员应披露关于挂牌公司定向增资的专项意见。

272. 挂牌公司在董事会决议后披露的定增方案的内容主要有哪些？

挂牌公司应在董事会通过本次定向增资决议之日起两个转让日内，披露董事会决议和定向增资方案。包括但不限于下列内容：

①增资的股份种类及数量；②增资价格或价格区间及定价依据；③向本次定向增资前股权登记日在册股东优先配售增资股份的方案；④定向增资新

增意向认购人名单、基本情况、与挂牌公司及主要股东的关联关系；⑤意向认购人出资方式。以非货币资产出资的，说明该资产的基本情况、评估情况、交易价格、定价依据以及该资产对挂牌公司的必要性；⑥本次募集资金用途及募投项目是否有利于挂牌公司长远发展，是否符合国家产业政策及有关国有资产管理、外资管理、环境保护、土地管理等法律法规，是否获得相关部门批准；⑦前次募集资金的使用情况（如有）；⑧防止增资后股东累计超过200人的措施；⑨新增股份的登记及限售安排；⑩本次增资前滚存未分配利润的处置方案。

273. 定向登记完成后，挂牌公司披露的验资报告包括哪些内容？

挂牌公司应在完成定向增资股份登记之日起两个转让日内，披露定向增资结果报告书，包括但不限于下列内容：

①定向增资履行的相关程序；②定向增资股份的种类和数量；③定向增资价格及定价依据；④定向增资前挂牌公司原有股东优先认购的情况；⑤募集资金情况、用途及相关管理措施；⑥认购人情况及认购股份数量；⑦定向增资后股东人数；⑧定向增资后股本变动情况；⑨定向增资后主要财务指标变化及管理层讨论与分析；⑩定向增资股份的登记限售情况。

274. 推荐机构披露的挂牌公司定向增资的专项意见有哪些内容？

挂牌公司披露定向增资结果报告书的同时，推荐机构会员应披露关于挂牌公司定向增资的专项意见，包括但不限于下列内容：

①定向增资过程的合法、合规性；②挂牌公司是否符合定向增资条件；③定向增资对象的合规性；④定向增资价格是否显失公允；⑤定向增资结果是否公平、公正，是否符合定向增资的有关规定；⑥募集资金投向是否符合国家产业政策并有利于挂牌公司长远发展；⑦定向增资对挂牌公司财务状况的影响；⑧定向增资过程中挂牌公司是否规范履行信息披露义务；⑨推荐机构会员认为需要说明的其他事项。

275. 推荐机构、专业服务机构及人员出现定增违规如何处理？

推荐机构会员、有关专业服务机构违反相关制度规则的，上海股交中心责令其改正，视情节轻重给予其如下处理，并记入会员诚信档案：①谈话提醒；②警告；③通报批评；④谴责；⑤暂停受理其报送的申请文件或出具的相关报告；⑥取消会员资格。

推荐机构会员、有关专业服务机构的相关工作人员违反相关制度规则的，上海股交中心责令其改正，视情节轻重给予其如下处理，并记入从业人员诚信档案：①谈话提醒；②警告；③通报批评；④谴责；⑤暂停其从事相关业务的资格；⑥认定其不适合任职；⑦责令所在机构给予处分。

276. 有限责任公司可以进行股权登记托管吗？

有限责任公司可以按自愿原则进行公司股权登记托管。托管手续及服务类别同股份有限公司的登记托管一致。另外，上海股交中心还可以为有限公司的改制、融资等事宜提供帮助。

277. 企业在上海股交中心进行股份集中登记托管有何意义？

集中登记托管非上市股份有限公司股份，是建设多层次资本市场的重大举措。就政府而言，有利于非上市股份公司股权的规范管理，明晰股权，防止国有资产流失；就企业而言，有利于规范股权运作，提高经营管理水平，拓宽融资渠道，为上市创造条件；就股东而言，有利于杜绝不规范交易，增强股权流动性，保障股东切身利益。从长远来看，股份的集中登记托管为股权的合理流动奠定基础，将极大增强私募股权投资基金、民间资本对辖区非上市股份公司的投资兴趣，促进民间投资的活跃。

第六节　私募债发行及转让

278. 上海股交中心私募债业务制度的要点是什么？

发行对象：具备相应风险识别和承担能力的合格投资者。

发行方式：非公开方式，不得采用广告、公开劝诱和变相公开方式。

人数限制：每期投资者合计不得超过200人。

承销服务：推荐机构会员、上海股交中心认可的其他金融机构、专业服务机构会员和其他中介机构为私募债相关业务提供服务。

备案：私募债及承销商（或财务顾问）实施备案。

转让结算：上海股交中心为私募债转让、登记和结算提供服务。

披露监管：上海股交中心为私募债的信息披露实施自律管理。

279. 上海股交中心私募债备案的条件是什么？

在上海股交中心备案的私募债，应当符合的条件有：①发行人是注册在中国境内的有限责任公司或股份有限公司；②发行人对还本付息的资金安排有明确方案；③发行利率符合法律法规的规定；④上海股交中心规定的其他条件。

280. 私募债发行前，承销商或财务顾问报送备案的材料有哪些？

私募债发行前，承销商或财务顾问应将私募债发行材料报送上海股交中心备案。备案材料包括以下内容：①发行人公司章程及营业执照（副本）复印件；②发行人内设有权机构关于本期私募债发行事项的决议；③私募债承销或财务顾问协议；④私募债募集说明书；⑤尽职调查意见；⑥私募债受托管理协议及私募债持有人会议规则；⑦发行人经会计师事务所审计的最近两个完整会计年度的财务报告；⑧律师事务所出具的关于本期私募债发行的法律意见书；⑨发行人全体董事、监事和高级管理人员对发行申请文件真实性、准确性和完整性的承诺书；⑩地方政府对发行人发行私募债的意见（如有）；⑪发行人与担保人签订的担保协议（如有）；⑫担保机构的评级证明（如有）；⑬上海股交中心规定的其他文件。

上述第⑦、⑧项发行人确有合理理由的，可书面向上海股交中心申请豁免提供。

281. 私募债募集说明书应包括的内容和要求有哪些？

私募债募集说明书应至少包括以下内容：

①发行人基本情况；②发行人财务状况；③本期私募债发行基本情况及发行条款，包括私募债名称、本期发行总额、期限、票面金额、发行价格或利率确定方式、还本付息的期限和方式等；④募集资金用途及私募债存续期间变更资金用途程序；⑤私募债转让范围及约束条件；⑥信息披露的具体内容和方式；⑦偿债保障机制、股息分配政策、私募债受托管理及私募债持有人会议等投资者保护机制安排；⑧私募债担保情况（如有）；⑨私募债信用评级和跟踪评级的具体安排（如有）；⑩本期私募债风险因素及免责提示；⑪仲裁或其他争议解决机制；⑫发行人对本期私募债募集资金用途合法合规、发行程序合规性的声明；⑬发行人全体董事、监事和高级管理人员对发行文件真实性、准确性和完整性的承诺；⑭其他重要事项。

另外，发行人应在募集说明书中承诺，在私募债付息日的10个工作日前，将应付利息全额存入偿债保障金专户；在本金到期日30日前累计提取的偿债保障金余额不低于私募债余额的20%。发行人应在募集说明书中约定采取限制股息分配措施，以保障私募债本息按时兑付，并承诺若未能足额提取偿债保障金，不以现金方式进行利润分配。

282. 上海股交中心私募债如何进行备案及发行？

拟备案的私募债及其承销商将有关备案材料报送到上海股交中心后，上海股交中心对拟备案材料进行初步核对。无异议的，上海股交中心出具《备案受理回执》，并将备案材料提交备案小组会议；有异议的，退回备案材料。上海股交中心可以要求发行人、推荐机构会员补正材料。

上海股交中心备案小组会议审议备案材料完备的，上海股交中心自受理备案材料10个工作日内向发行人出具《接受备案通知书》。私募债备案过程中，发行人发生重大突发事项的，应当修改有关备案材料并及时通报上海股交中心。

备案小组会议决定后至《接受备案通知书》发出前，发行人发生重大事项需要补充披露相关信息的，应当及时将修改后的备案材料提交上海股交中心。备案小组将根据修改后的备案材料决定是否需要重新提交备案小组会议进行完备性核对。

《接受备案通知书》发出后至私募债发行完毕前，发行人发生重大突发事项的，应当暂停发行并及时报告上海股交中心。备案小组认为有必要的，发行人应当将修改后的备案材料提交备案小组会议评议。发行人已向投资人提供发行材料的，应当及时向相关投资人披露有关信息。

发行人取得《接受备案通知书》后，应当在6个月内完成发行。逾期未发行的，应当重新备案。发行人可一次发行或分期发行。发行人在完成发行之后，可以通过推荐机构会员向上海股交中心提交新的备案申请。

283. 上海股交中心对私募债投资者有哪些适当性管理规定？

参与私募债认购和转让的投资者，应具备相应的风险识别和承担能力，可以是经上海股交中心认定的下列机构或人员：一是注册在中国境内的机构投资者，包括法人、合伙企业等；二是发行人的股东、董事、监事、高级管理人员、内部员工；三是拥有人民币50万元以上金融资产的自然人；四是经上海股交中心认可的其他合格投资者。

承销商或财务顾问应当建立完备的投资者适当性制度，确认参与私募债认购和转让的投资者为具备风险识别与承担能力的合格投资者。承销商或财务顾问应当了解和评估投资者对私募债的风险识别和承担能力，充分揭示风险。

承销商或财务顾问应要求合格投资者在首次认购或受让私募债前，签署风险认知书，承诺具备合格投资者资格、知悉私募债风险、将依据发行人信息披露文件进行独立的投资判断，并自行承担投资风险。

承销商或财务顾问可参与其承销私募债的发行认购与交易。

284. 上海股交中心对私募债转让有哪些要求？

私募债以现货方式或上海股交中心认可的其他方式进行转让的，应当提交以下材料，并在转让前与上海股交中心签订《私募债转让服务协议》：一是转让服务申请书；二是私募债登记证明文件；三是上海股交中心要求的其他材料。

私募债起买点为面值100万元。向发行人的股东、董事、监事、高级管理人员、内部员工发行的，发行时的起买点为面值10万元。前述人员在上海股交中心私募债转让系统购买和转让其他企业私募债的，应当满足100万元面值起买点的要求以及本办法的其他相关规定。

合格投资者应通过上海股交中心私募债转让系统进行私募债转让，转让申报数量应不低于面值100万元。私募债持有余额小于100万元面值的应一次性转让。

上海股交中心按照申报时间先后顺序对私募债转让进行确认，对导致私募债投资者超过200人的转让不予确认。

上海股交中心对私募债成交确认结果进行清算交收。

285. 上海股交中心对私募债发行的信息披露有哪些要求？

发行人应当指定专人负责信息披露事务。承销商或财务顾问应当指定专人辅导、督促和检查发行人的信息披露义务。信息披露应在私募债转让系统或上海股交中心网站专区向合格投资者披露。

发行人应在完成私募债登记后3个转让日内，披露当期私募债的实际发行规模、利率、期限以及募集说明书等文件；发行人应及时披露其在私募债存续期内可能发生的影响其偿债能力的重大事项；在私募债存续期内，发行人应按照上海股交中心的规定披露本金兑付、付息事项；持有发行人5%股权以上的股东，发行人董事、监事、高级管理人员转让私募债的，应当及时通报发行人，并通过发行人在转让达成后3个转让日内进行披露。

286. 私募债存续期内，发行人应披露哪些可能发生的重大事项？

根据相关规定，披露的重大事项包括但不限于：①发行人发生未能清偿到期债务的违约情况；②发行人新增借款或对外提供担保超过上年末净资产20%；③发行人放弃债权或财产超过上年末净资产10%；④发行人发生超过上年末净资产10%的重大损失；⑤发行人做出减资、合并、分立、解散及申请破产的决定；⑥发行人涉及重大诉讼、仲裁事项或受到重大行政处罚；⑦发行人高级管理人员涉及重大民事或刑事诉讼，或已就重大经济事件接受有关部门调查；⑧发行人、发行人母公司或控股子公司存在房地产或金融衍生品等业务投资且投资金额超过发行人净资产50%的。

287. 私募债受托人履行的职责是什么?

发行人应当为私募债持有人聘请私募债受托管理人。私募债受托管理人须由上海股交中心认可的机构担任。为私募债发行提供担保的机构不得担任该私募债的受托管理人。

在私募债存续期限内,由私募债受托管理人依照约定维护私募债持有人的利益。私募债受托管理人应当为私募债持有人的最大利益行事,不得与私募债持有人存在利益冲突。

私募债受托管理人应当履行下列职责:①持续关注发行人和保证人的资信状况,出现可能影响私募债持有人重大权益的事项时,召集私募债持有人会议;②发行人为私募债设定抵押或质押担保的,私募债受托管理人应在私募债发行前取得担保的权利证明或其他有关文件,并在担保期间妥善保管;③在私募债存续期内勤勉处理私募债持有人与发行人之间的谈判或者诉讼事务;④监督发行人对募集说明书约定的应履行义务(包括募集资金用途、提取偿债保障金)的执行情况,并出具受托管理人事务报告;⑤预计发行人不能偿还债务时,要求发行人追加担保,或者依法申请法定机关采取财产保全措施;⑥发行人不能偿还债务时,受托管理人参与整顿、和解、重组或者破产的法律程序;⑦私募债受托管理协议约定的其他重要义务。

288. 在哪些情况下,应召开私募债持有人会议?

发行人应当与私募债受托管理人制定私募债持有人会议规则,约定私募债持有人通过私募债持有人会议行使权利的范围、程序和其他重要事项。存在下列情形之一的,应当召开私募债持有人会议:①拟变更私募债募集说明书的约定;②拟变更私募债受托管理人;③发行人不能按期支付本息;④发行人减资、合并、分立、解散或者申请破产;⑤保证人或者担保物发生重大变化;⑥发生对私募债持有人权益有重大影响的其他事项。

289. 私募债发行人可以采用哪些内外部增信措施?

发行人可采取内外部增信措施,提高偿债能力,控制私募债风险。增信措施包括但不限于下列方式：①第三方担保或资产抵押、质押；②实际控制人或大股东提供保证担保；③限制发行人将资产抵押给其他债权人；④商业保险；⑤其他增信方式。

290. 上海股交中心私募债发行的自律监管和纪律处分措施有哪些？

发行人违反募集说明书约定、上海股交中心有关规定或者其所做出的承诺的，上海股交中心可采取约见谈话、通报批评、公开谴责等措施。发行人董事、监事和高级管理人员以及持股5%以上股东，违反募集说明书约定、上海股交中心有关规定或者其所做出的承诺的，上海股交中心可采取约见谈话、通报批评、公开谴责、暂停或终止为其私募债提供转让服务等措施。

推荐机构会员、上海股交中心认可的其他金融机构、专业服务机构会员或其他中介机构及相关人员违反有关规则，未履行信息披露义务或所出具的文件含有虚假记载、误导性陈述、重大遗漏的，上海股交中心可采取约见谈话、通报批评、公开谴责等措施；情节严重的，可上报相关主管机关查处。推荐机构会员、上海股交中心认可的其他金融机构未按照投资者适当性管理的要求遴选确定具有风险识别和风险承受能力的合格投资者的，上海股交中心可责令其改正，并视情节轻重采取相应的自律监管或纪律处分等措施。

私募债转让双方转让行为违反上海股交中心有关规定的，上海股交中心可责令其改正，并视情节轻重采取相应的监管措施。

前述主体被上海股交中心采取纪律处分措施的，上海股交中心将其记入诚信档案。

CHAPTER6
第六章

广州股权交易中心的特点及投融资路线

第一节　广州股权交易中心概述及会员制度管理

291. 广州股权交易中心的成立背景是什么？

政策背景：《国务院关于全国中小企业股份转让系统有关问题的决定》（国发〔2013〕49号）；《珠江三角洲地区改革发展规划纲要（2008—2020年）》；中国证监会对中国多层次资本市场体系建设的统一要求。

成立目的：积极支持我国建设和完善多层次资本市场，构建广东区域场外交易市场，充分发挥资本市场在资源配置中的基础性作用，增强金融服务实体经济、支持中小企业融资的能力。

投资方：为加快OTC市场建设，根据广东省金融办相关工作方案的安排，广州国际控股集团有限公司、广州粤财投资控股有限公司、广州凯得控股有限公司三大国有控股公司强强联手，在广东省和广州市政府的大力支持下，出资设立了广州股权交易中心。

292. 广州股权交易中心总体运行情况如何？

广州股权交易中心（以下简称“广交中心”）作为珠江三角洲金融改革创新综合试验区和广州区域金融中心建设的重要抓手，充分发挥珠三角金融改革创新综合试验区的政策优势，紧紧围绕科技型、中小型企业创新发展和培育壮大战略性新兴产业的需要，着眼于为中小企业提供直接融资与间接融资相结合、长期融资与短期融资相结合的综合金融服务平台，为区域内各类中小企业提供挂牌服务，为挂牌企业和合格投资者提供股权登记、托管、交易、结算、股权和债权融资等综合金融服务，努力打造资本市场平台、企业成长摇篮。

广交中心于2012年8月9日正式开业运营，到2014年5月31日，累计挂牌企业657家（新增12家在审），推荐机构会员55家，专业服务机构会员109家，自营会员36家，实现融资交易总额22.74亿元。

293. 广州股权交易中心的经营思路、原则是什么？

（1）广州股权交易中心按照“定位高、覆盖宽、交易活”的思路筹建。

（2）按照“无门槛、有台阶，先挂牌、后收费，不唯利、不冒险，同呼吸、共成长”的原则运营。

294. 广州股权交易中心的业务范畴是什么？

主要有5大业务：一是为企业的股权/债权托管、登记、转让、融资、结算、过户等提供场所、设施和服务；二是组织和监督股权/债权托管交易活动；发布市场交易信息；三是代理股权/债权买卖服务；四是为企业进场挂牌提供咨询等综合服务；五是经监管部门核准的其他业务。

295. 广州股权交易中心的5大功能定位是什么？

（1）融资功能。以灵活多样的方式为满足不同规模、不同发展阶段的各类企业的融资需求提供优质服务的综合金融平台。

（2）股权转让功能。提供股权交易场所和服务平台，为投资者股权交易提供进入和退出渠道，满足投资者多元化的投资需求，推动企业之间的兼并重组，促进资源优化配置。

（3）股权质押功能。为中小企业股权质押提供股权价值评估、质押登记和流动性等便利条件，实现股权质押融资功能。

（4）价值发现功能。不断优化业务规则设计，提供更多挂牌企业信息，从源头上减少非市场和非企业因素的影响，减少价格扭曲和扩散，充分发挥场外交易市场价值发现功能。

（5）成为上市公司的“孵化器”和“蓄水池”。

296. 广州股权交易中心经营的5大特色是什么？

广州股权交易中心在市场组织、产品设计、体制机制等多方面进行了制度创新和技术创新，形成了鲜明的5大市场运营特色：

（1）挂牌准入政策：无门槛，有台阶。所谓无门槛，是指只要具备持续经营能力、完善的治理结构，股份制、有限责任制公司都可挂牌；同时两种性质公司又有所区别，体现有台阶。

（2）商业模式：先挂牌，后收费。对挂牌企业不收挂牌费用，挂牌企业在成功融资或股权转让之后，再根据交易金额收取一定的手续费。

（3）双融资：直接、间接融资对接。强化股权质押业务设计，整合各类金融资源，为挂牌公司的股权质押业务提供了更为便利的条件，实现了股权与债权的对接、直接融资和间接融资的对接，以更低的成本和更高的效率达成融资目标。

（4）双拓展：信息发布渠道拓展和投资者开户渠道的拓展。大幅拓宽挂牌公司的信息发布渠道；同时，在严格实施投资者适当性管理的前提下，积极探索以银行网点为依托的代理开户业务，为合格投资者办理开户手续提供更为便捷的条件，拓宽合格投资者的开户渠道。

（5）风险防范：适当管理与有限融资双保险。执行严格的投资者适当性管理制度，参与投资的均为具备一定风险承受能力的合格投资者；挂牌企业可进行有限的股权或债权融资，通过灵活多样的方式转让股权，权益持有累计人数严格遵守《公司法》等法律法规及规范性文件规定。

297. 广州股权交易中心对挂牌企业的作用有哪些？

主要有5方面的作用：①实现股权增值流动；②拓宽融资渠道；③规范法人治理，预演高层次市场；④获得政策扶持，降低上市风险；⑤展现企业品牌，提升企业形象。

298. 申请成为广州股权交易中心会员需要哪些基本条件？

申请成为广州股权交易中心会员需要的基本条件主要有：

①依法设立的机构或组织；②具有良好的信誉和经营业绩；③认可并遵照执行广州股权交易中心业务规则，按规定缴纳有关费用；④最近24个月不存在重大违法违规行为，且未受到监管部门或其他部门的行政处罚；⑤广州股权交易中心要求的其他条件。

299. 申请成为广州股权交易中心推荐机构会员需要哪些条件？

根据广州股权交易中心相关制度，申请推荐机构会员除应具备广州股权交易中心会员基本条件外，还必须为经国家金融管理部门依法批准设立的证券公司、银行等金融机构或经广州股权交易中心认定的投资机构，并同时具备下列条件：

①最近一期末经审计机构确认的净资产不少于人民币1000万元；②最近一年度或一期财务报表未被注册会计师出具保留意见、否定意见或无法表示意见的审计报告；③具有开展企业挂牌上市、投资咨询或资信调查等尽职调查相关工作经验；④具有财务、法律、行业分析等方面的专职人员；⑤广州股权交易中心要求的其他条件。

300. 申请成为广州股权交易中心专业服务机构会员需要哪些条件？

根据广州股权交易中心相关制度，申请专业服务机构会员除应具备广州股权交易中心会员基本条件外，还必须具备下列条件之一：

（1）经国家金融管理部门依法批准设立的，具有证券经纪业务资格的证券公司。

（2）经国家金融管理部门依法批准设立的银行。

（3）依法成立的律师事务所、会计师事务所或资产评估事务所。

（4）经广州股权交易中心认可的其他专业服务机构。

301. 申请成为广州股权交易中心自营会员需要哪些条件？

根据广州股权交易中心相关制度，申请自营会员除应具备广州股权交易中心会员基本条件外，还必须具备以下条件之一：

（1）经有关金融监管部门批准设立的金融机构。

（2）注册资本不低于人民币 1000 万元的企业法人。

（3）合伙人认缴出资总额不低于人民币 5000 万元，实缴出资总额不低于人民币 1000 万元的合伙企业。

（4）注册资本不低于人民币 1000 万元且管理资产规模不低于人民币 1 亿元的投资机构。

（5）经广州股权交易中心认可的其他机构投资者。

302. 广州股权交易中心会员的基本权利和义务有哪些？

广州股权交易中心会员主要享有如下 5 方面的基本权利：一是对广州股权交易中心业务开展的建议权；二是在开展股份公司及有限责任公司挂牌、挂牌企业定向增资或增资扩股、挂牌企业转境内外有关资本市场上市或挂牌等业务中得到广州股权交易中心的指导；三是参与广州股权交易中心组织的市场推介和开发活动；四是取得广州股权交易市场的创新业务资格；五是享受广州股权交易中心提供的其他服务。

广州股权交易中心会员主要应承担 4 方面的基本义务：一是遵守法律法规、政策性规定及广州股权交易中心相关业务规则；二是依法依规开展业务，促进广州股权交易中心与会员共同发展；三是按时缴纳会费；四是广州股权交易中心规定的其他义务。

303. 广州股权交易中心推荐机构会员的职责有哪些？

推荐机构会员除享有相应的基本权利和承担相应基本义务外，还应勤勉尽责地履行以下 8 个方面的职责：

一是在开展推荐挂牌企业挂牌等相关业务时进行尽职调查和内部审核，编制申请文件，并承担相应责任；二是有限责任公司拟改制为股份公司并进行股份转让时，须负责监督和协助实施拟推荐或已推荐有限责任公司改制设立股份公司；三是对拟推荐挂牌企业的全体董事、监事、高级管理人员及其他相关人员进行辅导，使其了解相关法律法规、政策性规定和推荐机构会员推荐股份有限公司及有限责任公司进入广州股权交易中心挂牌协议书所规定的权利、义务和责任；四是负责实施所推荐挂牌企业的增资扩股或定向增资；五是指导和督促挂牌企业依照广州股权交易中心信息披露规则，真实、准确、完整、及时地披露各项信息；六是发现挂牌企业及其董事、监事、高级管理人员存在违法、违规行为或对公司生产经营有重大影响的风险事件时，应及时警示挂牌企业及其相关人员，同时报告广州股权交易中心；七是按照广州股权交易中心的要求，调查或协助调查指定事项，并将调查结果及时向广州股权交易中心报告；八是广州股权交易中心要求的其他职责。

304. 推荐机构会员开展业务的限制性规定有哪些？

广州股权交易中心的推荐机构会员存在或出现下列4种情形之一的，不得从事企业挂牌推荐或挂牌企业定向增资或增资扩股等业务：

（1）持有该企业10%以上的股份及股权，或者是其前三名股东之一。

（2）该企业持有推荐机构会员10%以上的股份及股权，或是其前三名股东之一。

（3）推荐机构会员前十名股东中任何一名股东为该企业前三名股东之一。

（4）推荐机构会员与该企业之间存在其他影响其公正履行职责的关联关系。

305. 会员申请名称变更登记时需要提交哪些文件？

会员申请名称变更登记，应向广州股权交易中心提交下列文件，并由广州股权交易中心换发新的会员资格证书：

①申请书；②名称变更的批准文件（复印件）；③变更后的营业执照或其他合法执业证照（复印件）；④原会员资格证书；⑤广州股权交易中心要求提交的其他文件。

306. 广州股权交易中心对违法违规的会员采取的处理措施主要有哪些？

会员违法违规和违反广州股权交易中心有关规则的，广州股权交易中心责令其改正，视情节轻重给予其以下处理，并记入会员诚信档案：

①谈话提醒；②警告；③通报批评；④谴责；⑤暂停受理其报送的申请文件或出具的相关报告；⑥取消会员资格。

第二节　股份托管和知识产权

307. 什么是企业股份（股权）登记托管？其有何意义？

企业股份（股权）登记托管，是指由企业委托具有社会公信力的第三方机构进行公司股份（股权）管理，即对登记托管公司的股权确权、股权转让、股权质押和冻结等事项进行准确记载，为股东出具所持股权的有效权属证明，并提供权益分派、查询、信息披露等服务。它是现代金融体系中体现托管机构社会化职能的一种重要形式。

集中股份（股权）登记托管，有利于明晰股权，规范企业股权的管理；有利于企业提高经营管理水平，拓宽融资渠道，为上市创造条件；有利于杜绝不规范交易，增强股权流动性，保障股东切身利益。

集中股份（股权）登记托管，是建设多层次资本市场的重大举措。从长远来看，其为股权的合理流动奠定了基础，将极大地增强股权投资基金、民间资本对企业的投资兴趣，活跃民间投资。

308. 广州股权交易中心为登记托管的企业提供哪些服务？

广州股权交易中心经广东省人民政府批准可为企业提供股权登记托管服务，能为企业主要提供以下 3 个方面的服务：

一是股东名册服务。借助电子簿记系统，中心为托管公司提供实时更新的股东名册记载。托管公司股东发生的一切股权转让过户登记、变更登记、股权质押登记等权属变更事宜，中心均进行登记记载。托管公司及股东可按照中心规定查询并获取其权属证明。

二是代办权益分派服务。中心可以接受托管公司委托，为其代办股东权益分派。针对托管公司自然人股东、法人股东的不同需求，中心通过存管银行以不同形式进行权益分派，集中、简捷、高效地完成权益分派。

三是股权增值服务。中心将整合各类金融资源，为符合条件的托管公司提供直接融资和间接融资服务，如帮助登记托管公司完成定向增资、股权质押贷款等。

309. 股权登记托管产生哪些费用？其查询服务有哪些类型？

广州股权交易中心的相关费用有：初始登记费、股份托管费（按年收取）、持有人名册服务费、权益分派手续费等。

中心的查询服务有：①登记托管公司可以在广州股权交易中心查询本公司的股东及股权持有情况；②股东可以查询其自有股权的变更情况、分红情况及公司的相关情况；③司法机关及其他部门依照法定的条件和程序可进行查询。

310. 挂牌企业股份托管初始登记和办理挂牌手续流程如何？

根据相关规定其流程为：①获得中心关于同意挂牌的通知；②向中心挂牌服务部申请股份简称和代码；③与中心签订《股份有限公司进入广州股权交易中心挂牌协议书》；④向中心登记结算部办理股份初始登记，并提供所要求的申请材料，申请材料中有关电子数据的制作，应将持有人的股份转让账户、持有人类别、登记股数、股份性质和托管编码等字段写入电子数据文件；⑤中心登记结算部对拟挂牌企业股份的初始登记材料进行审核，计算解除限售和限售股份数量；⑥中心登记结算部将股份数据录入登记结算系统，进行股份预登记，并向拟挂牌企业出具《预登记持有人名册清单》；⑦拟挂牌企业对《预登记持有人名册清单》核对确认，并签字盖章；⑧中心完成股份登记，并出具《股份登记确认书》；⑨企业原股东向中心交易管理部申请开户，签署《代理股份转让协议书》等；⑩由推荐机构/财务顾问向中心挂牌服务部递交相关文件，申请通过中心主机系统进行股份转让（T－4日）；⑪企业与中心挂牌服务部、推荐机构/财务顾问协商确定股份转让开始日期（T－4日），并计算公司挂牌首日的前成交均价；⑫中心挂牌管理部出具办理挂牌通知书交拟挂牌企业（T－3日）；⑬拟挂牌企业最迟于挂牌日前三日，在中心指定网站上发布挂牌公告文件，包括：股份转让说明书、公司章程、审计报告、法律意见书；⑭中心挂牌服务部将拟挂牌企业的挂牌日期、股份代码等内容书面通知中心登记结算部、信息技术部（T－1日）；⑮股份有限公司挂牌（T日）。

311. 代办权益分派服务是如何开展的？

对公司委托中心进行权益分派的，中心按照委托协议的约定，将权益分派的资金划入股东指定的银行账户。好处：一是由中心进行权益分派，能够避免企业挪用股东的权益分配资金，确保投资者资金安全；二是投资者的权益分配资金通过银行自动到账，避免到柜台领取现金的风险。

312. 什么是知识产权交易市场？设立的意义和作用是什么？

知识产权交易市场是提供商标、专利、版权等知识产权的交易、转让、许可、投融资的综合服务平台，是为科技成果及知识产权转化所搭建的桥梁。

知识产权交易市场是为处于初创期、成长期的科技型中小企业解决其融资难问题的创新性新途径。知识产权交易有利于拓宽科技型中小企业融资渠道，有利于科学引导民间资本开拓新的投资领域。

广州股权交易中心增设知识产权交易板块的作用：重点开展知识产权质押融资及以知识产权入股为主的知识产权转让、许可业务，推动股权与知识产权相结合的质押融资新模式，创新金融交易品种，拓宽科技型中小企业融资渠道，加快建立和完善知识产权投融资交易平台，将知识产权的转让、许可、融资等知识产权交易活动归并集中，形成统一的知识产权交易市场，成为品种齐全、规模大、辐射面广的综合性投融资服务平台。

313. 广州股权交易中心知识产权交易板块的定位是什么？基本功能有哪些？

广交中心知识产权交易板块的总体功能定位为创新交易品种，加快知识资本与金融资本的结合，降低企业的融资成本。主要功能有，一是发挥融资服务平台作用，包括提供知识产权投资入股、质押融资、登记托管等金融服务；二是发挥挂牌交易服务平台作用，主要分为信息发布、挂牌上市、转让交易等服务。

基本功能有：

(1) 信息发布功能。广州股权交易中心利用股权交易系统等平台向交易会员发布挂牌知识产权信息，包括挂牌标的基本情况和交易委托信息等。交易会员可通过广州股权交易中心的信息发布渠道，查询挂牌标的基本情况和交易委托信息，提高知识产权交易的信息透明度。

（2）交易功能。为交易主体提供知识产权转让、许可、投融资的服务，促成交易双方信息配对，实现交易功能。

（3）资金清算功能。为知识产权出让方和受让方提供知识产权交易、资金结算、清算交割等功能，提高清算效率和资金安全性。

（4）融资功能。以风险投资基金、信托基金、融资担保基金等为基础的投融资平台和金融工具，设计出多元化的交易产品，为知识产权投融资交易提供对接平台。

314. 知识产权交易市场的交易方式有哪些？

在公开、公平、公正的前提下，中心知识产权交易方式有：

（1）协议转让。指交易双方在中心主持下，通过洽谈、协商以协议成交的交易方式。

（2）竞价转让。在意向转让方确定的竞价时限内，合格投资者可以单向增价方式进行多次申报，竞价成交遵循“价格优先、时间优先”的成交原则。

（3）其他方式。广州股权交易中心可根据知识产权交易项目特点，设计其他安全、灵活、便捷的交易方式。

315. 知识产权交易市场参与主体和交易品种有哪些？

广州股权交易中心参与主体：

（1）广州股权交易中心作为知识产权交易板块的营运主体，负责制定和完善有关制度和规则，提供交易所需有关场所、设施、交易系统和服务，严格按照有关政策和制度要求，对参加交易的会员进行自律管理。

（2）特邀会员。特邀会员是指依照中心相关规定邀请入会的高校、科研院所、企业和个人等优质知识产权的所有人。

（3）专业服务机构会员。专业服务机构会员是指依照中心相关规定提出入会申请，并经审核通过而获得会员资格的法人、非法人企事业单位及其他组织，包括信用评级机构、担保机构、评估机构、会计师事务所、律师事务所等专业服务机构。

（4）投资者。投资者是指依照中心相关规定办理交易开户手续，并经审核通过而获准参与知识产权交易的金融机构、各类权益机构持有者、投资机构、企业或个人的投资者。

交易品种有：

（1）知识产权质押融资，指以专利、商标、版权等知识产权作为质押物，向银行、担保机构、风险投资等融资机构融资。专利是国内有效的发明、实用新型和外观设计的专利；商标是指成功注册的商标，或是驰名商标、著名商标。版权主要是软件著作权、文字著作权、创意设计等。

（2）知识产权转让，指知识产权的转让或以知识产权向公司进行出资入股等。

（3）知识产权许可，指知识产权所有人（许可方）将知识产权授予他人（被许可方）按照约定使用。

第三节　挂牌及相关业务

316. 哪些企业适合在广州股权交易中心挂牌？

根据广州股权交易中心运营模式及相关制度的规定，下列企业适合在中心挂牌：

（1）有进入资本市场意愿但目前暂不符合在主板、创业板上市条件的；虽然符合条件，但不愿意漫长等待，希望加快上市或挂牌进度的；尚未做好相关准备或不愿进入公开市场的公司。

（2）具有利用资本市场长远发展规划，根据企业发展，股东和高管各方面准备的实际情况，按计划、分步骤，稳步推进的公司。

（3）业务发展具有一定基础，希望能在资本市场上找到合适战略投资者或财务投资者，以获得直接融资和企业持续发展资源的公司。

（4）具有创新业务模式，需要借助广州股权交易中心综合金融服务平台对外宣传推广的公司。

(5) 希望其股份(权)能在市场上流通，并获得市场定价，但又不愿意过多公开披露信息的公司。

(6) 未在新三板挂牌试点的公司。

(7) 不属于高新技术企业的传统产业公司。

317. 股份有限公司和有限责任公司申请挂牌的条件各有哪些?

股份有限公司挂牌条件有：

①业务基本独立；②在经营和管理上具备风险控制能力；③治理结构健全，运作规范；④股份的发行、转让合法合规；⑤广州股权交易中心要求的其他条件。

有限责任公司挂牌的条件是：依法设立、合法存续，且业务基本独立。

318. 股份有限公司和有限责任公司挂牌各有哪些好处?

有限责任公司到中心挂牌，除了可以展现企业品牌，提升企业形象和规范法人治理外，还可以为有限公司的股份改制、融资、股权转让等事宜提供帮助。

股份公司在广州股权交易中心挂牌的好处：①实现股份增值流动。②拓宽融资渠道。在提高企业议价能力的基础上，通过定向增资、股权质押融资、发行私募债等方式，拓宽融资渠道，提高融资能力，增强企业发展后劲。③规范法人治理，预演高层次市场运作。中心作为多层次资本市场基础层级，是主板或创业板市场的培育市场和预备市场。④获得政策扶持，降低上市风险。由于目前我国交易所市场上市门槛仍然较高，迈入主板或创业板市场的企业仍然很少，企业应提前合理规划进入资本市场的方案，把握好节奏和步骤。在条件不成熟的情况下盲目筹备进入主板或创业板市场，将面临巨大的运作风险和财务风险。⑤展现企业品牌，提升企业形象。

319. 如何理解“经营和管理上具备风险控制能力”这一挂牌条件?

根据广州股权交易中心相关制度规定，由于对拟挂牌公司没有财务指标的要求，所以需要对公司在经营和管理上是否具备风险控制能力进行考察，主要内容有：

（1）对企业风险的认识。风险管理的基本程序是风险识别、风险评估和风险控制，其框架要素包括内部环境、目标制定、风险识别、风险评估、风险应对、控制活动、信息沟通和监控等。

（2）明确受托责任、完善公司治理，从组织结构上把控经营和管理风险。防范、控制企业经营和管理风险，不但要有完整的公司治理架构作为组织保障，更主要的是受托责任下的公司治理各责任主体应有效履行法律责任。

（3）建立有效的内部控制制度。所谓内部控制，是为实现经营效率和效果、财务报告的可信性及相关法律的遵循等组织目标提供合理保证的过程。内控制度是企业为有效实现其目标而设计的内部制度安排，它是为整个企业而设计的系统，企业管理和生产运营各环节、各层级的人员均应在该系统的控制下规范运作。

（4）建立完善的风险管理制度。为应对经营过程中可能遇见的各种具体的风险，企业还必须建立相应的具体风险防范制度进行防范。

（5）推行经营风险审计，客观评估企业风险，防患于未然。关注重点不仅包括企业财务报告，还包括公司治理、内部控制制度、企业经营策略、企业法律环境等方面的测试，全面评估企业的经营风险。

320. 如何理解“治理结构健全，运作规范”这一挂牌条件？

主要从以下几方面进行考察：

一是公司经营性资产清晰完整。经营性资产主要包括合法拥有的相关土地、厂房、设备、商标、专利、非专利技术或使用权等，是与生产经营相关的生产系统、辅助系统和配套系统。

二是公司的业务、人员、财务、机构和资产相互独立。公司能独立经营，与受同一实际控制人控制的其他公司不存在同业竞争或显失公平的关联方交易，如有关联交易须进行披露。

三是公司股东会、董事会、监事会制度健全，均能依法履行相应职责。现任董事、监事、高级管理人员符合《公司法》《证券法》的相关规定，并且无因涉嫌犯罪被司法机构立案侦查或其他违法违规行为被有关部门立案调查。

四是公司内部控制制度相对健全，且运行较好，能够合理保证财务报告的可靠性和生产经营的合法性。

五是自申请材料递交日起前12个月内公司无重大违法违规行为。

321. 公司挂牌须有哪些中介机构参与？挂牌需要多长时间？

对于股份有限公司，须由广州股权交易中心认定的推荐机构、会计师事务所、律师事务所、资产评估事务所等会员为其挂牌提供专业服务；对于有限责任公司，须由广州股权交易中心认定的推荐机构会员为其挂牌提供专业服务。

股份有限公司，从改制算起，一般2~3个月可实现挂牌；有限责任公司一般1个月就可以实现挂牌。

322. 推荐机构会员推荐股份公司挂牌需要提交哪些材料？

提交的申请文件包括但不限于：

（1）公司股份转让说明书。

（2）公司董事会、股东大会有关进入中心挂牌和进行股份转让的决议。

（3）公司与推荐机构会员签订的推荐挂牌相关协议。

（4）公司的审计意见及经审计的财务报告。成立满两个完整会计年度的公司，审计期间至少须包括最近两个完整会计年度；成立未满两个完整会计年度的公司，审计期间为成立日起至最近一期月末，最近一期月末距申请文件报送日不超过6个月。

（5）公司法律意见书。

（6）推荐机构会员关于推荐企业的尽职调查报告。

（7）推荐机构会员关于申请文件不存在虚假记载、误导性陈述和重大遗漏的承诺函。

（8）中心要求的其他文件。

323. 推荐机构会员推荐有限责任公司挂牌需要提交哪些材料？

提交的申请文件包括但不限于：

（1）公司营业执照副本复印件（加盖公章）。

（2）《公司章程》（加盖骑缝公章）。

（3）公司股东会关于进入中心挂牌的决议。

（4）推荐机构会员出具的推荐函。

（5）有限责任公司与推荐机构会员签订的推荐挂牌相关协议。

（6）中心要求的其他文件。

324. 股份有限公司在广州股权交易中心挂牌申请需要哪些程序？

（1）申请挂牌前，确认公司是否具备在中心挂牌的基本条件。

（2）公司召开董事会和股东大会就挂牌事项做出决议。

（3）公司委托广州股权交易中心推荐机构会员，聘请经中心认定的会计师事务所、律师事务所、资产评估事务所（必要时）为其挂牌提供专业服务。

（4）会计师事务所进行独立审计并出具审计报告；律师事务所进行独立调查并出具法律意见书；推荐机构会员进行尽职调查，并形成如下文件：尽职调查报告、股份转让说明书、调查工作底稿；股份公司配合上述机构积极做好协助调查工作。

（5）推荐机构会员同意推荐申请挂牌的股份公司，按中心要求报送相关申请文件。

（6）中心收到推荐机构会员报送的申请文件后，出具受理函，并对其进行审核。

（7）中心对审核合格的挂牌申请，自受理之日起30个工作日内将有关文件报送区域性股权交易市场监管部门备案。

（8）中心在取得区域性股权交易市场监管部门予以备案的通知后5个工作日内，向申请挂牌企业出具同意其挂牌的通知。

（9）获得中心出具的同意其挂牌的通知后，拟挂牌企业向中心申请股份简称和代码，并与中心签订挂牌协议书，办理股份的集中登记。推荐机构为拟挂牌企业提供指导服务。

（10）挂牌企业在广州股权交易中心办理挂牌手续。

（11）挂牌前三日，拟挂牌企业在中心指定网站披露股份转让说明书、公司章程、审计报告、法律意见书。推荐机构会员在中心指定网站发布拟挂牌企业挂牌公告。

325. 有限责任公司在广州股权交易中心挂牌申请需要哪些程序？

（1）申请挂牌前，确认公司是否具备在广州股权交易中心挂牌的基本条件。

（2）公司召开股东会就挂牌事项做出决议。

（3）公司委托中心推荐机构会员为其挂牌提供专业服务。

（4）推荐机构会员同意推荐申请挂牌的有限责任公司，按中心要求报送相关申请文件。

（5）心收到推荐会员报送的申请文件后，出具受理函，并对其进行审核。

（6）中心对审核合格的挂牌申请，自受理之日起10个工作日内将有关文件报送区域性股权交易市场监管部门备案。

（7）中心在取得区域性股权交易市场监管部门予以备案的通知后5个工作日内，向公司出具同意其挂牌的通知。

（8）中心出具同意其挂牌的通知后，拟挂牌企业申请股份简称和代码，与中心签订挂牌协议书，办理股权的集中登记。推荐机构为拟挂牌企业提供指导服务。

（9）拟挂牌企业办理挂牌手续。

（10）推荐机构会员在中心指定网站发布拟挂牌企业挂牌公告。

326. 广州股权交易中心如何审核企业挂牌申请？

（1）中心收到推荐机构会员报送的申请文件后，同意受理的，出具受理函。申请文件一经受理，未经中心同意不得增加、撤回或更换。

（2）中心对包括但不限于下列事项进行审核：一是申请文件是否齐备；二是推荐机构会员是否已按照尽职调查工作指引的要求，对申请挂牌企业进行了充分的尽职调查，出具的结论是否恰当；三是股份有限公司申请挂牌的，公司拟披露的信息是否符合信息披露规则的要求；四是申请挂牌企业是否符合基本挂牌条件；五是中心要求的其他事项。

（3）中心对其审核合格的推荐挂牌申请，对股份有限公司，自受理之日起30个工作日内将有关文件报送区域性股权交易市场监管部门备案；对有限责任公司，自受理之日起10个工作日，将有关文件报送区域性股权交易市场监管部门备案；中心要求推荐机构会员对申请文件补充或修改的，受理申请文件的时间自中心收到推荐机构会员的补充或修改意见的下一工作日起重新计算。

327. 什么是企业自荐挂牌？自荐挂牌需要满足哪些条件？

企业自荐挂牌，是指有限责任公司符合广州股权交易中心自荐挂牌条件，采用直接向中心提出挂牌申请的方式实现挂牌。自荐挂牌同样需要经过审核和备案等流程。

企业通过自荐方式申请挂牌，除须满足“依法设立、合法存续”条件外，还须至少满足以下条件之一：

（1）净资产不少于 1000 万元，且最近 12 个月的营业收入不少于 500 万元。

（2）最近 12 个月的营业收入累计不少于 2000 万元。

（3）最近 24 个月营业收入累计不少于 2000 万元，且年增长率不低于 30%。

（4）最近 12 个月净利润达到 300 万元以上。

（5）最近 12 个月纳税额超过 200 万元。

（6）最近 12 个月获得的银行贷款达到 300 万元。

（7）拥有自主知识产权，具有核心竞争力。

328. 企业符合自荐挂牌条件包括哪些证明文件？须提交哪些文件？

根据《广州股权交易中心有限责任公司自荐挂牌申请文件指引》，企业符合自荐挂牌的证明文件包括以下文件：一是审计报告；二是纳税申报表；三是企业加盖公章的财务报表；四是银行贷款证明文件；五是知识产权权属证明文件；六是纳税证明文件（完税凭证）；七是其他能够证明申请企业符合自荐挂牌条件的文件。

申请自荐挂牌的企业，须对自身提交文件的真实性、准确性、完整性承担完全责任。需要向广州股权交易中心提交以下文件：①有限责任公司进入广州股权交易中心挂牌进行股权转让的申请；②公司及股东遵守广州股权交易中心业务规则的承诺书；③公司营业执照副本复印件/组织机构代码证副本复印件/税务登记证副本复印件（加盖公司公章）；④公司章程；⑤公司股东名册及股东身份证明文件；⑥法定代表人身份证明文件；⑦关于公司进入广州股权交易中心挂牌的股东会决议；⑧公司全体股东对向中心提交的文件真实性、准确性和完整性的承诺书；⑨电子文件和书面文件一致性声明；⑩申请企业自成立以来工商登记资料一套；⑪企业基本信息采集表，加盖公司公章；⑫企业符合直接向广州股权交易中心申请挂牌条件的证明文件。

329. 企业挂牌会产生哪些费用?

中介机构费用：企业自主选择并聘请中介服务机构，股份有限公司相关费用一般为80万~150万元不等，持续督导费大约5万元/年；对有限责任公司推荐挂牌，广州股权交易中心的推荐机构会员视具体情况，收取材料制作费3000~5000元不等。以上中介费用，企业可与中介服务机构自行商定具体金额。

广交中心收取的挂牌费用有：

（1）挂牌服务费标准。挂牌费，免收；审核费，有限公司0.5万元，股份公司2万元；初始登记费：有限公司免收，股份公司按1元×股本数×0.2‰的额度收费。

（2）后续服务费标准。企业挂牌后只对股份公司收费：权益分派手续费（1元×红股数+现金股利）×0.2‰，网上平台服务费0.5万元/年，股份转让监管费2万元/年。

第四节　投资者适当性管理与股权转让

330. 参与广州股权交易中心股份转让的投资者有哪些?

根据广州股权交易中心相关制度的规定，参与挂牌企业股份转让的投资者，须经广州股权交易中心认定且具备相应的风险识别和承担能力，主要有：

（1）机构投资者，包括法人、合伙企业等。

（2）公司挂牌前的自然人股东。

（3）通过定向增资或股权激励持有公司股份的自然人股东。

（4）因继承或司法裁决等原因持有公司股份的自然人股东。

（5）至少拥有 2 年以上证券投资经验，且拥有人民币 50 万元以上金融资产的自然人。

（6）广州股权交易中心认定的其他投资者。

其中上述第（2）、（3）、（4）项中的自然人股东如不满足上述第（5）项条件时只能买卖其持股公司的股份。

331. 投资者开户需要提交哪些材料？

投资者向中心提出开户申请，如果是自然人，须提供有效身份证明文件原件及复印件、2 年以上证券投资经验且拥有人民币 50 万元以上金融资产证明材料以及中心要求提供的其他材料；如果是机构，须提供工商营业执照/事业单位法人证书/社会团体法人登记证书原件或加盖发证机关确认章的复印件、组织机构代码证原件及加盖公章的复印件、税务登记证原件及加盖公章的复印件、法定代表人证明书、法定代表人授权委托书及有效身份证明文件复印件、有权代理人有效身份证明文件原件及复印件、中心要求提供的其他材料。

332. 什么是投资者适当性制度？其原则和责任是什么？

挂牌企业股份转让及股权转让业务投资者适当性制度，是指根据挂牌企业股份转让及股权转让的产品特征和风险特性，区别投资者对产品的认知水平和风险承受能力，选择适当的投资者，审慎参与挂牌企业股份转让及股权转让，并建立与之相适应的监管制度安排。

投资者适当性管理的原则是“买者自负，卖者有责”。

符合投资者适当性标准，是投资者参与挂牌企业股份转让及股权转让的前提条件。根据“买者自负”原则，投资者承担挂牌股份公司股权转让的履约责任，不得以不符合投资者适当性标准为由拒绝承担挂牌企业股份转让及股权转让履约责任。

333. 代理买卖机构违反投资者适当性制度可以采取哪些处理措施？

对存在或者可能存在违反投资者适当性制度行为的代理买卖机构，中心可以采取约见谈话、责令参加培训、增加内控合规自查次数、口头警示、书面警示、责令处分责任人员、限期说明情况、专项调查和暂停受理或者办理相关业务等处理措施。

334. 阻止防范制度性违规事件发生有哪些措施？

一是借鉴证券市场的成熟制度，建立健全内控制度，落实责任制，在运行中对系列规则制度不断予以完善，杜绝制度性缺陷引发的风险。二是全程接受区域性股权交易市场监管部门的有效监管，实行重大事项报告备案制度。三是通过与银行对接，实行客户资金独立存管，保证交易结算资金的安全。四是将交易信息终端显示置备于监管部门供实时监管。

335. 挂牌股份公司的股份转让方式及特点是什么？

协议转让方式，不提供集中竞价。投资者可委托代理买卖机构在股份转让系统发布买卖意向，达成转让意向的，通过股份转让系统确认成交。股份转让的数量、价格由股份转让双方协商确定，并且在股份转让系统实时显示股份转让双方的单位名称或自然人姓名及联系方式。

协议转让方式有如下特点：一是股份转让价格不实行涨跌幅限制，广交中心认定的其他情形除外。二是股份转让委托的股份数量以“股”为单位，每笔委托股份数量应为 1 万股及以上。投资者股份转让账户中某一挂牌企业股份余额不足 1 万股的，应一次性委托卖出。股份的报价单位为“每股价格”，报价最小变动单位为 0.01 元。三是投资者买入后卖出或卖出后买入同一挂牌企业股份的时间间隔不少于 5 个交易日。四是挂牌股份公司进行的股份转让，限制股东总人数不得超过 200 人。

广交中心股份转让的交易时间为每周一至周五上午 9:30 至 11:30，下午 13:00 至 15:00。遇法定节假日和其他特殊情况，股份暂停转让。转让时间内因故暂停的，转让时间不作顺延。

336. 股份转让说明书的内容有哪些？

应包括但不限于以下内容：①公司基本情况；②公司董事、监事、高级管理人员、核心技术人员及其持股情况；③公司业务和技术情况；④公司业务发展目标及其风险因素；⑤公司内部控制情况；⑥公司财务会计信息。

337. 挂牌转让导致与企业经营无关的股东进入，是否会影响企业发展？

首先，企业在中心挂牌转让不会出现大量小股东进入挂牌企业的情况。原因是《公司法》规定，在证券交易所上市前，股份有限公司应有 2 人以上 200 人以下为发起人，有限责任公司由 50 个以下股东出资设立。显然挂牌公司的股东人数受到了限制。

其次，在中心挂牌的公司可以在报价转让系统中通过协议成交的方式，或者与中心协商确定单笔股份转让的最小申报数量，通过提高最小申报数量，避免过多的小股东受让公司股份。

股份的有序流转交易，一是会形成市场化定价，使企业价值增值；二是新进股东有利于改善股权结构，对企业的持续经营等形成一定的约束、支持和帮助，这些对企业持续发展所带来的积极作用，企业应当正确认识和理解。

第五节 增资扩股与股权质押

338. 股份公司和有限责任公司定向增资各需要哪些条件？

股份公司进行定向增资需要满足下列条件：①规范履行信息披露义务；②最近一年财务报表未被注册会计师出具保留意见、否定意见或无法表示意见的审计报告；③不存在挂牌企业权益被控股股东或实际控制人严重损害且尚未消除的情形；④挂牌企业及其附属公司无重大负债；⑤现任董事、监事、高级管理人员对公司勤勉尽责地履行义务，不存在尚未消除的损害挂牌企业利益的情形；⑥挂牌企业及其现任董事、监事、高级管理人员不存在因涉嫌犯罪正被司法机关立案侦查，且对挂牌企业生产经营产生重大影响的情形；⑦不存在其他尚未消除的严重损害股东合法权益和社会公共利益的情形。

有限责任公司增资扩股，是指有限责任公司增加注册资本，增加的部分由新股东全部认缴或新股东与老股东共同认缴，该增资扩股属非公开募集资金的行为。挂牌企业增资扩股应符合相关法律法规和政策性规定，中心对挂牌企业增资扩股条件不做硬性规定。

339. 拟定向增资的挂牌企业，如何寻找意向投资者？

（1）向中心递交《广州股权交易中心挂牌企业定向增资信息发布申请表》及附件材料，委托中心进行定向增资信息发布。

（2）中心对挂牌企业提交的文件材料进行形式审查。审查通过的3个工作日内，中心根据挂牌企业提交的定向增资信息发布申请表中的基础信息制作定向增资融资信息公告。

（3）中心应根据挂牌企业的要求设置相应的定向增资信息查询权限。

（4）投资者拟查询挂牌企业定向增资信息的，应向中心提出申请，经中心审查同意后，获得授权查阅相关融资信息材料。

（5）投资者对挂牌企业形成初步增资意向的，可委托中心专业机构会员进行投资分析。中心为投资者与挂牌企业进行增资谈判提供便利条件。谈判的方式、时间、地点可根据双方要求确定。

340. 股份公司和有限责任公司定向增资的，委托推荐机构须提供哪些申请文件？

股份公司进行定向增资的，向中心提交由委托推荐机构会员经内部审议后的文件；有限责任公司进行定向增资的，可由委托推荐机构会员向中心申请信息发布，提交相应文件。它们提交的共同文件（包括但不限于此）有：

①增资扩股方案；②推荐机构会员与公司就增资扩股事宜签订的协议；③涉及国有资产管理、外资管理、环境保护、土地管理等事项，取得的有关部门批准文件；④拟认缴增资的股东遵守增资认缴协议条款，遵守《公司法》和公司章程的规定，不损害所增资公司利益和该公司其他认购人利益的声明；⑤尽职调查报告；⑥必要时提供盈利预测审核报告，盈利预测期间为定向增

资完成当年及下一个会计年度；⑦中心要求的其他文件。

除此之外，对于股份公司，委托推荐机构会员还要提供的文件有：①董事会、股东大会有关定向增资事项的决议及股东大会授权董事会处理有关事宜的决议；②挂牌企业定向增资申请；③最近一年经审计的财务报告。

341. 申请定向增资审核需要多长时间？新增股份多久后可以转让？

对推荐机构会员报送的定向增资申请文件，中心自受理之日起 15 个工作日内进行审核。审核同意的，报送区域性股权交易市场监管部门备案。

定向增资中，货币出资新增股份自股份在中心登记之日起 6 个月内不得转让；非货币出资新增股份自股份在中心登记之日起 12 个月内不得转让。锁定期满后，公司董事、监事、高级管理人员、控股股东或实际控制人所持新增股份按照《公司法》及其他相关规定进行转让，其余新增股份可一次性进入中心进行转让。

342. 中心对推荐机构会员申请发布增资扩股的审查期限是多久？

中心对推荐机构会员提交的文件进行形式审查。审查同意的，3 个工作日内在中心平台发布增资扩股信息。

343. 有限责任公司完成增资扩股后，备案及股权变更登记时须向中心提交哪些材料？

有限责任公司应在完成增资扩股后 3 个工作日内向中心报送下列文件申请备案及股权变更登记：

（1）公司法定代表人签署的加盖公章的《公司变更登记申请书》。

（2）公司签署的加盖公章的《公司变更登记附表——股东出资信息》。

（3）公司签署的加盖公章的《指定代表或者共同委托代理人的证明》及指定代表或委托代理人的身份证件复印件；应标明指定代表或者共同委托代理人的办理事项、权限、授权期限。

（4）关于公司增加注册资本的决议或者决定。公司的决议或者决定内容应当包括增加注册资本的数额，各股东具体承担的增加注册资本的数额，各股东的出资方式、出资日期，相应修改的公司章程；有限责任公司提交由代表2/3以上表决权的股东签署的股东会决议；一人有限责任公司应提交股东签署的书面决定；国有独资公司提交国务院、地方人民政府或者其授权的本级人民政府国有资产监督管理机构的批准文件、《企业国有资产变动产权登记表》。

（5）公司法定代表人签署的修改后的公司章程或者公司章程修正案。

（6）依法设立的验资机构出具的验资证明。

（7）以股权出资的，提交《股权认缴出资承诺书》。

（8）法律、行政法规和国务院决定规定变更注册资本必须报经批准的，提交有关的批准文件或者许可证书复印件。

（9）公司营业执照副本。

344. 什么是股权质押融资业务？

股权质押融资业务是指借款人以自有或第三方合法持有的股权作为担保，由广州股权交易中心会同工商行政管理部门办理质押担保登记手续，向银行等金融机构或其他机构或个人（以下通称贷款人）申请获得贷款或借款的融资活动。

345. 中心在股权质押融资业务中充当什么角色？其“股权”指的是什么？

广州股权交易中心在股权质押融资业务中发挥市场平台作用，为股权出质登记、质押股权冻结、市场价值评估、动态跟踪监测和股权交易变现等相关委托提供平台服务，并与工商行政管理部门等其他机构进行业务衔接，建立信息共享机制。

中心股权质押融资业务所指“股权”，是指在工商行政管理部门登记注册并在中心办理了股权登记托管的股份公司和有限责任公司的股权。

346. 哪些股权不能用于办理股权出质登记？

出质的股权一定是可以依法转让的股权。有下列情形之一的，不得申请办理股权出质登记：①法律法规规定不得转让或者不得出质的股权；②公司章程规定不得转让或者不得出质的股权；③未实际缴付出资的股权；④已纳入司法程序，被司法机关依法裁定、判决冻结的股权；⑤已办理出质登记的股权；⑥法律、行政法规规定的不得出质的其他情形。

347. 办理股权质押登记，质押双方应提交哪些资料？

提交以下资料：①质押双方出具质押登记申请书；②双方签订的贷款合同与质押合同；③双方营业执照或注册登记证书原件及复印件；④双方法定代表人身份证明及身份证复印件；⑤双方法定代表人授权委托书；⑥双方经办人身份证原件及复印件；⑦出质人托管账户原件及复印件；⑧出质人或质权人股东账户卡；⑨出质人须出具公司股东会、董事会通过的出质决议，出质股份如属国有股权，还须出具政府有关机构同意质押的批准文件，以工会持股股权出质的，须出具职工代表大会同意出质的决议，以外商投资的公司的股权出质的，还应当提交原公司设立审批机关的批准文件；⑩中心要求提供的其他资料。

348. 什么情况下质押双方可委托质押股权变更登记？应提交哪些材料？

出质股权数额变更，以及出质人、质权人姓名（名称）或者出质股权所在公司名称更改的，可委托广州股权交易中心办理变更登记。应提交的资料有：

（1）股权质押变更登记申请书。

（2）出质人或质权人的股权账户卡。

（3）出质股权数额变更的，提交股权质押合同修正案或者补充合同。

（4）出质人、质权人姓名（名称）或者出质股权所在公司名称更改的，提交姓名或者名称更改的证明文件和更改后的主体资格证明或者自然人身份证明复印件。

（5）质押双方的授权委托书和经办人身份证明。

（6）中心要求的其他有关材料。

349. 什么情况下质押双方可委托撤销股权质押登记？应提交哪些材料？

股权质押合同被依法确认无效或者被撤销的，质押双方可委托中心办理撤销登记。应提交以下材料：

（1）股权质押撤销登记申请书。

（2）出质人或质权人的股权账户卡。

（3）股权质押合同被依法确认无效或者被撤销的法律文件。

（4）质押双方的授权委托书和经办人身份证明。

（5）广州股权交易中心要求提供的其他材料。

350. 什么情况下质押双方可委托解除股权质押登记？应提交哪些材料？

质权实现，或者因主债权消灭、质权人放弃质权等情形而导致质权消灭的，质押双方可委托广州股权交易中心办理注销登记，解除股权质押登记手续。应提交以下资料：

（1）质押双方出具解除质押登记申请书。

（2）双方营业执照或注册登记证书复印件。

（3）双方法定代表人身份证明及身份证复印件。

（4）双方法定代表人授权委托书。

（5）双方经办人身份证原件及复印件。

（6）双方股权质押冻结证明单。

（7）质权实现或消灭的证明文件。

（8）中心要求提供的其他材料。

第六节　信息披露和风险防范

351. 挂牌企业有哪些信息披露要求？内容有哪些？

为方便投资者更深入了解企业经营状况，挂牌企业可自愿进行更为充分的信息披露。

挂牌企业披露的信息应通过中心指定网站发布，在其他媒体披露信息的时间不得早于指定网站的披露时间。与场内交易市场相比，中心挂牌企业承担的信息披露义务要求更低。

股份公司挂牌前应披露股份转让说明书、公司章程、审计报告、法律意见书等。

352. 挂牌股份公司半年报和年报披露时限多久？年度报告需要披露哪些信息？

挂牌股份公司应在每个会计年度的上半年结束之日起 2 个月内披露半年度报告；每个会计年度结束之日起 4 个月内编制并披露年度报告。挂牌股份公司年度报告中的财务报告必须经会计师事务所审计。

披露的年度报告应包括但不限于以下内容：①公司基本情况；②最近 2 年主要财务数据和指标；③最近 1 年的股本变动情况及报告期末已解除限售登记股份数量；④股东人数，前 10 名股东及其持股数量、报告期内持股变动情况、报告期末持有的可转让股份数量和相互间的关联关系；⑤董事、监事、高级管理人员、核心技术人员及其持股情况；⑥董事会关于经营情况、财务状况和现金流量的分析，以及利润分配预案和重大事项介绍；⑦审计意见和经审计的资产负债表、利润表、现金流量表、所有者权益变动表以及主要项目的附注。

若注册会计师出具的审计意见为标准无保留意见，挂牌企业应披露注册会计师出具标准无保留意见的审计报告全文；若注册会计师出具的审计意见为非标准无保留意见，公司应披露审计意见全文及公司管理层对审计意见涉及事项的说明。

353. 在什么情况下股份公司挂牌后需要披露临时报告？

公司召开董事会，决议涉及以下情形之一的，应在会议结束之日起 2 个交易日内向中心报告并披露公告，方式是书面和电子文档。

①经营方针和经营范围的重大变化；②预计发生或发生的重大亏损、重大损失；③合并、分立、解散及破产；④控股股东或实际控制人发生变更；

⑤重大资产重组；⑥重大关联交易；⑦重大或有事项，包括但不限于重大诉讼、重大仲裁、重大担保；⑧法院裁定禁止有控制权的大股东转让其所持公司股份；⑨董事长或总经理发生变动；⑩变更会计师事务所；⑪主要银行账号被冻结，正常经营活动受影响；⑫因涉嫌违反法律法规被有关部门调查或受到行政处罚；⑬涉及公司增资扩股和在境内、外有关资本市场上市或挂牌的有关事项；⑭中心认为需要披露的其他事项。

354. 有限责任公司挂牌前后需要披露哪些信息？

中心对有限责任公司挂牌前信息披露采取自愿原则，暂不做明确规定；有限责任公司挂牌后不需要进行信息披露。

355. 中心信息技术系统的风险防控功能有哪些？

根据中心相关规定，风险防控功能有：

一是当挂牌的股份有限公司股东人数累计达到200人时，系统即限制该公司的股份在原有股东之外进行转让，待股东人数少于200人时才允许新的投资者买入挂牌股份有限公司的股份，防止挂牌企业股东人数突破200人的法律限制性规定；对挂牌有限责任公司股权转让过程进行严格审批，确保股东人数不超过50人。

二是系统具有全部限售、部分限售和限售解禁的功能，根据《公司法》和《公司章程》特别规定，系统对挂牌企业董事、监事及高级管理人员在职、离职期间的股份变动设定约束条件，确保挂牌企业股份及股权规范流动。

三是股份转让业务系统根据各挂牌企业单个股东最高持股比例设定、股份转让最低委托数限定、最短持股时限限定，提供格式化交易模式的个性化服务，以遏制投机炒作行为；对股份公司股权转让的时间、数量、方式等受到有关法律法规、政策性规定及广州股权交易中心业务规则等相关规定限制的行为以及可能严重影响股权转让价格或者股权转让成交的异常行为进行严格监控。

356. 挂牌企业运作风险防控主要包括哪些内容？

主要包括：①依中心相关规范要求，在《公司章程》中增加必要条款，从源头上防范制度性风险。②根据《公司法》和《公司章程》的规定，委托中心，通过信息技术系统对限售期的股份予以锁定。③严格遵守中心制定的《广州股权交易中心股份有限公司信息披露暂行规则》，明确挂牌企业法定代表人及其他相关责任人对所报告信息的真实性、准确性负责，并承担相应的经济和法律责任。

357. 对因违规运作引发市场风险的挂牌企业采取哪些措施?

根据中心相关规定，挂牌企业因违规运作引发市场风险的，中心有权对挂牌企业及其相关责任人采取相应措施。

对挂牌企业弄虚作假，未按《广州股权交易中心股份有限公司信息披露暂行规则》的要求进行信息披露，因挂牌企业责任导致客户投诉的，挂牌企业与投资者恶意串通操控交易价格的，以及挂牌企业违规行为受到执法监管部门查处的，依情节轻重及所造成的当期和预期后果，由广州股权交易中心分别对有关责任人采取谈话提醒、警告、通报批评、谴责、市场禁入等处理措施，对挂牌企业采取临时中止交易、取消挂牌资格等处理措施。

358. 对发生违规操作的代理买卖机构采取哪些措施?

根据中心相关规定，代理买卖机构发生违规操作，中心有权对代理买卖机构及相关责任人采取相应的防控措施。岗位人员存在以下情形的，中心根据情节轻重和所造成的后果，分别对有关责任人采取谈话提醒、警告、通报批评、谴责、市场禁入的处理措施，对代理买卖机构采取停业整改、取消代理买卖资格的处理措施，涉嫌触犯刑法的，依法移送公安机关处理：

（1）未按规范要求操作致使股份转让或股权转让业务遭受损失或可能造成系统风险的。

（2）岗位人员违反纪律、借服务之便与客户分享利润的。

（3）岗位人员以投资者名义利用所在代理买卖机构网点违规交易获取利益的。

（4）岗位人员向投资者收取规定标准外费用的。

（5）岗位人员与投资者串通操控交易价格的。

（6）因代理买卖机构责任发生投资者向中心或监管部门投诉（尤其是引

发群访事件）的。

359. 中心对突发事件如何界定？其应急处理程序是怎样的？

突发事件是指可能导致挂牌企业停牌的风险事件，代理买卖机构违规操作或经营导致的风险事件，计算机系统安全事件，遭受重大自然灾害如水灾、火灾、地震和其他风险事件等可能引发中心股份转让或股权转让不能正常运作的事件和投资者聚众闹事事件等。

突发事件发生时，中心及时分析研究突发事件的基本情况、性质和成因，提出处置方案，按程序向上级监管及应急管理部门报备。处置程序如下：①及时报告；②尽快研究确定风险处置方案；③督促落实风险处置措施；④确保统一宣传口径；⑤严肃查处违法行为；⑥适时结束风险应急状态并以合适的方式对外通报。

CHAPTER7
第七章

浙江股交中心运营及投融资特点

第一节　浙江股交中心概况、会员制及代理中心

360. 浙江股权交易中心迅猛成长的态势如何？

浙江股权交易中心（以下简称“浙江股交中心”）于2012年9月3日注册成立，是浙江省人民政府依据国家有关监管部门的相关规定，结合浙江省经济金融特色，为着力解决“两多两难”，推进温州金融综合改革，促进经济转型升级而设立的区域性股权交易市场。

浙江股交中心的股东结构为：浙江省金融市场投资有限公司为浙江股交中心的大股东，持股比例为40%，上交所其全资子公司上证所信息网络有限公司与温州果子投资集团持股比例各为20%，财通证券与浙商证券持股比例各为10%。

浙江股交中心在未上市公司股份转让试点的基础上，建立了一整套符合区域性资本市场建设要求的规则与运营体系，并与全国性证券市场相对接，是我国多层次资本市场体系的重要组成部分。

截至2014年5月31日：浙江股交中心挂牌企业858家，其中成长板162家，创新板692家，托管企业949家，私募债备案企业42家，会员223家。投资者8025位，总市值约275亿元。

361. 浙江股交中心围绕服务本省定位的5大平台功能是什么？

浙江股交中心是直接明确提出只服务于本省内企业的区域股权交易市场，其定位是：为省内企业，特别是中小微企业提供股权、债券的转让和融资服务。提供股权登记托管、公司挂牌、私募债备案、权益产品交易等业务。围绕这一定位的5大平台功能是：

融资平台：浙江股交中心旨在为浙江省中小微企业提供股权、债券及其他权益类产品的融资、转让服务，帮助企业成长；积极对接、培育企业进入上海证券交易所、深圳证券交易所等国内外证券交易场所；为企业提供股权登记、托管和股权质押融资等股权增值服务；直接或间接规范企业治理，推进企业多元化融资。

投资平台：浙江股交中心以合格投资者积极参与和保护投资者利益为目的，力争成为一个投资性市场。努力拓宽各类资金特别是民间资金的投资渠道，使其能获得合理的投资回报。

创新平台：浙江股交中心的运作遵循政府支持，市场化运作的原则。充分发挥券商等中介机构的创新能力，积极尝试探索和研发创新产品。

互联网金融平台：浙江股交中心通过互联网等先进技术手段，将“开放、平等、协作、分享”的互联网精神融入发展建设过程，为市场参与各方搭建便捷、高效、低成本的综合金融服务平台。

公共平台：浙江股交中心是不以营利为主要目的的公共平台。将为区域资本市场的培育，区域经济的发展做出贡献；为营造良好的区域金融生态环境做出努力。

362. 浙江股交中心成立的背景及政策支持有哪些？

（1）中国证监会《关于规范证券公司参与区域性股权交易市场的指导意见（试行)》(〔2012〕20号)。

（2）浙江省人民政府金融工作办公室《关于印发浙江股权交易中心管理办法（试行）的通知》(浙金融办〔2012〕71号)。

（3）《浙江省人民政府办公厅关于推进股权交易市场建设的若干意见》(浙政办发〔2012〕129号）指出，“区域性股权交易市场是多层次资本市场体系的重要组成部分。要在国家证券监管部门的统一指导下，利用我省已开展未上市公司股权转让试点的先发优势，加快推进我省股权交易市场建设。对进入浙江股权交易中心挂牌的前200家企业，按每家挂牌企业20万元的奖励标准，由浙江股权交易中心对推荐机构予以奖励。奖励费用由省财政予以专项补助"。

（4）2012年3月28日，国务院常务会议决定设立温州市金融综合改革试验区，批准实施《浙江省温州市金融综合改革试验区总体方案》，引导民间融资规范发展，提升金融服务实体经济能力，为全国金融改革提供经验。

363. 浙江股交中心会员分为哪3类？其含义及职责是什么？

分为推荐商会员、专业服务商会员和战略会员3类，如图7－1所示。

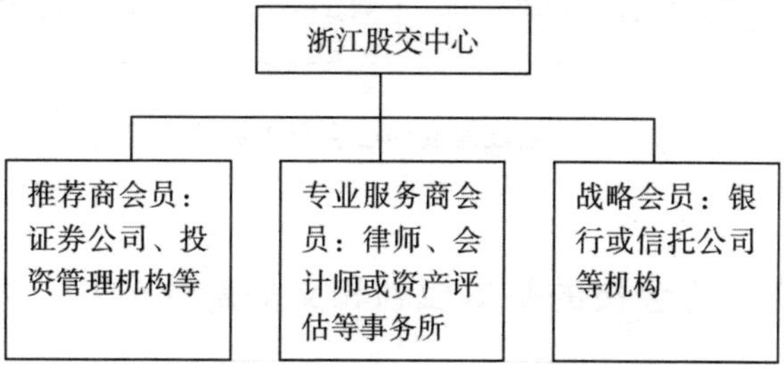

图7－1 浙江股交中心会员制分类结构简图

推荐商会员：依法批准设立的证券公司或投资管理机构，可从事推荐挂牌、定向增资、股份报价、代理买卖、私募债券承销、投资咨询等业务。

专业服务商会员：依法成立的律师事务所、会计师事务所或资产评估事务所，可从事法律、审计、验资、评估及其他专业服务。

战略会员：符合条件的银行或信托公司等机构，可从事定向增资、股份报价、债券承销、代理买卖、投资咨询、自营投资等业务。

364. 浙江股交中心会员的入会条件是什么？

申请成为浙江股交中心会员，应同时具备下列基本条件：

①依法设立的机构或组织；②具有良好的信誉和经营业绩；③认可并遵照执行本中心业务规则，按规定缴纳有关费用；④最近24个月不存在重大违法违规行为，且未受到监管部门或其他部门的行政处罚；⑤浙江股交中心要

求的其他条件。

365. 浙江股交中心会员入会时须提供哪些材料?

提交的材料主要有：入会申请书、自律承诺书、营业执照正本副本或其他合法执业证照（复印件加盖公章）、公司章程或设立协议（复印件加盖公章）、经审计最近一年财务报告（复印件加盖公章）；申请专业服务商会员，还应提交机构基本情况及相关业务人员资质证明材料。

366. 浙江股交中心会员入会流程是怎样的?

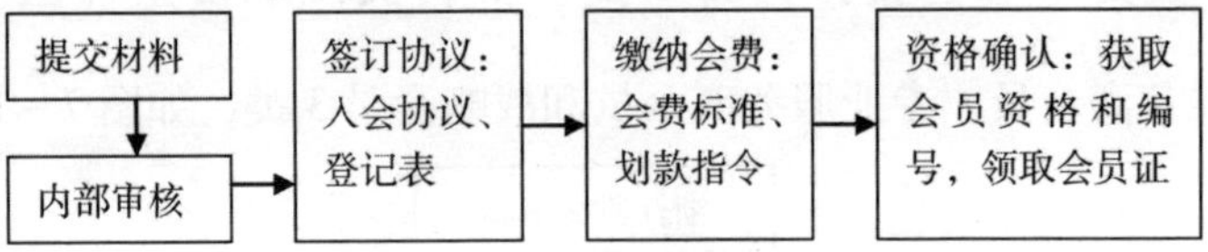

图7－2　浙江股交中心会员入会流程简图

367. 浙江股交中心会员的基本权利和义务是什么?

基本权利：①参加会员大会，并具有选举权和被选举权；②对本中心业务创新及产品开发的建议权与参与权；③开展推荐挂牌、私募债券承销、挂牌企业定向增资、代理买卖、股份报价、挂牌企业转境内外有关资本市场上市等业务，并得到本中心的指导；④参与本中心组织的市场推介和开发活动；⑤取得本中心的创新业务资格；⑥享受浙江股交中心提供的其他服务。

基本义务：①遵守法律法规、政策性规定及本中心相关业务规则；②依法依规开展业务，促进本中心与会员共同发展；③按时缴纳会费或监管服务费；④浙江股交中心规定的其他义务。

368. 申报设立浙江股交中心代理分中心的对象范围有哪些?

申报设立浙江股交中心代理分中心的对象有：①经浙江省政府批准设立或保留的产权交易机构；②各地公共资源交易中心；③由当地金融主管部门（金融办）推荐的其他机构。

369. 申报设立浙江股交中心代理分中心的条件有哪些？

①所在地政府已制定积极的企业挂牌、托管鼓励政策；②所在地政府或主管部门已制订推动企业改制的工作计划；③所在地市已有 5 家以上在本中心挂牌企业；所在县（市、区）已有 3 家以上在本中心挂牌企业；④配备 3 名以上专业人员；⑤有相对独立的营业场所；⑥具备开展业务需要的软硬件条件。

370. 浙江股交中心代理分中心申报材料有哪些？

①申请报告（包括机构、人员等基本信息）；②企（事）业法人营业执照副本（复印件、盖章）和组织机构代码证（复印件、盖章）；③机构章程（盖章）及上一年度会计报表；④相关专业人员的简历；⑤当地金融主管部门（金融办）的推荐函。

371. 浙江股交中心代理分中心的代理业务有哪些？

目前，全省的代理中心有 20 多个，主要有如下 3 方面的业务：

一是代理本中心托管、交易业务，为投资者提供开户或销户、办理股权交易、清算交割等业务；二是受理客户的咨询和投诉，指导投资者参与股权、债权投资；三是指导企业改制，协助本中心推荐商会员开展推荐企业挂牌等业务，或申请成为推荐商会员，从事推荐企业挂牌等相关业务。

第二节 “一市两板”市场构架特色及挂牌业务

372. 浙江股交中心“一市两板”的市场构架体系是什么？

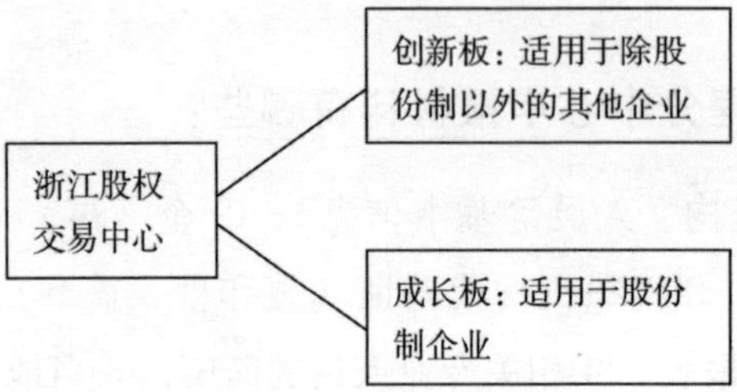

图7－3 浙江股交中心“一市两板”市场构架体系

373. 浙江股交中心创新板挂牌的特点及条件什么？

特点主要有6点：一是企业组织形式不限；二是无须股份制改制；三是无信息披露要求；四是挂牌手续便捷；五是成本费用低；六是进退自愿。

相对于成长板，此板块适用于除股份制以外的其他企业。挂牌条件：

（1）依法设立且存续期满1年。

（2）主营业务明确，具有持续经营能力。

（3）企业治理机制健全，合法规范经营。

（4）具有突出的创新优势和核心竞争力。

（5）浙江股交中心规定的其他条件。

374. 浙江股交中心为创新板挂牌企业提供的金融、财务服务有哪些？

主要有3方面的内容：

（1）银行融资；股权融资；私募债融资；股权托管、交易。

（2）股份改制和上市培育：企业改制为股份有限公司后进入成长板挂牌培育，或到沪、深交易所上市融资。

（3）财务顾问和企业管理、资本和市场等知识培训服务。

375. 企业在浙江股交中心创新板挂牌的具体流程？

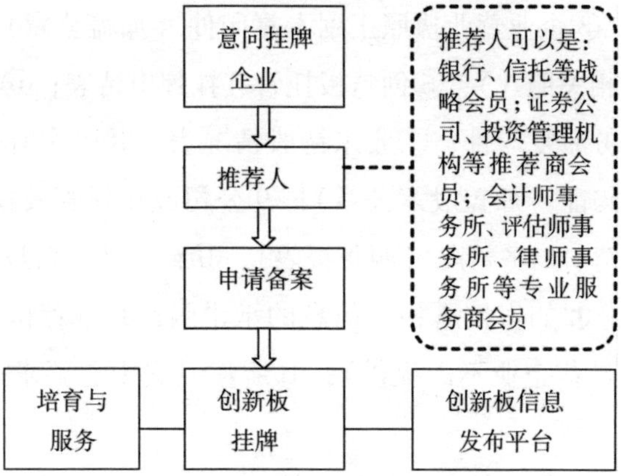

图 7－4　浙江股交中心创新板企业挂牌流程

376. 浙江股交中心创新板企业挂牌核准过程有哪些内容？

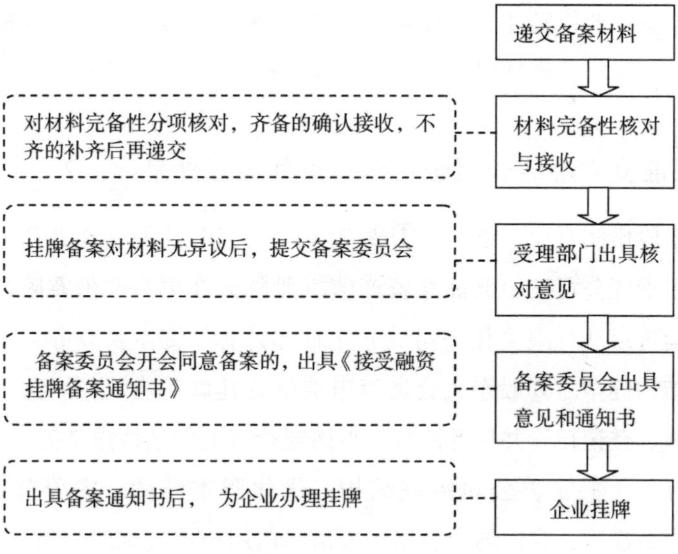

图 7－5　浙江股交中心创新板挂牌准过程

377. 浙江股交中心创新板企业挂牌备案材料有哪些?

创新板企业挂牌备案材料清单:①挂牌、股权托管的股东会决议;②《公司章程》;③企业营业执照正副本复印件(加盖公章);④创新板挂牌需求表(附企业相关照片);⑤创新板托管、挂牌申请表;⑥法定代表人授权委托书及双方身份证复印件;⑦股东持股情况表;⑧股东有效身份证件复印件或组织机构代码证(加盖股东公章);⑨公司股权托管及挂牌协议书两份;⑩企业的主要经营、财务情况(两张报表);⑪新产品、新技术、新模式等创新优势相关材料;⑫如实披露相关信息的承诺函;⑬推荐机构对申请挂牌企业的推荐材料(自荐企业不需提供);⑭浙江股交中心要求的其他文件(若有)。

所有材料需要一份原件和一份复印件。

378. 企业挂牌成长板后的融资形式有哪些?

主要包括4大方面:

股权融资:股权转让、定性增资;债券融资:私募债、集合债等;股权质押融资:股权定价增加银行授信;其他融资:券商、投资公司融资等。

379. 浙江股交中心成长板企业挂牌条件与好处是什么?

适用于股份制企业,条件:①成立满12个月且注册地在浙江的股份有限公司;有限责任公司按原账面净资产值折股整体变更为股份有限公司的,持续经营时间可以从有限责任公司成立之日起计算。②主营业务突出、股权清晰、治理结构健全。③股东大会通过申请融资挂牌的决议,同意企业到本中心融资挂牌、登记存管并接受监督,承诺履行有关信息披露义务。

挂牌好处:①完善公司治理结构:优化资本结构,完善公司治理等;②开辟融资新途径:定向增资、增加授信、信用贷款(如股权质押贷款)、私募债等;③股份流动性增强:股份溢价转让、股权退出机制等;④提升品牌价值:提升公司知名度,强化品牌影响;⑤实现股权激励:增强内部激励,提高管理效率,吸引优秀人才,提升可持续发展优势。

380. 企业在浙江股权交易中心成长板挂牌的具体流程是怎样的？

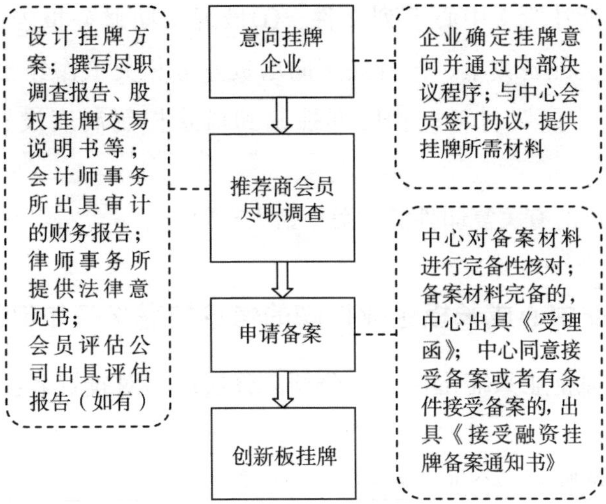

图 7－6　浙江股交中心成长板企业挂牌流程

381. 浙江股交中心成长板企业挂牌核准过程有哪些内容？

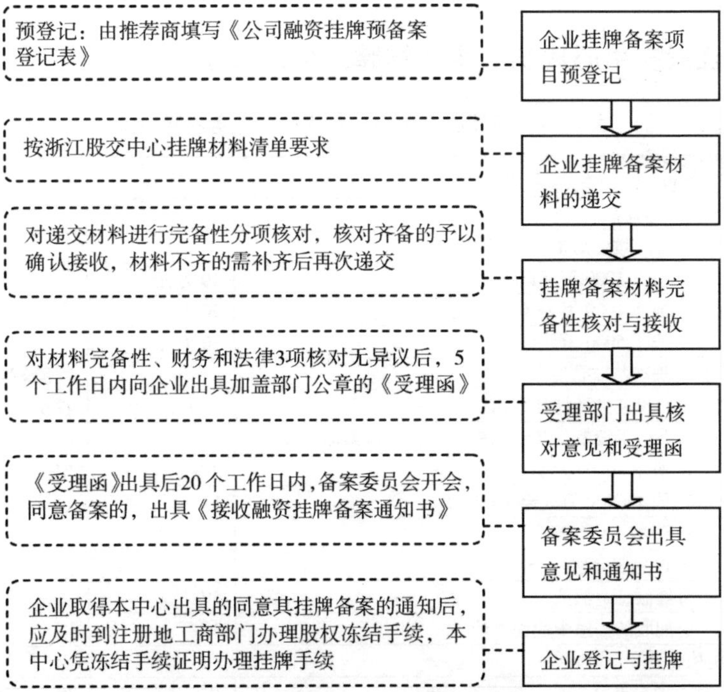

图 7－7　浙江股交中心成长板挂牌核准过程

382. 会员申请开展推荐挂牌业务应提交哪些文件？

应提交给浙江股交中心下列文件：①最近一期财务报告；②业务管理部门设置及人员配备方案；③开展定向增资业务相关工作经验的证明材料，专业人员的资质证明材料；④内部控制和风险控制制度设置及运作情况说明。

上述文件中的有关复印件需加盖申请人有效公章。

383. 浙江股交中心成长板企业挂牌的信息披露义务如何规定？

成长板挂牌企业只需定向、不公开、分层级的对投资者披露企业信息，主要披露事项：

一是股权挂牌前，企业应披露股权挂牌交易说明书、审计报告、法律意见书等。

二是股权挂牌后，挂牌企业应披露年度报告、半年度报告、重大事项临时报告等信息。

384. 浙江股交中心成长板企业挂牌的费用有哪些？

表7－1　浙江股交中心成长板挂牌业务收费明细

收费项目	金额	备注
一、浙江股交中心收费		现阶段，浙江股权交易中心为鼓励企业挂牌，暂定优惠政策
（一）挂牌费（按注册资本分档收取）		
1. 股本1000万元以下	10万元	
2. 股本1000万～5000万元	20万元	
3. 股本5000万元以上	30万元	
（二）信息披露与监管费		
每年每家进场挂牌公司	3万元	
（三）股权登记手续费（按注册资本比例分段累加收取）		
1. 股本5000万元（含）以下	2‰	
2. 股本5000万元至10000万元	1‰	
3. 股本10000万元以上	0.8‰	
（四）分红派息服务费		
分红派息金额的	5‰	
送配股的按送配股面额的	3‰	
二、中介机构收费		
（一）推荐商会员（券商、投资管理机构）	由双方协定	30万～80万元

续表

收费项目	金额	备注
（二）会计师事务所	由双方协定	8万～20万元
（三）律师事务所	由双方协定	5万～10万元
（四）其他（如资信评级机构；资产评估师）	由双方协定	

资料来源：浙江股交中心官网。

385. 浙江股交中心成长板企业挂牌享有哪些扶持政策？

挂牌企业作为上市后备企业，符合转板条件的，可按照中国证监会有关规定申请转板。对进入浙江股权交易中心挂牌的前200家企业，按每家挂牌企业20万元的奖励给推荐商会员。

省内各市、区、县对本区域内的挂牌企业分别有20万～100万元不等的政府专项奖励，以及税收、土地、培育上市等奖励政策（具体可咨询浙江股交中心或当地金融办）。

386. 浙江省外的企业可以在浙江股交中心挂牌吗？

浙江股交中心定位为区域性股权交易市场，只有在浙江省内注册的企业可以在该中心挂牌。

387. 为什么每个挂牌企业的股份委托基数不一样？

这是区域性股权交易市场非标准化、个性化的特色服务，各挂牌企业可根据注册资本、股东人数等因素，经董事会讨论确定企业挂牌后的股份委托基数。

388. 投资者开户后是否能参与所有挂牌企业股权的买卖？

挂牌企业中有部分企业只限于在原股东之间股权交易，这些企业将在公司股权转让特别提示中明确标识“原股东转让”。

第三节　报价业务及代理买卖业务

389. 浙江股交中心报价业务是什么？产品报价的好处有哪些？

浙江股交中心报价业务是指报价商按照有关规定，在浙江股交中心报价系统对经本中心备案的交易产品进行买入和卖出双向报价，以提供市场流动性的交易方式。产品报价的好处有：

对于产品自身而言，报价可以增加产品的流动性，扩大市场规模，便于投资者进出，提高产品的吸引力。

对于产品所在企业而言，产品报价尤其是股份上线报价，有利于扩大企业影响力，通过报价的价格发现功能，逐步实现企业股权的合理定价，利于企业股权融资功能的实现，进而帮助企业健康长远发展。

390. 浙江股交中心哪些产品可以上线报价？

经浙江股交中心备案后挂牌交易的股权、债权和其他权益类产品可以上线报价。其中股权包括拟上市企业板和成长板挂牌企业的股权，债权包括私募债、小贷定向债、可转债等，权益产品包括委托债权、PE份额和其他管理计划产品等。

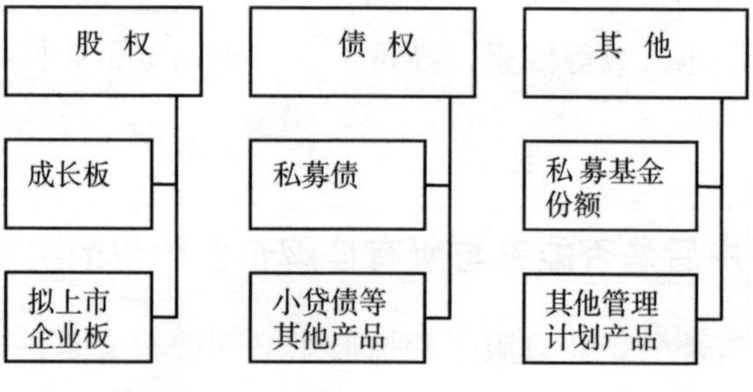

图7－8　浙江股交中心可上线报价的产品系列

391. 浙江股交中心报价规则一般性规定有哪些?

（1）数量起点：除债券为5万元之外，其他均不做明确限制，具体参照股权交易规则或挂牌说明书相关约定。

（2）买卖价差：最大买卖价差不得超过卖出价格的10%。

（3）涨跌幅度：股份最大涨跌幅度为前一交易日成交均价的50%。

（4）报价期限：股份报价期限不得低于1年。

（5）成交方式：价格优先、时间优先。

392. 浙江股交中心报价商的资格条件有哪些?

证券公司、银行、信托公司或经浙江股交中心认定的投资管理类机构等会员可以申请开展报价业务。报价商的资格条件有：

（1）财务指标：最近一期末经审计机构确认的注册资本和净资产均不少于人民币1000万元；最近一年度或一期财务报表未被注册会计师出具保留意见、否定意见或无法表示意见。

（2）公司能力及人员资质：具备一定的公司估值研究能力，具备开展股权、债券产品研究、投资咨询或资信调查等相关的工作经验，配备不少于3名具有投资经验或金融从业经验的人员，岗位设置合理、职责明确。

（3）信息技术和其他：具备健全的风险管理、内部控制体系，建立完善的信息保密与防火墙制度。

（4）浙江股交中心规定的其他条件。

393. 会员申请报价商资格需要提交哪些材料?

符合浙江股交中心条件的会员开展报价业务应当提供以下材料报备案（有关复印件需加盖申请人有效公章）：

①报价业务申请表；②经审计机构审计的最近一期财务报告；③股东（大）会或董事会关于申请开展报价业务的决议；④业务管理部门设置及人员配备方案；⑤具备一定企业估值能力、债券及其他产品研究能力的材料说明，专业人员的资质证明材料；⑥最近1年无违法和重大违规行为的书面说明；

⑦内部控制和风险控制制度设置及运作情况说明；⑧浙江股交中心要求提交的其他材料。

394. 浙江股交中心报价商报价业务流程是什么？

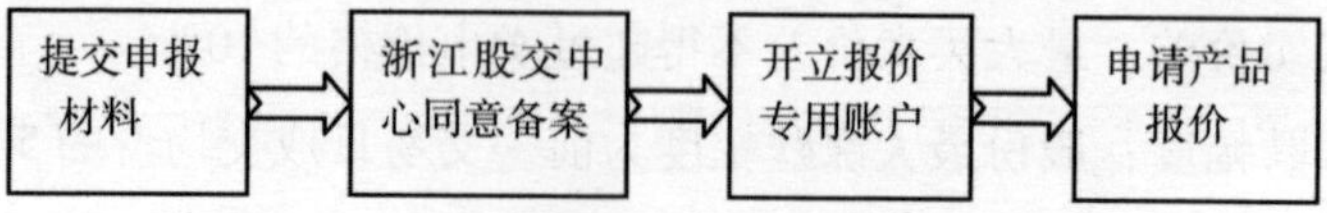

图 7－9　浙江股交中心报价商报价业务流程

395. 报价商可选择的报价类型有哪两种？该如何操作？

浙江股交中心报价商经审核后可享受相应的手续费优惠标准。可选择的报价类型有代理报价和自主报价。

（1）代理报价：买卖价差归属于产品持有人。

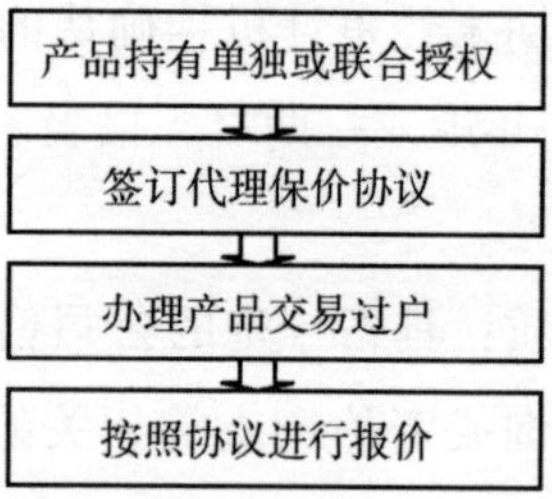

图 7－10　浙江股交中心代理报价流程

（2）自主报价：买卖价差归属于报价商。

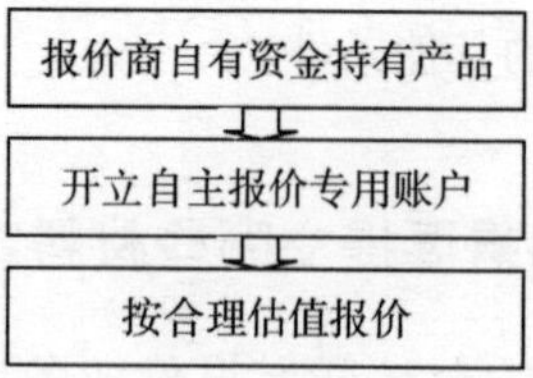

图 7－11　浙江股交中心自主报价流程

396. 会员代理买卖业务的模式有哪些？

有三种模式：介绍模式、二级模式、柜台模式。

介绍模式是指会员向中心介绍合格投资者，并提供账户管理、委托交易和投资咨询等服务。二级模式是指会员在本中心拥有独立席位，并提供账户管理、委托交易、登记、清算交收、派息和投资咨询等服务。柜台模式是指券商会员具备柜台系统或经浙江股交中心认定的其他系统，并为投资者提供账户管理、委托交易、登记、清算交收、派息、投资咨询和柜台成交等服务。

397. 哪些会员可以申请从事代理买卖业务?

申请从事代理买卖业务的会员，应当为依法批准设立的证券公司、基金公司、银行、信托等金融机构，或经浙江股交中心认定的具备下列条件的投资管理机构：

①最近一期末经审计机构审计的注册资本和净资产原则上均不少于人民币 2000 万元；②具有证券交易从业资格的人员不少于 5 人；③已制定开展代理买卖业务的实施方案和业务规则；④具备必要的信息技术条件和相对独立的营业场所；⑤浙江股交中心规定的其他条件。

398. 会员申请代理买卖业务需要递交哪些材料?

主要有：①代理买卖业务申请文件；②代理买卖业务管理部门设置及人员配备方案；③专业人员的资质证明材料；④开展代理买卖业务的实施方案；⑤开展代理买卖业务的软硬件配置；⑥代理买卖业务管理制度和风险管理制度；⑦浙江股交中心要求的其他文件。

399. 会员如何履行投资者适当性管理的职责义务?

会员应了解投资者的身份、财产与收入状况、证券投资经验、风险偏好、投资目标等相关信息，有针对性地进行风险揭示、投资者培训、投资者教育等工作，引导投资者在充分了解本中心市场特性的基础上开通和参与交易。

400. 交易出现哪些重大技术事故时，会员须立即向中心报告?

①会员相关交易品种交易出现严重异常；②会员无法正常交易情形达 15 分钟以上；③其他严重影响交易的事故。

401. 发生何种情形时会员将被取消代理买卖资格？

依法被停业整顿、撤销、解散或宣告破产；存在重大违法、违规行为；严重违反中心相关业务规则，对中心造成损失；中心认定的其他情形。

第四节　定向增发及投资者适当性管理

402. 挂牌企业在浙江股交中心如何进行定向增资？

根据浙江股交中心的有关规定，挂牌企业拟进行定向增资，应委托一家可以从事定向增资业务的推荐商会员（或战略会员），作为定向增资财务顾问，同时聘请具有浙江股交中心会员资格的专业服务商为其定向增资提供有关专业服务。

403. 浙江股交中心挂牌企业定向增资应具备哪些条件？

根据浙江股交中心的有关规定，需要具备的条件有：①规范履行信息披露义务；②最近一年财务报表未被注册会计师出具保留意见、否定意见或无法表示意见的审计报告；③不存在挂牌企业权益被控股股东或实际控制人严重损害且尚未消除的情形；④现任董事、监事、高级管理人员对企业勤勉尽职地履行义务，不存在尚未消除的损害挂牌企业利益的情形；⑤不存在其他尚未消除的严重损害股东合法权益和社会公共利益的情形。

404. 推荐商会员开展定向增资业务需要做什么？

根据浙江股交中心的有关规定，会员开展定向增资专业服务前，应向中心报送预备案登记表。会员应针对每家拟定向增资的挂牌企业成立专门项目小组，负责尽职调查，起草尽职调查报告，制作备案文件等材料。

项目小组应由推荐商会员至少3名内部人员组成，其中须包括具有金融、财务和法律知识或相关工作经验的人员。项目小组中应有 1 人为项目负责人，对项目负全面责任。项目负责人应具有 2 年以上（含 2 年）证券、银行等金融业相关工作经验。

会员应对定向增资的必要性，增资价格的合法性、合理性和公允性，募投项目资金需求量、可行性和收益前景等事项勤勉尽职地开展尽职调查工作，督促拟定向增资的挂牌企业及时披露信息并保证披露信息的真实、准确、完整。

会员完成尽职调查工作后，应出具尽职调查报告，项目负责人应在尽职调查报告上签名，并对其负责。

405. 会员开展定增业务时，应向中心报送经内部审核后的哪些文件？

根据浙江股交中心的有关规定，应报送备案的文件包括但不限于如下资料：

①挂牌企业定向增资备案申请文件；②挂牌企业定向增资说明书；③董事会、股东大会有关定向增资事项的决议及股东大会授权董事会处理有关事宜的决议；④挂牌企业定向增资涉及国有资产管理、外资管理、环境保护、土地管理等事项，取得的有关部门批准文件；⑤会员与挂牌企业就定向增资事宜签订的协议；⑥挂牌企业定向增资尽职调查报告；⑦挂牌企业经具有中心专业服务商会员资格的会计师事务所审计的最近一期年度审计报告和最近一期财务报告；⑧挂牌企业盈利预测审核报告，盈利预测期间为定向增资完成当年及下一个会计年度；⑨定向增资用途说明书；⑩会员自律情况说明；⑪会员对挂牌企业定向增资备案文件电子文件与书面文件保持一致的声明；⑫挂牌企业全体董事、监事、高级管理人员对相关备案文件不存在虚假记载、误导性陈述或重大遗漏，并对其真实性、准确性、完整性承担个别和连带的法律责任的承诺；⑬浙江股交中心要求的其他文件。

406. 挂牌企业定向增资的储架发行有何规定？

根据浙江股交中心的有关规定，挂牌企业申请定向增资，可申请一次备案，分期融资。自浙江股交中心出具《接受定向增资备案通知书》之日起，挂牌企业应当在 3 个月内实施首期融资，剩余数量应当在 12 个月内融资完毕。超过备案文件限定的有效期未融资的，须重新备案。首期融资数量应当不少于总融资数量的50%，剩余各期融资的数量由挂牌企业自行确定，每期定向增资后5个工作日内将融资情况报浙江股交中心，并予以披露。

407. 定增完成验资后，会员应向浙江股交中心报送哪些文件？

根据浙江股交中心的有关规定，应报送加盖挂牌企业公章的下列文件：

①挂牌企业定向增资结果报告书；②验资报告；③挂牌企业与认购人签署的认购协议；④新增股东名单及股东身份证明文件；⑤会员对挂牌企业定向增资出具的专项意见；⑥挂牌企业向中心申请股权登记的文件；⑦会员对挂牌企业定向增资备案文件电子文件与书面文件保持一致的声明；⑧工商变更登记表；⑨企业章程修订案；⑩新的营业执照复印件；⑪股权限售情况说明；⑫法定代表人授权办理股权登记的委托书；⑬中心要求的其他文件。

408. 挂牌企业就定增事宜的信息披露有何要求？

根据浙江股交中心的有关规定，挂牌企业应在董事会通过本次定向增资决议之日起第一个工作日内，披露董事会决议和定向增资说明书。董事会决议公告中应注明，定向增资方案须经股东大会通过并获得中心同意后生效。

申请备案的挂牌企业及豁免向中心申请备案的挂牌企业应在完成定向增资后2个工作日内，披露定向增资报告书。申请分期融资的挂牌企业应在每期融资完成后，并在全部融资结束或者超过备案文件有效期后的2个工作日内，披露定向增资报告书。挂牌企业应在年度报告中披露定向增资募集资金的使用情况。

409. 定向增资说明书应包括的内容有哪些？

根据浙江股交中心的有关规定，定向增资说明书应包括但不限于下列内容：

①增资的股权种类及数量；②增资价格或价格区间及定价依据；③向本次定向增资前股权登记日在册股东优先配售增资股权的方案；④定向增资新增意向认购人名单、基本情况、与挂牌企业及主要股东的关联关系；⑤意向认购人

出资方式，以非货币资产出资的，说明该资产的基本情况、评估情况、交易价格、定价依据以及该资产对挂牌企业的必要性；⑥本次募集资金用途及募投项目是否有利于挂牌企业长远发展，是否符合国家产业政策或有关国有资产管理、外资管理、环境保护、土地管理等法律法规，是否获得相关部门批准；⑦前次募集资金的使用情况（如有）；⑧防止增资后股东累计超过200人的措施；⑨新增股权的登记及限售安排；⑩本次增资前滚存未分配利润的处置方案。

410. 定向增资报告书包括的内容有哪些?

根据浙江股交中心的有关规定，定向增资报告书应包括但不限于下列内容：

①定向增资股权的种类和数量；②定向增资价格及定价依据；③定向增资前挂牌企业原有股东优先认购的情况；④募集资金情况、用途及相关管理措施；⑤前10大认购人情况及认购股权数量；⑥定向增资后股东人数；⑦定向增资后股本变动情况；⑧定向增资后主要财务指标变化；⑨定向增资股权的登记限售情况。

411. 浙江股交中心机构合格投资者的条件有哪些?

浙江股交中心合格机构投资者需要符合以下条件之一：

①经有关金融监管部门批准设立的金融机构；②经中心同意，金融机构面向投资者发行的金融产品，包括但不限于：银行理财产品、信托产品、基金产品、证券公司资产管理产品；③法人企业；④合伙企业；⑤经中心认可的其他机构投资者。

412. 自然人投资者有哪两类？各自条件是什么?

浙江股交中心自然人投资者分为一类合格个人投资者和二类合格个人投资者。

一类合格个人投资者条件：①具有完全民事行为能力；②愿意接受投资风险，且风险承受能力评估得分不低于80分；③提供个人名下各类金融资产总额不低于人民币30万元的证明。

自然人投资者提供的金融资产证明包括：最近3个月内的银行存款、股票、股权、基金、期货权益、债券、黄金、理财产品（计划）证明；第二套房产证明；最近一年内的价值超过30万元的汽车购买证明；中心认可的其他金融资产证明等。

二类合格个人投资者条件：①具有完全民事行为能力；②愿意接受投资风险，且风险承受能力评估得分不低于80分。

413. 浙江股交中心对投资者认购产品有何规定？

（1）机构投资者及一类合格个人投资者可以参与认购、交易下列挂牌产品：私募债券、小贷债、挂牌企业股权、众筹产品和中心认可的其他权益产品。

（2）二类合格个人投资者可以参与认购、交易众筹产品。二类合格个人投资者参与认购众筹产品，当年累计投资金额不得超过5万元。其中投资股权众筹产品每次投资金额最高不超过3万元。

（3）投资者参与认购、交易挂牌产品前应书面或电子签署《投资者风险揭示书》、《投资者协议》等。

414. 投资者适当性管理的其他规定有哪些？

①投资者参与权益产品交易，除符合投资者适当性管理规则规定外，还应符合《挂牌交易说明书》规定的条件。②企业挂牌前的股东、通过定向增发、股权激励持有股份的股东及挂牌前的权益持有人，如不符合合格投资者规定的，只能交易其持有或曾持有的挂牌产品。③因继承或司法裁决等原因持有股份的股东及权益持有人，如不符合合格投资者规定的，只能交易其持有或曾持有的挂牌产品。④法律法规对投资主体投资挂牌产品有限制性规定的，遵照其规定。⑤浙江股交中心有权根据市场情况调整各类投资者的投资金额限额。

415. 浙江股交中心投资者适当性管理如何实施？

代理机构应当采取多种方式和途径开展投资者教育，帮助投资者熟悉中心挂牌产品及相关规则，提示参与认购、交易可能面临的风险。代理机构应当谨慎审核投资者开户、交易权限申请，向投资者充分揭示挂牌产品认购、交易风险。

代理机构发现投资者存在异常交易行为时，应当根据相关规定及时提醒客户，并采取口头或书面警示等监管措施。对出现异常交易行为的投资者，中心可以限制其交易，代理机构应当予以配合。投资者应当配合代理机构的投资者适当性管理工作，如实提供申报材料。投资者不予配合或提供虚假信息的，代理机构可以拒绝为其办理认购挂牌产品、开通交易等相关业务。投资者应当遵守“买卖自负”的原则，不得以不符合投资者适当性标准为由拒绝承担交易履约责任，或拒绝承担投资风险。

代理机构应做好投资者信息保密工作。除依法配合企业、发行人查询或司法机关调查外，不得受理其他机构（人）的查询。代理机构应妥善保存投资者档案材料，保存期为15年。

代理机构应当为投资者提供合理的投诉渠道，指定专门部门受理投诉，妥善处理与投资者的矛盾和纠纷。

416. 浙江股交中心投资者适当性自律管理的措施有哪些?

代理机构应当配合中心对其投资者适当性管理执行情况进行检查，如实提供投资者开户资料、资金账户情况等信息，不得隐瞒、阻碍和拒绝。其违反有关规定的处理措施有：①谈话提醒；②信函通报；③暂停代理业务；④取消代理机构资格。

代理机构工作人员违反有关规定的处理措施有：①谈话提醒；②通报批评；③暂停业务资格；④取消业务资格。

第五节　股权质押、债券产品及备案发行

417. 浙江股交中心有哪些融资项目?

浙江股交中心的融资项目有定向增资、股权转让、资产权益、债券融资、优先股融资和股权质押融资等。

其中，债券融资包括：民生类私募债、小贷公司定向融资和中小企业私募债券。

418. 浙江股交中心融资中的股权质押冻结流程是怎样的？

质押冻结对象：股东出质登记部分的股权。

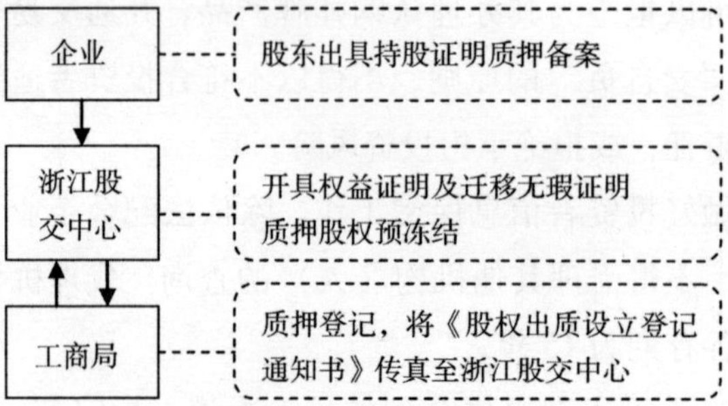

图7－12　浙江股交中心融资的股权质押流程

419. 浙江股交中心融资中的股权质押解冻流程是怎样的？

质押解冻对象：股东出质登记部分的股权（融资原因被冻结）。

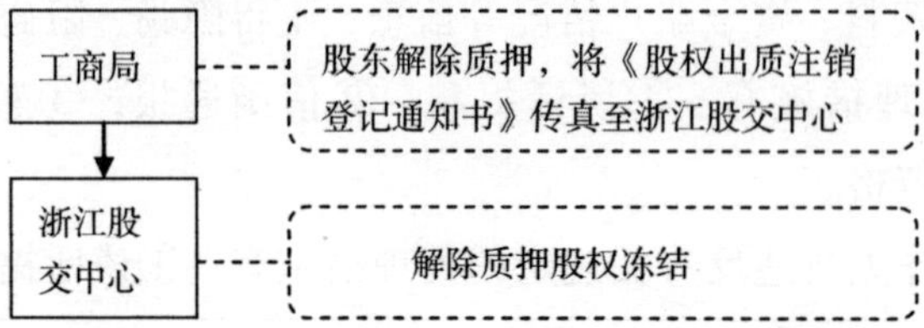

图7－13　浙江股交中心融资的解除股权质押流程

420. 浙江股交中心股权质押融资中质押冻结需要哪些资料？

质押冻结所需资料：

个人股东：身份证及股东账户卡原件。

法人股东：①公司营业执照正、副本复印件（加盖公章）；②法定代表人授权委托书（加盖公章及法人私章）；③法定代表人身份证复印件；④经办人身份证原件及复印件；⑤股东账户卡原件。

421. 浙江股交中心发行债券产品政策背景和原因是什么？

浙江股交中心开展私募债业务，是为了引导民间资金通过合法的途径，进入实体经济，促进民间金融的规范化以解决一直困扰着浙江经济发展的“两多两难”问题。其政策背景是：

（1）《关于规范证券公司参与区域性股权交易市场的指导意见（试行）》（证监会公告〔2012〕20号）明确指出，区域性市场是为市场所在地省级行政区域内的企业特别是中小微企业提供股权、债券的转让和融资服务的私募市场，接受省级人民政府监管。

（2）浙江省人民政府办公厅发布的《关于推进股权交易市场建设的若干意见》（浙政办发〔2012〕129号），明确了浙江股权交易中心的市场职能，并在拓宽挂牌企业的融资方式中明确提出支持符合条件的挂牌企业发行、转让私募债、集合债、集合票据、短期融资券、中期票据等各类融资产品，拓宽融资渠道。

（3）浙江省人民政府金融工作办公室于2012年10月12日发布了《关于印发浙江股权交易中心管理办法（试行）的通知》，其中第五章第四十二条对债权和私募债券做了如下定义：债权是指私募债券等债权类金融产品。

（4）《温州市金融综合改革试验区总体方案》第八条提出要积极发展各类债券产品。浙江股交中心作为温州金改的重要平台，致力于推动更多企业尤其是中小微企业通过债券市场融资。

422. 浙江股交中心发行债券产品的优势是什么？

主要体现在4个方面：

一是发行条款设置灵活；二是发行流程简便；三是发行主体要求较低；四是多元化的承销商。

423. 浙江股交中心以非公开方式发行的债券产品有哪些？

私募债指在中国境内以非公开方式发行和交易，约定在一定期限还本付息的公司债券。

目前浙江股交中心以非公开方式发行的债券产品有2种：私募债（含民生工程类）和小贷债。

424. 浙江股交中心债券产品发行的要素有哪些，汇总情况如何？

表7－2　浙江股权交易中心债券产品发行要素

	中小企业私募债	小贷债	私募债（民生工程类）
备案制	1. 发行前由承销商会员向中心备案，中心对备案材料进行完备性核对； 2. 材料完备的，中心自接受材料之日起5个工作日内出具《受理函》； 3. 小贷款债和私募债（民生工程类）自中心受理后20个工作日内出具《接受备案通知书》		
发行方式	取得备案通知书后，6个月内完成发行（非公开方式发行）； 可以单独发行，也可由2个以上的发行人以集合方式发行（民生工程类）		
发行主体	省内中小企业	浙江省内依法设立的小额贷款公司	浙江省内注册成立的发起人，为推动地方民生工程建设，在中国境内以非公开方式发行和交易，约定在一定期限内还本付息的公司债券
发行条件	浙江股交中心的相关规定（详见第425～427问）		
期限要求	期限灵活，1年以上（可一次备案分次发行）		
利率	发行利率不得超过同期银行贷款基准利率的3倍		
投资者	1. 投资者不超过200人；2. 符合条件的机构和个人投资者均可参与		

资料来源：此表来源于浙江股权交易中心官网。

425. 浙江股交中心发行私募债的条件是什么？

浙江股交中心发行中小企业私募债的条件是：

①发行人是中国境内注册的有限责任公司或者股份有限责任公司；②发行人对还本付息的资金安排有明确的方案；③有关法律法规或监管部门对特殊行业的发行人有限制性规定的，遵照其规定；④浙江股交中心规定的其他条件。

426. 浙江股交中心发行私募债（民生工程类）的条件是什么？

①由地方政府及其部门或机构、所属事业单位等通过财政拨款或注入土地、股权等资产设立，具有政府公益性项目投融资功能，并具有独立企业法人资格的经济实体；或以民生工程投融资为主的地方国有企业、国有控股公

司、具有政府特许经营权等企业。银监会监控名单所列平台公司不在此列。②承担公益性项目建设的，公司应有稳定经营性收入并主要依靠自身收益来偿还债务（偿债资金70%（含）以上来源于发行人自身收益）。发行人对还本付息的资金安排有明确方案。③私募债（民生工程类）所募资金，应主要用于对经济社会发展和改善人民群众生活具有重要作用的项目。④发行人对还本付息的资金安排有明确方案。⑤提供充足的增信措施（如有）。⑥浙江股交中心规定的其他条件。

427. 浙江股交中心发行小贷债的条件是什么？

①成立时间累计在24个月以上；②发行人在浙江省金融办的年度考核评级中连续2年保持在A（含）以上；③发行人对还本付息的资金安排有明确方案；④发行人发行定向债的规模，不得超过发行时公司资本净额的100%，若存在银行借款、关联方借款、同业拆借的，扣减相应发债规模；⑤浙江股交中心规定的其他条件。

428. 浙江股交中心私募债备案服务的流程是什么？

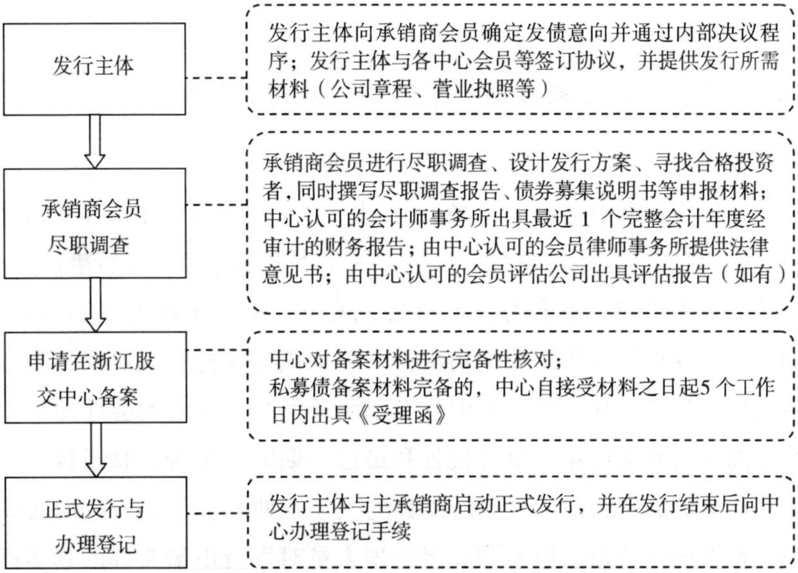

图7－14　浙江股交中心私募债备案服务流程

429. 浙江股交中心私募债券备案受理过程有哪些事项和工作?

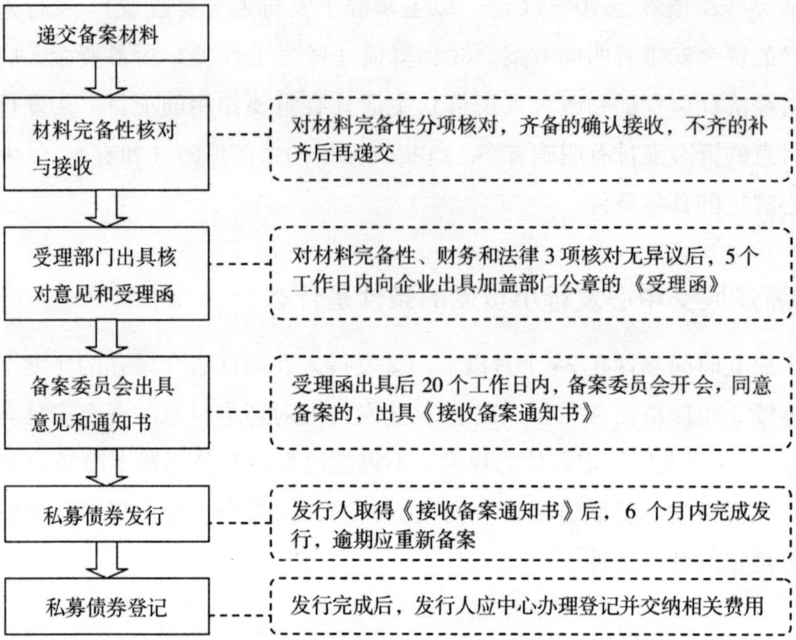

图 7－15　浙江股交中心私募债券备案受理过程

430. 浙江股交中心私募债券备案清单材料有哪些内容?

浙江股权交易中心私募债券备案材料清单：

①私募债券备案申请函；②备案登记表；③发行人企业章程及营业执照（副本）复印件；④发行人内设有权机构关于本期私募债券发行事项的决议；⑤私募债券承销协议；⑥私募债券募集说明书；⑦承销商的尽职调查报告；⑧本期私募债券意向发售对象的情况；⑨私募债券受托管理协议；⑩私募债券持有人会议规则；⑪经具有本中心专业服务商会员资格的会计师事务所出具的最近两个完整会计年度审计报告和最近一期财务报告；⑫经具有本中心专业服务商会员资格的律师事务所出具的关于本期私募债券发行的法律意见书；⑬发行人全体董事、监事和高级管理人员对发行申请文件的真实性、准确性和完整性的承诺书；⑭备案材料相关机构联系表；⑮浙江股交中心要求的其他文件。

所有材料均需原件一份，复印件三份。

431. 哪些会员机构可以在浙江股交中心开展私募债承销业务?

一是经国家金融管理部门依法批准设立的证券公司等金融机构；二是经本中心认定、具备《浙江股权交易中心私募债券承销业务细则（试行)》中规定相应条件的投资管理机构。

432. 会员机构申请开展私募债业务应提交哪些文件?

① 经审计机构审计的最近一期财务报告（设立未满一年的，应提交最近一次验资报告)；②私募债券承销业务管理部门设置、试点实施方案和健全的业务规则及人员配备方案；③开展债券承销相关工作经验的证明材料，专业人员的资质证明材料；④内部控制和风险控制制度设置及运作情况说明。

上述文件中的有关复印件需加盖申请人有效公章。

CHAPTER8 第八章

前海股交中心模式特色及投融资特点

第一节　前海股交中心的特色

433. 运行1年挂牌展示企业突破3200家的区域股权交易市场是哪个?

前海股权交易中心（以下简称“前海”），是一家投行与地方结缘的场外交易市场，广东省区域性股权交易市场的核心组织机构，位于深圳前海深港现代服务业合作区，注册资本5.55亿元。

前海最大的特色是政府支持、券商主导、市场化运作、公司化运营和职业化管理。公司在股东结构上引入了国内3家顶级证券公司——中信证券、国信证券、安信证券，力求打造一个与沪深交易所完全不同的新型资本市场。前海利用互联网平台资源，为广大处于初创和发展阶段、尚未走入沪深交易所的中小微企业，提供私募、个性、定制化的金融解决方案，在商业银行和沪深交易所之外，开辟另一个新型融资渠道，帮助企业实现成长梦想。

前海于2012年5月15日揭牌，2012年12月6日完成增资扩股，2013年5月30日正式运营，首批挂牌展示的企业总数达到1200家。到2013年12月31日，前海中心挂牌企业数量达到2791家；到2014年5月31日累计挂牌数量为3281家。

前海2014年的挂牌展示企业最低目标为5000家，计划6年达到1万家企业挂牌，但前海高层更希望在2015年达到2万家。

434. 前海股权交易中心的愿景、使命是什么？

对于一些企业来说，愿景、使命虽然往往流于形式，实际上很重要，是股东和公司核心价值的展示。

愿景：建造一个服务实体经济、联结企业与资本的场外资本市场；构筑一个自然有序、和谐共生的新型金融生态部落。

使命：化解“中小企业多，融资难；社会资金多，投资难”的现实困境，帮助企业实现成长梦想。

435. 前海的两点定位与服务模式是什么？

两点定位：①在沪深交易所、商业银行之外，提供一个中小企业的新型融资平台；②构建一个开放、对等、互赢、互利、互动、共赢的网上部落。利用互联网技术把各企业和投资人面对面地联系在一起。

服务模式：创业企业在前海股权交易市场挂牌之后，可以凭私募和直销的方式发债、发股融资，灵活、简便、高效、低成本地筹集所需资金。投资者可以找到大量第一手投资机会。

436. 前海拟打造的“5 个中心”是什么？

一是中小企业私募产品登记托管中心；二是中小企业的挂牌展示中心；三是成为中小企业债权或是产品设计方式融资中心；四是中小企业直接融资，或者是自助股权融资的中心；五是期待成为一个中小企业培训咨询中心。

437. 前海的 4 大特色是什么？

前海提出的 4 大特色是：

（1）进场低门槛：符合“3211”挂牌标准的公司，都可以在中心挂牌。

（2）融资低费用：为企业定制的私募和直销方式发债、发股融资，节省大量保荐费、承销费、广告费、公关费；同时，还大大降低了企业排队上市的机会成本。

（3）挂牌无审批：秉承“市场自治、规则公开、卖者有责、买者自负”

的原则，企业只需达到中心设定的基本标准，即可申请挂牌，无须行政审批，致力营造企业家与投资者各取所需、和谐共生的良好环境。

（4）培训无止境：中心向深圳市政府申请设立“中小企业发展基金”，为创业企业量身定制系列培训课程和咨询项目，并聘请海内外一流专家授课，帮助创业企业提升管理、实现跨越。

438. 前海“十无”业务模式指什么？

前海提出的“十无”业务模式为：

①无行政审批；②无登记托管费用；③无原有企业形态改变；④无行业限制；⑤无强制性信息披露；⑥无一级/二级市场严格划分；⑦无发行批次、批量、方式限制；⑧无交易时间限制；⑨无上市阻隔；⑩无止境为企业提供培训。

439. 前海与其他市场的7点不同是什么？

前海不同于其他市场之处是：

（1）企业融资成本低廉。

（2）“7×24”运作，无严格的时间限制。

（3）互动、对价。交易所市场强调时间优先、价格优先，场外市场是一个互动、对价的过程。

（4）客户定制。企业可以根据需要适时、灵活地筹措资金，不必像交易所一律批量发行。

（5）大量投资标本选择。前海的目标是6年达到1万家企业挂牌，提供给投资者比直接走企业更为灵活的选择。

（6）保护企业核心机密。不像交易所市场实行强制信息披露制度，企业信息只需对投资人定向披露。

（7）合作共赢。场外市场不关注交易，摒弃炒作，没有严格的一级、二级市场划分，也没有严格的隔离墙制度，目的是把市场构建成一个合作共赢的部落。

第二节　前海挂牌、股权登记托管与转让见证

440. 如何界定前海挂牌的概念？

前海的企业挂牌是指符合前海股权交易中心挂牌条件的企业，申请在该中心网站向投资者展示其企业信息，并由该中心提供信息展示服务的行为。

企业挂牌主要目的是通过本中心平台全面、充分展示企业自身竞争优势和投资亮点，发掘投融资机会。企业可展示的信息包括但不限于公司基本信息、股东情况、竞争优势、产品与服务、行业发展状况、管理团队、发展规划及融资需求等信息。企业可结合自身情况决定展示内容的详尽程度，为充分展现企业投资价值，前海中心鼓励挂牌企业充分、全面、客观地展示信息。

441. 什么是前海“3211”挂牌标准？

在中心挂牌要求企业存续期满 1 年，有限责任制公司整体变更可连续计算。并满足下列标准之一，即“3211”挂牌标准：

（1）最近 12 个月的净利润累计不少于 300 万元。

（2）最近 12 个月的营业收入累计不少于 2000 万元；或最近 24 个月营业收入累计不少于 2000 万元，且增长率不少于 30%。

（3）净资产不少于 1000 万元，且最近 12 个月的营业收入不少于 500 万元。

（4）最近 12 个月银行贷款达 100 万元以上或投资机构股权投资达 100 万元以上。

442. 前海企业挂牌的主要流程有哪些？

根据前海股权交易中心网站提示：

（1）企业登录本中心网站注册界面，获取企业的用户名和密码。

（2）企业凭用户名和密码登录本中心网站，根据网站提示提交电子版申请文件，并填报需展示的企业信息。

（3）网上提交的申请文件通过本中心校验并收到本中心通知后，企业报送全套书面申请文件。

（4）书面申请文件通过本中心校验后，本中心与企业签署《企业挂牌服务协议》。

（5）签署《企业挂牌服务协议》后，本中心确定挂牌企业的代码，安排企业挂牌展示，为其提供信息展示服务。

443. 前海股权登记的内容是什么？

根据前海相关规则，登记是指前海作为有公信力的独立机构依法接受深圳地区非上市股份公司、有限责任公司、合伙企业的委托，代理其通过设立和维护持有人名册确认持有人持有对应股份、股权、份额事实的行为。

深圳地区非上市股份公司首次将其股份在前海登记或其后实施股份定向发行、配股等行为的，应当及时向前海申请办理股份的初始登记；已在前海办理登记的深圳地区非上市股份公司股份涉及变更的，包括股份转让、司法扣划、行政划拨、继承、赠予、依法进行的财产分割、质押等行为，应当及时向前海申请办理股份的变更登记。全国范围内的有限责任公司、合伙企业可自由选择是否在前海办理对应股权、份额的登记。非深圳地区非上市股份公司须在本地相关机构办理登记。

前海同时办理在本中心发行备案私募债的登记。

444. 前海的股权登记服务对象有哪些？

根据前海相关规则，股权登记托管业务目前适用于深圳地区的股东人数在200人以下的非上市股份公司、全国范围内的有限责任公司、合伙制企业。已在其他股权托管机构办理了股份登记托管的公司，申请在前海办理股份登记业务前应首先在其托管机构办理终止股份登记托管。

债权登记托管业务目前适用于前海发行的各类私募债券。

445. 前海股权托管的内容是什么?

根据前海相关规则，托管是指前海作为有公信力的独立机构依法接受非上市股份有限公司、有限责任公司、合伙企业的委托，对客户股权、债权及其他权益类产品进行安全保管，并提供账户管理、协议转让、清算交收、信息查询等服务的业务。

已在前海进行登记的非上市股份有限公司、有限责任公司、合伙企业的股东或份额持有人，默认开通中心客户账户，对其持有的股权、份额、债权等资产进行预托管，股东或份额持有人通过确认手续进行激活，签署相关协议完成托管。

446. 前海股权登记托管的特色是什么?

（1）一站式服务：

权益资产登记托管服务；转让交易资金监管服务；股权变更工商代办服务；受益分派财税咨询服务。

（2）VIP 服务：

转让标的额 1000 万元以上或中心挂牌上市公司；上门收缴资料服务；专人预审材料；优先享受本中心综合金融服务。

447. 前海股权登记的业务流程是什么?

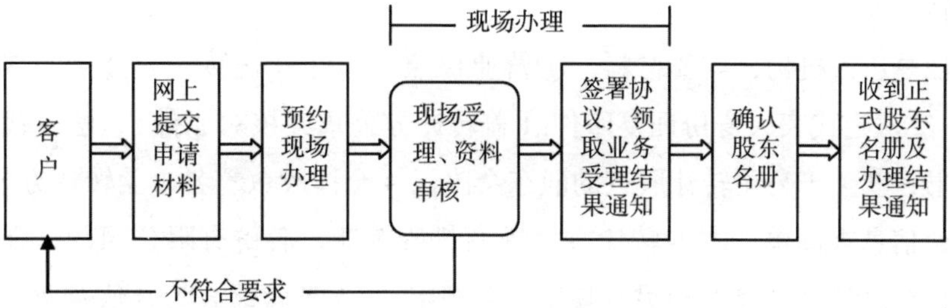

图 8－1　前海股交中心股权初始登记流程

448. 前海股权托管的业务流程是什么？

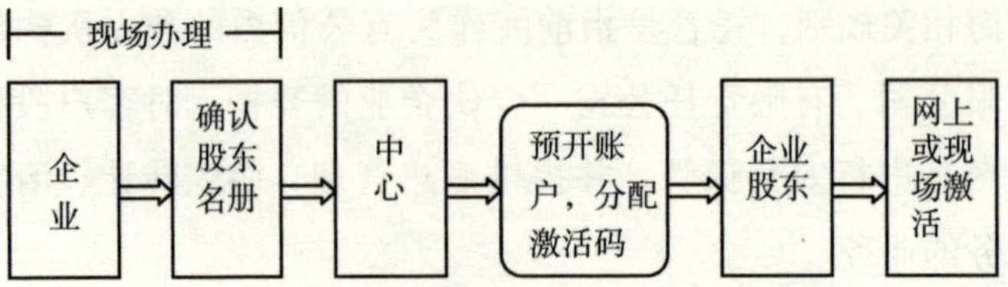

图8－2 前海股交中心股权预托管流程

449. 前海股权转让见证业务服务特色是什么？

一是提前预约，即到即办：客户通过网站和电话预约后，现场无须排队等待，可直接办理。

二是凭邀约码，即到即办：合作伙伴凭事先申请的邀约码（电话或现场申请），可直接办理。

三是高效办理，迅速取证：客户通过现场办理后，1个工作日即可取见证书，如申请加急服务，当日即可取证。

四是大型客户，上门办理：为大客户提供上门服务，让客户足不出户即可完成股权转让见证。

450. 前海股权转让见证业务材料目录是什么？

转让方：

如是法人机构，需要材料：①营业执照复印件（盖转让方公章并核对原件）；②法定代表人身份证复印件（盖转让方公章并核对原件）、法定代表人证明书；③关于公司转让股权的股东会决议（全体股东签名、盖转让方公章）及工商信息查询单；④若转让方为外商投资企业、股份有限公司的，则须提交董事会决议（如其章程另有规定从其规定）；⑤若转让方为合伙企业，提供转让方关于同意股权转让的合伙人决议和合伙人协议原件（盖转让方公章）。

如是自然人：身份证复印件（盖标的企业公章并核对原件）。

受让方：

如是法人机构：①营业执照复印件（盖受让方公章并核对原件）；②法定

代表人身份证复印件（盖受让方公章并核对原件）、法人证明书；③关于受让股权的股东会决议（全体股东签名、盖受让方公章）及工商信息查询单；④若受让方为外商投资企业、股份有限公司的，则须提交董事会决议（如其章程另有规定从其规定）；⑤若受让方为合伙企业，提供受让方关于同意股权受让的合伙人决议和合伙人协议原件（盖受让方公章）。

如是自然人：身份证复印件（盖标的企业公章并核对原件）。

标的企业：

需要资料：①《企业股权转让见证申请书》；②企业营业执照复印件（盖标的企业公章并核对原件）及工商信息查询单；③企业原公司章程复印件（股权转让前制定的章程，盖公章并核对原件）；④企业股东会关于股权转让的决议（全体股东签名、盖章）；⑤若企业为外商投资企业、股份有限公司，则提交董事会决议（如其章程另有规定从其规定）；⑥若企业为合伙制企业，则提交合伙人决议及合伙协议；⑦五份股权转让协议（转让、受让双方在本中心见证现场面签、按手印）。

451. 前海股权转让见证业务收费标准是什么？

表 8－1　前海股权转让见证业务收费标准

合同标的额	收费公式
50 万（含 50 万）以下的部分	标的额 × 0.0024（不低于 200 元）
50 万 01 元 ～ 500 万元的部分	（标的额 － 50 万）× 0.002 + 1200
500 万 01 元 ～ 1000 万元的部分	（标的额 － 500 万）× 0.0016 + 10200
1000 万 01 元 ～ 2000 万元的部分	（标的额 － 1000 万）× 0.0012 + 18200
2000 万 01 元 ～ 5000 万元的部分	（标的额 － 2000 万）× 0.0008 + 30200
5000 万 01 元 ～ 1 亿元的部分	（标的额 － 5000 万）× 0.0004 + 54200
1 亿元以上的部分	（标的额 － 1 亿）× 0.00008 + 74200

例：合同标的额 600 万

见证费 =（600 万 － 500 万）× 0.0016 + 10200 = 100 万 × 0.0016 + 10200 = 11800 元

第三节　前海的金融服务体系

452. 前海金融服务体系是什么？

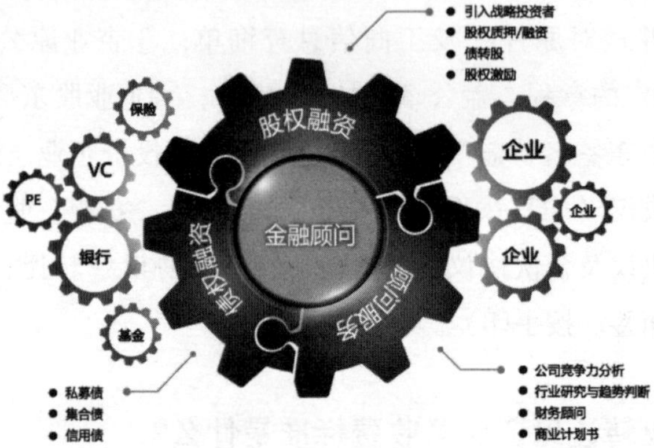

图 8-3　前海金融服务体系

资料来源：前海股交中心网站。

453. 前海私募债的描述是什么？

服务描述：为企业发行低门槛私募债，条件放宽至不提供或少量提供资产抵押；免去强制增信的要求，符合中小企业现状，从实际出发，真正帮助中小企业引入资金。

适用企业：处在初创或成长阶段，渴望借助资本力量，实现爆发式成长的企业。

454. 前海战略合作者的引入描述是什么？

服务描述：根据企业条件引入战略投资者，使企业能够借助其资源和产业优势对自身业务结构和资产结构进行调整，从而使公司得到长远发展。

适用企业：处于初创期想通过战略结盟实现快速成长的企业；已达到一定规模想通过战略合作协助其突破发展瓶颈实现跨越式发展的企业。

455. 前海股权质押融资的描述是什么？

服务描述：定制式的股权质押融资方案，无强制资产抵押要求，企业以其所拥有的股权这一无形资产作为质押标的物，实现融资。

适用企业：处在初创或成长阶段，希望以无形资产作为标的，破解融资困局的企业。

456. 前海“行业分析 + 公司分析”的描述是什么？

服务描述：分析影响行业发展的各种因素、预测行业的未来发展趋势、判断行业投资价值、揭示行业投资风险等。通过商业计划书能够让投资者对企业或项目做出评判，从而使企业获得可能的融资。

适用企业：对自身商业模式不断探索创新的企业。

457. 前海“财务优化 + 估值建议 ”的描述是什么？

服务描述：从财务入手，分析改进运行过程中的各种问题，提高运转效率。通过财务规范性的梳理来提升企业价值。

适用企业：希望通过财务预测达到吸引投资者目标的企业。

458. 前海并购重组的描述是什么？

服务描述：作为中介在买方与卖方之间搭建一个桥梁，保持中立立场及利益平衡。帮助买方寻找优质并购资源，帮助卖方挖掘企业价值，实现双方的互利共赢。

适用企业：希望通过资源整合实现快速发展的企业。

459. 前海股权激励的描述是什么？

服务描述：通过持股模式、定量模型、考核体系、激励方式的动态组合，为企业设计一整套股权激励系统 ，提高企业核心人员忠诚度。

适用企业：希望保持核心员工稳定性，有效提升企业核心人员忠诚度的企业。

460. 前海“方案式咨询 + 培训”的描述是什么？

服务描述：量身定制式服务，为企业提供战略规划创新与营销方案创新、协助确定阶段性战略计划和年度重大战略战役发展计划，帮助企业提前发现可能对今后上市产生影响的问题，并给企业出具解决系列问题的参考性建议。

适用企业：寻求自我突破，有今后走向新三板乃至上市要求的企业。

第四节　前海私募债的发行及管理

461. 前海梧桐私募债规则制定的总体思路和原则是什么？

前海在探索资本市场新业务范式的过程中，对企业融资安排确定了先债后股的总体思路。

制定原则有：

一是严格遵守38号文、37号文精神，坚持以非公开方式向具备相应风险识别和承担能力的合格投资者发行私募债，不采用广告、公开劝诱和变相公开等方式发行，不进行集中竞价或连续竞价方式发行和转让。

二是致力于将前海建设成为立足深圳、面向华南、辐射全国、促进中小企业发展的金融服务平台。

462. 业务规则的私募化特点和市场原则是什么？

探索小众、非标准化、个性定制的乐高模式。因为场外市场与场内交易所的区别在于：前者融资发行为小众私募对象、标准化金融工具和“直线式”业务管理模式；而后者发行为大众公募对象、非标准化金融工具。

坚持“市场自治、规则公开、卖者有责、买者自负”的市场原则，以契约为核心精神，让市场决定资源的配置，辅以市场约束和风险分担机制。

463. 前海私募债管理定位及部落化产品指什么？

前海对梧桐私募债业务实行引导和积极管理职能。特别是业务起步阶段，前海在市场引导、组织管理、风险预警、信用累积等方面积极介入引导，主动促进自发秩序形成和市场的发展。

通过“分类管理分层服务”将企业、投资者导入产品，形成部落，实现信息交互、信用累积、化零为整、价值放大的部落效应。落实前海两个功能定位之一的“构筑一个投资人和企业开放、互动、对等、共赢的网上部落”。

464. 前海私募债的业务逻辑、投资者类型及与产品适配是指什么？

前海梧桐私募债的业务逻辑：从投资者一端分类准入，并根据投资者类型为其匹配相应产品，将投资者适当性管理和产品适配原则作为风险控制的首要措施。这是“将投资者保护作为业务开展前提”以及通过对市场参与者的严格监管和提高信息披露的质量来达成市场管理和风险监控的目标思想的贯彻。

投资者分类准入：前海鼓励有专业经验和风险承受能力的投资者入场并将其划分为6类：A类为金融机构；B类为金融机构发行的金融产品；C类为专业投资人；D类为成熟投资者；E类为内部人；F类为中心认定与特定产品匹配的其他合格投资者。

投资者类型与产品适配：前海根据产品风险等级、发行方式等对投资者做适当性配置准入：一是A、B、C类投资者允许参与梧桐私募债全产品系列的认购；二是D类投资者本着“安全港”原则，在产品匹配、信息告示要求、参与机构的准入等方面会有较严格的要求；三是鉴于E类投资者属于融资者的内部人，只允许其认购所服务或所属融资者发行的私募债产品等。

465. 前海融资者的概念及条件是什么？

前海融资者是指符合条件的，在前海备案发行私募债的中国境内依法注册的公司、企业及其他商事主体。融资者条件：一是依法成立并有效存续满1

年，成立未满1年的，经营时间以承担连带责任的大股东或母公司的持续经营时间为准；二是合法合规经营；三是融资用途符合国家产业政策。

融资者可结合自身资产状况、财务状况及融资需求等因素自主选择本中心的私募债，融资者应符合其所选择私募债的准入条件。前海建立融资者信用档案，累计融资者信用记录。

466. 如何理解前海私募债业务中融资者准入的市场选择权？

根据前海相关制度及解释，私募债业务中融资者的准入是指将选择权交还给市场，具体表现：

（1）融资主体多元化：梧桐私募债的发行主体包括中国境内依法注册的公司、企业及其他商事主体，对公司性质、组织形式等不做严格限制，将准入的选择权交还给市场。

（2）发行条件市场化：考虑到私募债更接近于投融双方真实意愿的表达，是以民事合同为形式的契约，个性化、非标准化的特征较为明显，前海相关规则对融资者不设任何财务指标和发行限制条件，仅对发行方式的非公开性、资金用途的合法合规性等做原则性规定。

（3）发行责任明晰化：在将融资者的选择权交还给市场的同时，中心通过后期管理、互评机制、灰名单管理等方式，贯彻“卖者有责”原则，明晰融资者责任，加大融资者的违规成本。

467. 前海私募债业务中参与机构分类如何，管理如何？

根据前海相关制度及解释：前海将参与机构分为协助发行机构、增信机构、受托管理人、专业服务机构4个类型，对参与机构实行分类准入和管理。

（1）引入自主发行。对以下情形的梧桐私募债允许融资者不聘请协助发行机构，由融资者自主发行：一是定向发行的私募债；二是募集发行且聘请中心认可增信机构的梧桐私募债。

（2）分类匹配增信机构。对募集发行私募债的增信机构，前海设定了较高的准入门槛，仅限于商业银行、保险公司、金融资产管理公司、信托公司、资本市场信用评级2A及以上的担保公司和分类评级3B及以上的证券公司。对于定向发行私募债，由于投资者有自身成体系的风险识别和控制能力，因此增信机构的选择由投融双方协商确定。

（3）角色的多元化。各参与机构也可以根据自身需求，选择必要的功能模块来开展业务，赋予了担保公司、证券公司等金融机构更多可选择的功能角色，如担保公司为融资企业增信的同时，也可作为其协助发行机构协助其完成私募债发行工作。

468. 前海私募债的储架发行是什么？

即一次备案，多次发行。

前海相关规则允许融资者一次备案，多次发行。融资者在取得《接受备案通知书》后，应当在 3 个月内完成首期发行，剩余数量应在 12 个月内发行完毕。逾期未发行的，应当重新备案。首次发行时间相比同类市场一般 6 个月内完成发行的规定做了缩短，规定 3 个月完成首次发行，与中小企业融资的周期、资金用途的周期及经营特点相适应，也是风险控制的措施之一。

469. 前海私募债发行的要求有哪些规定

（1）基本要求，一是发行利率应符合国家相关法律法规的规定；二是所募集资金用途必须与融资者的生产经营相关。

（2）发行的融资者需要根据相关规定或章程的约定，就发行数量、方式、期限、兑付承诺等相关事项获得内部有权机构的书面同意。

（3）发行的融资者应向投资者充分揭示风险，并保证发行文件及信息告示内容真实、准确、完整，不得有虚假记载、误导性陈述或重大遗漏。

（4）私募债发行或转让前应当向前海备案。接受备案并不表明对融资者的经营风险、偿债风险、信用风险、诉讼风险以及私募债的投资风险或收益等做出判断或保证。私募债的投资风险由投资者自行判断和承担。

（5）前海为私募债业务提供备案、发行、登记、托管、转让、结算和信息告示等服务，并实施自律管理。

470. 前海私募债的发行方式及相关规定有哪些？

前海私募债采用定向发行和募集发行等非公开方式，不得进行集中竞价或连续竞价，不得采用广告、公开劝诱和变相公开等方式发行私募债。采用定向发行的私募债，投资者一般限定在 A 类、B 类、C 类投资者，且合计不超过 10 人；采用募集发行的私募债，投资者可以是 A 类、B 类、C 类、D 类、E 类、F 类投资者，且合计不超过 200 人。

私募债可以由单个融资者独立发行，或者由 2 个及以上融资者集合发行。私募债可以附融资者赎回、上调票面利率选择权或者投资者回售选择权条款。私募债可以附认股权或可转股条款，但应符合法律法规、监管机构的有关规定。

因定向发行的投资者均为专业机构，有较好的风险识别和控制能力方式，且数量在 10 人以内，所以，前海对其发行备案要求只需“三证两表一决议”。三证即为企业营业执照副本、组织机构代码证及公司章程复印件，两表为《备案登记表》和《定向发行说明书》，一决议即融资者内部有权机构关于私募债发行事项的决议。同时，对发行后私募债的转让做了必要的限制。

471. 前海私募债的产品系列及产品的分类有哪些？

前海梧桐私募债分为“天合、地合、金合、信合”4 个系列及中心认可的其他私募债品种。中心鼓励各参与机构依托中心，探索、丰富、创新企业私募债的发行方式和品种。

天合系列是指融资者基于共同的特征或需求，按照约定的标准集合成包，在中心批量发行的梧桐私募债。

地合系列是指由地方政府作为组织方，将符合条件的企业集合成包，在中心批量发行，并由地方政府出资认购劣后部分或者出资作为风险备用金的梧桐私募债。

金合系列是指由金融机构及其发行的产品全额认购或者由金融机构作为协助发行机构的梧桐私募债。

信合系列是指融资者经由中心认可的机构增信后，在中心备案发行的梧桐私募债。在私募债的发行期限、发行条款的规定上，梧桐私募债不做限制。

募集资金限定用于与企业的生产经营相关的各个方面，包括补充流动资金、偿还银行贷款、项目投资、收购兼并等。

472. 前海私募债机构参与产品服务有何规定？

私募债业务参与机构包括但不限于协助发行机构、增信机构、受托管理人、会计师事务所、律师事务所和资信评级机构等。针对不同的产品、不同的发行方式、不同的投资者的梧桐私募债，参与机构可以有不同选择。前海只针对以下情形进行了规定。

（1）募集发行的梧桐私募债，未聘请中心认可的增信机构，必须聘请协助发行机构。

（2）是否聘请增信机构，由投资者和融资者协商确定。

（3）满足以下情形之一者可以不聘请受托管理人：一是限制转让的私募债；二是将转让对象限定在已认购投资者之间的私募债；三是将转让对象限定A类、B类、C类三类投资者之内的私募债。

（4）是否聘请会计师事务所、律师事务所、资信评级机构等，由投资者和融资者协商确定。

473. 前海私募债的监管机制和措施有哪些？

根据前海相关制度及解释，前海作为市场组织者与引导者，实行梧桐私募债全产品生命周期管理，已实现私募债后期管理常态化，引导、督促有关各方按照私募债发行材料的约定进行后期管理，对企业资金使用、经营情况、偿债能力进行监督或监控，建立主动预警机制。

前海建立梧桐私募债参与主体相互评价机制，在私募债发行、转让及偿付过程中，由私募债参与主体相互评价，中心将根据前述评价累积信用记录。

梧桐私募债参与主体违反相关制度规则，前海将根据情况分别采取警告、责令其改正、将其列入灰名单、限制转让等措施；情节严重的，可将其列入黑名单，并采取市场禁入等措施，同时可将相关情况上报相关监管机关，记入中心诚信档案并予以公示。

CHAPTER9
第九章

重庆股转中心模式及运营特点

第一节　重庆股转中心概况

474. 国内最早成立的两个区域股权市场是什么?

天津股权交易所和重庆股份转让中心是国内最早成立的两个区域股权市场，前者揭牌于2008年9月，后者成立于2009年7月。

重庆股份转让中心（以下简称“重庆股转中心”）是根据国务院国发〔2009〕3号文件中关于“加快发展多层次资本市场，适时将重庆纳入全国场外交易市场体系”的要求，经市委、市政府批准于2009年7月成立、2009年12月27日揭牌运行的。具体承担重庆场外市场建设任务，为重庆企业发展和内陆开放高地建设贡献力量，成为全国多层次资本市场的重要组成部分。2012年，为进一步增强股份中心市场竞争力、做实服务实体经济能力，市委、市政府决定对股份中心改制。2013年2月6日，由西南证券控股、渝富集团和深圳证券信息公司参股，注册资本1.56亿元的重庆股份转让中心有限责任公司正式成立。

目前，股份中心市场初具规模，服务实体经济发展的能力逐步增强，已发展成具有较强影响力的区域股权交易市场。到2014年5月31日，重庆股转中心托管企业超过510家，挂牌企业114家，累计实现交易额65亿元，实现股权质押贷款90.82亿元、定向增发7.28亿元，拟上市企业储备库入库企业达580家，中介会员超过300家，主要指标居全国前列。

475. 重庆股转中心成立的背景是什么？

2007年3月两会期间，时任国家主席的胡锦涛参加重庆代表团讨论时提出“314战略部署”，指出要把重庆建设成为统筹城乡发展的直辖市、西部经济增长极和长江上游地区经济中心。2008年12月，国务院常务会议审议通过《国务院关于推进重庆市统筹城乡改革和发展的若干意见》（国发〔2009〕3号文），其中明确指出“加快发展多层次的资本市场，适时将重庆纳入全国场外交易市场体系”。设立重庆股份转让中心，积极参与场外市场建设，是地方政府贯彻落实国发3号文件精神，将“长江上游金融中心建设”的区域战略与“多层次资本市场建设”的国家战略相结合的慎重决策。重庆股转中心也是地方政府与证券监管部门充分沟通协调的基础上，按照“部市共建”原则而成立的区域性场外市场。

476. 重庆股转中心的服务宗旨、战略定位及发展方向是什么？

服务宗旨：主动承担促进企业快速发展和科学治理的社会责任，积极构建创新型融资平台、定价平台和培育平台，着力解决企业融资难、公众投资难和政府管理难问题，切实提高金融服务实体经济的综合能力。

战略定位：企业成长摇篮、社会投资平台、经济发展抓手。

发展方向：一是政府促建现代企业制度的有力抓手，建立政府决策参考的企业专业评价体系，优化社会资源配置，促进企业质量提升。二是中小企业全方位、多手段融资的核心渠道，引导企业构建完善的法人治理结构，增强企业市场活力和融资实力。三是投资者多样化、个性化私募金融产品投资的重要场所，引导民间投融资行为合法、合规和有序。

477. 重庆股转中心6大服务功能是什么？

（1）融资服务：以股权、债权融资为基础，与银行、信托、保险、证券等金融机构进行深度合作。依托中心聚集的大量机构投资者和风险投资资本，为企业引入战略、财务投资者，实现定向直接融资；推动与银行等金融机构的合作，为企业间接融资提供支持；通过产品创新和服务创新，为企业提供综合性融资服务，丰富企业融资渠道、降低企业融资成本。

（2）股权登记托管及增值服务：为企业提供优质而全面的股权登记托管服务，维护股东权益，降低公司股权管理成本，提高股权管理效率和公信力。

（3）企业改制：依靠中心汇聚的大批私募股权投资基金、会计师事务所、律师事务所、知名券商等中介机构，为企业股份制改造提供全程服务，帮助企业完善法人治理，引入战略或财务投资者，优化股权结构，为企业持续快速健康发展打下坚实基础。

（4）股权转让：对暂不具备条件或不愿意上市的企业，提供股权合法、有序转让的平台，使企业在中心平台上实现股权的流动和增值，提升企业价值。

（5）私募股权投资基金进入和退出通道：为私募股权投资基金进入和退出提供便捷通道，提高投资效率和收益，实现企业、私募股权投资基金和地方经济发展的共赢局面。

（6）企业培育：全方位、多角度对企业进行量身定制的市场培育，扶持企业做大做强，进入更高层次资本市场。

478. 重庆股转中心3层次市场结构是什么？

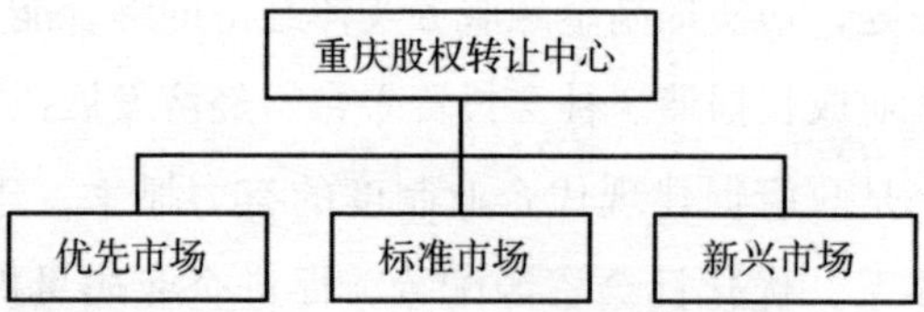

图9-1 重庆股转中心3层次市场结构

479. 重庆股转中心首家内部转板公司情况如何？

2014年1月6日，重庆股转中心的挂牌企业重庆贵侨酒店从新兴市场板块正式转至标准市场板块挂牌，简称贵侨酒店不变，公司代码由700001变更为800100。

重庆贵侨酒店主业为住宿、茶座、餐饮服务，2012年12月26日在重庆

OTC 的新兴市场板块挂牌。公司挂牌 1 年，各方面符合转板的基本要求，转到标准市场板块后，履行更多的信息披露义务。

480. 重庆股转中心主要从事哪 7 方面的服务工作或业务？

一是改制挂牌服务；二是股权登记托管；三是股份报价转让；四是综合融资服务（包括定向增资、股权质押、私募债等）；五是私募基金服务；六是企业项目信息库建设与服务；七是拟上市企业储备库建设与服务。

第二节　股权登记与股权托管

481. 重庆股转中心股权登记托管有何好处？

股权登记托管是由非上市股份公司委托具有社会公信力的第三方管理其股东名册，对股权变更等事项进行准确记载，为股东出具所持股权的有效权属证明，并提供权益分派、查询、信息披露等的服务。登记托管的好处：

有利于非上市股份公司明晰股权、规范管理；有利于规范股权运作，提高经营管理水平，拓宽融资渠道；有利于杜绝不规范交易，增强股权流动性，保障股东切身利益；有利于增强私募股权投资基金、民间资本对辖区非上市股份公司的投资兴趣，促进民间投资的活跃，支持重庆市长江上游地区金融中心的建设。

482. 重庆股转中心股权登记业务有哪 4 方面内容？

（1）股权初始登记，是公司向重庆股转中心提出股权登记申请，填写登记托管申请书并按中心的要求提交相关材料，将该公司股东所持股权委托给中心进行集中登记管理的过程。股权初始登记采用电脑集中存储登记的形式办理。中心在完成电脑集中存储登记后，向公司出具电脑打印的股东登记托管名册及股东账户卡。

（2）股权变更登记，是因公司股权状况变更而发生的登记，包括股权协议转让变更登记、增资减资变更登记、遗产继承股权变更登记、离婚分割股权变更登记、配合司法机关强制执行股权变更登记。

（3）股权质押登记，是股东质押其合法持有的股权时，在出质人与质权人订立质押合同后由中心会同工商行政管理机关办理的质押登记。对质押登记后的股权进行冻结。

（4）股权注销登记，公司因合并、破产、解散以及上市等情况需办理的解除托管委托的相关手续。

483. 重庆股转中心股权管理有哪6方面的内容？

①股东账户卡挂失：股东遗失股东账户卡，应当持有效证件到股份转让中心及时办理挂失冻结手续；②查询：公司可以在股份转让中心查询本公司的股东及股权持有状况。股东可以查询其自有股权的变更情况、分红情况等；③股东资料变更；④确权证明：根据公司及其股东的请求和证明事项，股份转让中心依据托管股权资料的真实记载依法为股东出具确权证明；⑤代理分红派息；⑥股权管理信息披露。

484. 重庆股转中心股权托管初始登记流程是什么？

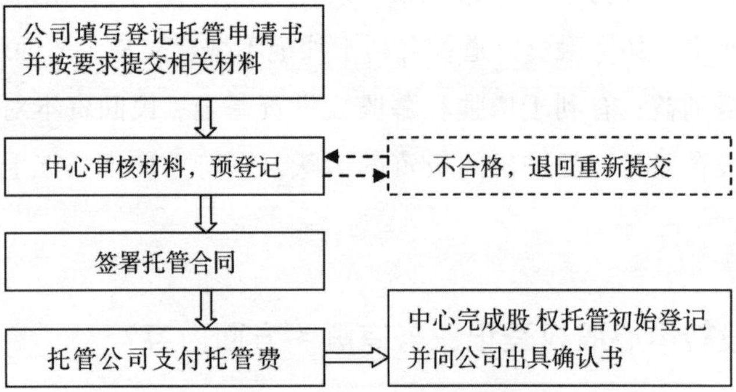

图9－2　重庆股转中心股份托管登记流程

485. 重庆股转中心股权托管适合哪些公司？

在重庆市境内设立的国有控股、参股或其他经济成分的非上市股份有限公司的国家股、国有法人股、社会法人股、集体股、内部职工股和社会个人股等各类股份，应将其股份在股份中心办理登记托管。拟上市公司及进入重庆市拟上市储备库的企业也应到股份中心办理股权登记托管。

486. 重庆股转中心股权托管主要有哪3方面的服务？

根据重庆股转中心的有关规定，其股权托管服务主要有：

一是股东名册服务：借助电子簿记系统，为托管公司提供时时更新的股东名册记载。内容包括托管公司股东发生的一切股权转让过户登记、变更登记、股权质押登记等权属变更事宜。托管公司及股东均能查询并获取其权属证明。

二是代办权益分派服务：针对托管公司自然人股东、法人股东的不同需求，借助存管银行以不同形式进行权益分派服务，集中、简捷、高效地完成权益分派。

三是股权增值服务：整合各类金融资源，为符合条件的托管公司提供诸如定向融资、股权质押贷款等直接融资或间接融资服务。

487. 重庆股转中心托管公司股份可以挂牌转让吗？

在重庆股转中心托管的非上市股份有限公司的股份，达到中心挂牌条件要求的，均可在此平台挂牌，按照重庆股转中心的转让规则进行转让 。

488. 重庆股转中心是如何托管有限责任公司股份的？

有限责任公司可以按自愿原则进行公司股权登记托管，其程序、服务参同股份有限公司的登记托管，同时，重庆股转中心还开展改制、融资等服务。

489. 重庆股转中心能为股份托管公司提供哪些服务？

重庆股转中心能够整合中介机构资源帮助公司完善法人治理结构、进行股份制改造、实现定向股权融资，股份中心的合作银行也能向托管公司提供股权质押融资、并购融资等服务。

490. 重庆股转中心股权登记托管有哪些费用?

主要有一次性收取初始登记费、按托管年度收取的股东档案保管服务费和权益分派手续费。

另外，对有名册服务寄送需求、查询需求、股权质押业务办理需求的托管公司（或股东），股份中心将按照相应标准向其收取费用。

491. 重庆股转中心托管股权冻结是指哪些情况?

①因股东账户卡挂失而应当冻结的股权；②已办理质押登记的出质股权；③按照重庆股转中心有关规定应当进行冻结的公司发起人、董事、监事、高级管理人员及其他人员的股权；④法律、法规规定的其他情况。

如上情况发生时，重庆股转中心将按照相关法律、法规及中心要求，对相关股权进行冻结并限制其转让，以保障股东、债权人及其他权利人的利益。

492. 重庆股转中心代办权益分派服务是怎样的?

①对公司委托股份中心进行权益分派的，股份中心应当按照委托协议的约定，将权益分派的资金划入股东指定的银行账户；②投资者的权益分配资金通过银行自动到账形式完成。

这样既能够避免企业挪用股东的权益分配资金，确保资金安全，又能方便投资者，避免柜台领取现金的风险。

493. 重庆股转中心就股权托管能够提供哪些查询?

一是托管公司可以查询本公司的股东及股权持有情况；二是托管股东可以查询其自有股权的变更情况、分红情况及公司的相关情况；三是司法机关及其他部门依照法定的条件和程序可进行查询。

494. 重庆之外的公司能在中心登记托管股权吗?

能。相关操作按照重庆股转中心的有关规定进行。

第三节　股份挂牌与转让

495. 重庆股转中心挂牌的含义和好处是什么？

与企业将股权放到产权交易市场集中式一次性转让和交易所上市不同，股份挂牌是企业将存量股份挂牌报价转让，不通过公开发行股份募集资金的环节。企业股份挂牌前或挂牌后，重庆股转中心都可以帮助企业通过定向增资等方式募集资金。企业在中心挂牌，意味着企业已经进入了资本市场，将会享受资本市场带来的各种好处，这些好处主要表现在：

①实现股份增值流动；②实现定向融资；③规范法人治理，预演高层次市场；④获得政策扶持，降低上市风险；⑤展现企业品牌，提升企业形象。

496. 重庆股转中心改制挂牌业务简况怎么样？

企业进行股份制改造并在重庆股转中心挂牌，是进入资本市场的第一步。无论是过程还是功能，企业在重庆股转中心与在交易所上市都有相似之处，可以帮助企业扩展融资渠道、实现股份流转、提升品牌形象、获取发展资源。

重庆股转中心汇聚了一批知名券商、会计师事务所、律师事务所、私募股权投资基金等中介机构，为企业股份制改造提供全程服务，帮助企业完善法人治理，引入战略或财务投资者，优化股权结构，为企业持续快速健康发展打下坚实基础。

497. 重庆股转中心对企业所属行业有无限制？

原则上没有行业的特别限制。但是，重庆股转中心对属于房地产行业以及钢铁、水泥、矿产等高污染、高能耗、产能过剩行业的企业挂牌持谨慎态度，需针对每个企业的具体问题进行沟通和判断。

498. 哪些企业适合在股份中心挂牌?

①有进入资本市场意愿但暂不符合交易所或新三板挂牌条件的；虽然符合条件但不愿意漫长等待的；尚未做好相关准备或不愿进入公开市场的公司；②未在国家级高新技术产业园区注册的高新技术企业；③不属于高新技术企业的传统产业公司；④希望其股份能在市场上流通并获得市场定价，但又不愿意过多披露信息的公司；⑤具有从低层次迈向高层次资本市场长远发展规划，分步骤、按计划，实际稳步推进的公司；⑥具有一定的业务发展基础，希望找到合适的战略投资者或财务投资者，以获得直接融资和持续发展资源的公司；⑦具有创新业务模式，需要借助平台对外宣传的公司。

499. 重庆股转中心股份转让方式和时间段是怎样的?

重庆股转中心采用定价转让、协议转让两种转让方式。

定价转让是指特定投资者根据自身意愿，向转让系统进行定价申报，其他特定投资者只能通过成交确认申报与定价申报成交。

协议转让是指特定投资者双方就转让价格和数量达成一致后，双方约定成交协议编号，然后向系统进行成交确认申报。在定向转让时间内，特定投资者只能以定向转让方式转让股份，转让双方应在转让前向本中心提出协议转让申请，经本中心审核同意后方可进行协议转让。

挂牌公司股份转让时间为每周一至周五的9:30—11:30，13:00—15:30，其中15:00—15:30为定向转让时间。国家法定假日和股份中心公告的休市日，市场休市。

500. 重庆股转中心的企业申请挂牌需要哪些程序？

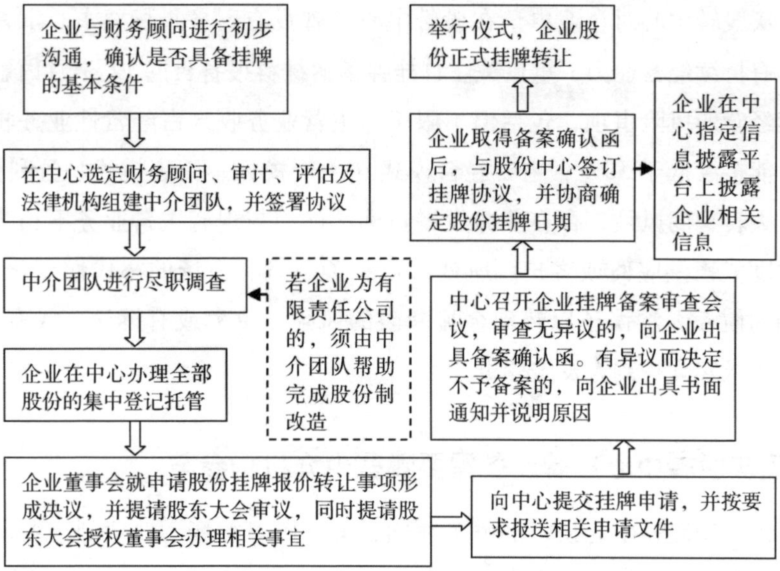

图 9-3　重庆股转中心企业挂牌流程

501. 重庆股转中心企业挂牌流程与新三板有何区别？耗时多久？

基本与新三板相似，不同之处：①挂牌前，企业股份必须先在重庆股转中心进行集中登记托管；②由挂牌承办机构而不是主办券商推荐；③挂牌承办机构向重庆股转中心报送推荐材料，由中心备案审查；④挂牌后企业接受重庆股转中心的规范或监管。

由于挂牌门槛较低，从改制算起，一般 2~3 个月可实现挂牌。

502. 重庆股转中心挂牌条件有哪些？

（1）存续满 1 年。有限责任公司按原账面净资产值折股整体变更为股份有限公司的，存续期间可以从有限责任公司成立之日起计算。

（2）主营业务突出，具有持续经营能力。

（3）公司治理结构健全，运作规范。

（4）股份中心要求的其他条件。

503. 如何理解“持续经营能力”这一挂牌条件?

重庆股转中心对企业申请在股份中心挂牌没有财务指标要求。审查企业是否具有持续经营能力，重点关注自挂牌备案材料报备日起 12 个月内影响公司持续经营的风险事项，包括但不限于：主营业务收入占经营性业务收入的比例可能持续低于 50%；主要经营模式（生产模式、销售模式、盈利模式）发生重大转型的风险，存在业务发展目标、计划与现有主营业务不相关的风险；过度依赖供应商或客户；所处行业相关政策、市场的替代性变化风险；预计到期债务无法偿还以致现金流断裂的风险；重大或有诉讼、或有事项、主营业务或实际控制人发生变更。

504. 重庆股转中心挂牌业务需要哪些中介机构参与?

须由重庆股转中心认可的财务顾问、会计师事务所、评估师事务所、律师事务所专业人员组成中介服务团队，对企业进行全面尽职调查，出具相关专业意见。

其中，财务顾问是指取得本中心授予的参与非上市公司股份进入本中心挂牌报价转让业务资格的证券公司或其他机构。

中心中介服务机构实行会员制，实行会员自律管理，中介会员机构名单在重庆股转中心网站 http：//www. chn－cstc. com 会员单位栏目中可以查看。

505. 重庆股转中心如何审核企业挂牌申请?

企业在重庆股转中心挂牌实行备案制。重庆股转中心在收到企业挂牌申请后，组织召开企业挂牌备案审查会议，由中心聘请的备案审查委员会专家对企业挂牌申请材料进行审查，符合条件，即可挂牌。

506. 企业在股份中心挂牌的成本费用如何？政策支持怎么样?

重庆股转中心在推广初期，通过减免等方式，将企业挂牌的费用控制在 20 万元左右；挂牌之后，企业每年持续挂牌成本 5 万元左右。而在正常情况下，企业改制和挂牌的费用在 80 万元左右。

重庆股转中心除改制后公司股份集中登记托管业务以及为企业引入战略、财务投资者提供中介服务收费之外，其他服务不收取任何费用。

企业在股份中心挂牌也可享受《重庆市人民政府关于鼓励企业改制上市若干政策的意见》（渝府发〔2007〕117 号）的有关政策支持。

507. 对挂牌企业原股东所持股份有哪些限售规定?

按照相关制度及规定：①挂牌公司控股股东及其一致行动人挂牌前直接或间接持有的股份分两批进入重庆股转中心转让，每批进入的数量均为其所持股份的 1/2，且不进行累计。进入的时间分别为挂牌之日、挂牌期满 1 年。②挂牌前 6 个月内挂牌公司进行过增资的，货币出资新增股份自工商变更登记之日起满 6 个月可进入本中心转让，非货币财产出资新增股份自工商变更登记之日起满 12 个月可进入本中心转让。③对董事、监事和高管持有股份的限售，遵守《公司法》的规定，每年转让股份数量不得超过其所持股份的 25%。④发起人持有的本公司股份，自公司成立之日起 1 年内不得转让。⑤在符合《公司法》和《证券法》要求的前提下，对其他股东持有股份不再做限制。

508. 重庆股转中心挂牌企业信息披露分哪两种？有何规定?

重庆股转中心挂牌企业的信息披露分为全面披露和一般披露，挂牌公司可根据自身特点和需要，选择信息披露等级。但所有的挂牌公司都应至少定期披露半年度报告和经审计的年度报告。

挂牌公司可自愿进行更为充分的信息披露，在披露频率和披露内容上参照上市公司的披露标准执行。股份中心鼓励挂牌公司选择全面披露标准或参照上市公司披露标准进行更为充分的信息披露，这样做既有利于挂牌公司股价获得更高的市场溢价，也有利于挂牌公司逐步规范法人治理，完善经营管理，为今后进入主板或创业板做好充分准备。

509. 重庆股转中心的挂牌企业，在哪些情况下需要披露临时报告?

选择一般披露的挂牌公司：①经营方针和经营范围的重大变化；②合并、分立、解散及破产；③控股股东或实际控制人发生变更；④法院裁定禁止有控制权的大股东转让其所持公司股份；⑤涉及公司增资扩股和公开发行股票的有关事项；⑥重庆股转中心认为需要披露的其他事项。

选择全面披露的挂牌公司：①经营方针和经营范围的重大变化；②发生或预计发生重大亏损、重大损失；③合并、分立、解散及破产，控股股东或实际控制人发生变更，重大资产重组；④重大关联交易；⑤重大或有事项；⑥法院裁定禁止有控制权的大股东转让其所持公司股份；⑦因涉嫌违反法律、法规被有关部门调查或受到行政处罚；⑧涉及公司增资扩股和公开发行股票的有关事项；⑨重庆股转中心认为需要披露的其他事项。

第四节　融资理财与投资者

510. 重庆股转中心挂牌企业如何开展定向融资？

重庆股转中心挂牌企业开展定向增资的程序如下：

①公司在董事会召开之前确定拟定向增资的对象，公司原有股东享有优先配售的权利；②公司董事会应当依法就本次定向增资的具体方案、本次募集资金使用的可行性及其他必须明确的事项做出决议，并提交股东大会批准；③挂牌公司股东大会就本次定向增资做出决议，决议应经出席会议的股东所持表决权的2/3以上通过；④公司将加盖公司印章的定向增资相关材料原件报股份中心进行备案核查；⑤股份中心备案核查通过后，公司应在3个月内完成增资；超过3个月未完成增资的，须重新经股份中心备案核查后方可进行定向增资；⑥公司向公司登记机关完成变更登记；⑦公司向股份中心报送变更后营业执照，中心对增资股东股份进行登记，并按法律、法规及中心制度执行相关股份限售规定。

511. 重庆股转中心如何办理股权质押融资？

为开辟企业融资新路径、降低企业融资成本，重庆股转中心借助转让平台功能，能够为已托管或已挂牌的非上市股份公司及股东开展股份质押客户引荐、登记、评估服务，具体操作流程如图 9 –4 所示。

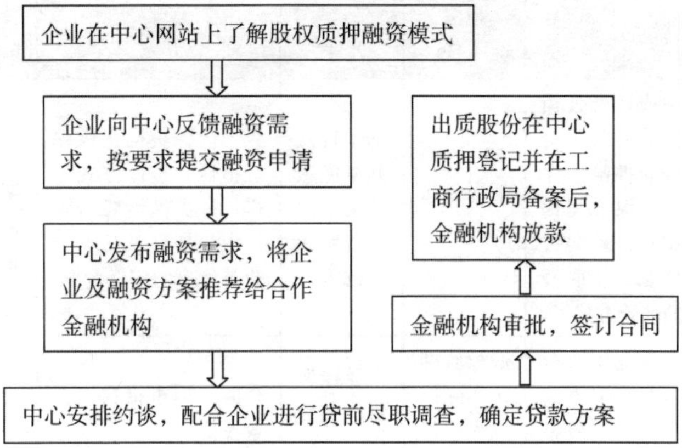

图 9 –4 重庆股转中心股权质押融资流程

重庆股转中心严格按照相关法律、法规、规范性文件的规定为股东办理股权质押业务。另外，股份出质注销登记流程也与上面流程大体形同，发生担保债权实现不了的，重庆股转中心可以协助质权人在中心平台及投资人库中寻求出质股份转让变现方式，以保障债权人权益。

512. 重庆股转中心目前开展的股权质押融资产品有哪些?

表 9 –1 重庆股份转让中心有限责任公司股权质押融资产品

	简介	担保条件	利率水平	产品优势	适用范围
产品1	中心挂牌公司股东将持有的股份全部或部分质押给银行，获取授信额度的融资方式	股权质押	享受贷款利率优惠政策	免资产抵押，融资成本较低；流程及手续简便，高效快捷；增加企业信用、提升企业名牌形象	企业挂牌期间经营情况良好，成长性强，且经银行信用评级良好的企业
产品2	中心挂牌或托管公司股东将持有的股份全部或部分质押给银行，并提供部分资产进行担保，如企业无资产担保，由银行及中心认可的担保公司提供保证担保，获取授信额度的融资方式	股权质押+其他担保	享受贷款利率优惠政策及担保费率优惠政策	享受双重优惠，降低融资成本；担保方式灵活多样	企业挂牌或托管期间经营情况正常，股权质押后仍无法覆盖授信额度，但有条件补充有效足值资产抵押或其他担保条件，且经银行信用评级良好的企业

续表

	简介	担保条件	利率水平	产品优势	适用范围
产品3	中心挂牌或托管公司股东将持有的股份全部或部分质押给担保公司，由担保公司提供保证担保，并向银行申请贷款，获取授信额度的融资方式	担保公司担保	享受贷款利率优惠政策及担保费率优惠政策	大型担保机构提供保证担保，担保方式多样，并提供给股份转让中心挂牌及托管企业更优惠的担保费率	企业挂牌或托管期间经营情况正常，成长性好的企业
产品4挂牌贷	中心挂牌企业将股权质押给银行获取不高于300万的股权质押贷款	股权质押+实际控制人连带责任担保	享受挂牌贷优惠费率	金额小但审批快，批量授信	只针对挂牌企业

资料来源：此表及内容来自重庆股转中心官网。

513. 重庆股转中心股权质押融资申请表什么样？

表9－2　托管企业股权质押融资申请表重庆股转中心

企业名称				
办公地址				
成立时间		注册资金		员工人数
高新技术企业	□是□否	所属园区		
项目技术涉及领域	□电子信息□生物新医药□新能源与节能□生态环保□制造技术□现代农业□传统工业相关□服务贸易□其他______			
财务状况(最近一年	总资产(万元):		净资产(万元):	
	销售收入(万元):		净利润(万元):	
现有贷款(如有)	贷款金额:		贷款余额:	
	结清时间:		贷款期限:	
主要上下游企业名单	上游企业(供货商)			
	下游企业(经销商)			
融资形式	□有抵押物股权质押融资□无抵押物股权质押融资 □其他( )			
拟融资额度及时效	拟融资额度(万元):		拟贷款期限(月):	
	其他说明事项:			
联系人		电话/手机		
电子信箱				

514. 重庆股转中心与银行“五个一百”战略合作有何意义？

2013 年 7 月 8 日，重庆市政府、华夏银行与重庆股份转让中心正式签署《中小企业金融服务战略合作协议》，其“五个一百”的内容是华夏银行对中心授信 100 亿元、开展理财产品等资产交易首期交易规模 100 亿元、对挂牌托管企业新增授信贷款 100 家、华夏银行推荐托管挂牌企业首期规模 100 家，同时中心挂牌企业数量增至 100 家。

这次合作的意义在于彰显了重庆股转中心立足区域经济、服务实体经济和中小企业的新发展思路。

华夏银行除为中心提供传统信贷、支付结算、金融咨询等常规服务外，还将提供股权质押融资、债权融资等创新金融服务。建立授信合作后，中心的挂牌企业只要满足相应条件，无须履行其他手续即可直接从华夏银行进行贷款融资，将大大减少融资周期和降低融资成本。同时，中心将作为华夏银行理财产品转让发布的平台，开辟理财产品乃至银行信贷资产流转的新途径。

515. 重庆股转中心与银行合作的理财产品目前有哪些？

不管重庆股转中心参与银行理财产品的运行如何，却发展了一条立足区域经济、服务实体经济和中小企业的新发展思路。这里提供部分目录（来源于中心官网）：

030009 创盈 1459 号 368 天期理财产品；030008 创盈 1459 号 368 天期理财产品；030007 创盈 1459 号 368 天期理财产品；030006 创盈 1458 号 187 天期理财产品；030005 创盈 1458 号 187 天期理财产品；030004 创盈 1458 号 187 天期理财产品；030003 创盈 1458 号 82 天期理财产品；030002 创盈 1458 号 82 天期理财产品；030001 创盈 1458 号 82 天期理财产品；020009 增盈增强型 1340 号 369 天期理财产品；020008 增盈增强型 1340 号 369 天期理财产品；020007 增盈增强型 1340 号 369 天期理财产品；020006 增盈增强型 1340 号 188 天期理财产品；020005 增盈增强型 1340 号 188 天期理财产品；020004 增盈增强型 1340 号 188 天期理财产品；020003 增盈增强型 1340 号 83 天期理财产品；020002 增盈增强型 1340 号 83 天期理财产品；020001 增盈增强型 1340 号 83 天期理财产品；010003 增盈增强型 1341 号 37 天期理财产品；010002 增盈

增强型1341号37天期理财产品；010001增盈增强型1341号37天期理财产品。

516. 重庆股转中心与银行合作的理财产品样本怎样？

表9－3 030009创盈1459号368天期理财产品介绍

产品名称	创盈1459号（高资产净值个人客户）		
产品代码	030009	产品简称	cy145903
发行银行	华夏银行		
产品分类	平衡型、产品PR3、风险CR3		
收益类型	封闭式非保本浮动收益型理财产品		
投资标的	现金、国债以及信托计划等		
投资及收益币种	人民币		
发售日期	2013/6/20—2013/6/26	期限（天）	368
产品成立日	2013/6/27	产品到期日	2014/6/30
规模（万元）	200000	发行规模下限	200万
认购起点（万元）	500	预期年化收益率	5.2%
产品类型	组合投资类	产品特点	较高收益

517. 参与重庆股转中心业务的投资者须符合哪些条件？

参与重庆股转中心股份报价转让的投资者，可以是下列人员或机构：

①机构投资者，包括法人、信托、合伙企业等；②公司挂牌前的自然人股东；③通过定向增资或股权激励持有公司股份的自然人股东；④因继承或司法裁决等原因持有公司股份的自然人股东；⑤除②、③、④情形外其他类型的特定个人投资者。

投资者应当具备相应的风险识别和承担能力，第⑤项所指的其他类型的特定个人投资者，必须符合重庆股转中心的资格认定。

518. 投资者在重庆股转中心开户需要提交哪些材料？

自然人投资者开户，18周岁以上，具有完全民事行为能力的自然人，需要提交以下资料：

①本人有效身份证明文件；②金融资产证明（相关证明应由银行、证券

公司等金融机构出具，且5个工作日有效）；③1年以上的证券投资经历证明，且无不良记录；④通过中心柜台风险测试。

机构投资者开户，注册在中国境内的法人，需要提交以下资料：

①公司营业执照副本原件及复印件；②组织机构代码证副本原件及复印件；③法定代表人证明书；④法定代表人有效身份证明复印件；⑤法定代表人授权委托书原件；⑥经办人有效身份证明原件及复印件。

519. 投资者在重庆股转中心如何挂失和补卡？

个人投资者：本人持身份证到中心柜台办理。

机构投资者：需提供如下列材料到中心柜台办理：①公司营业执照副本原件及复印件；②组织机构代码证副本原件及复印件；③法定代表人证明书；④法定代表人有效身份证明复印件；⑤法定代表人授权委托书原件；⑥经办人有效身份证明原件及复印件。

520. 重庆股转中心投资者如何参与交易？

特定投资者可以通过自助终端、互联网等方式进行股份转让。自助终端、互联网申报应当按相关规定操作。

521. 重庆股转中心投资者交易与非交易过户是怎样的？

交易（挂牌企业）：已挂牌企业的股份直接在交易系统里进行交易买卖。

个人非交易过户（未挂牌企业）：双方本人持有效身份证件及股东账户卡现场办理。

机构非交易过户（未挂牌企业）：①公司营业执照副本原件及复印件；②组织机构代码证副本原件及复印件；③法定代表人证明书；④法定代表人有效身份证明复印件；⑤法定代表人授权委托书原件；⑥经办人有效身份证明原件及复印件；⑦转让申请协议。

以上资料均需加盖公章，多页需加盖骑缝章。

522. 挂牌股份继承、赠予、司法划拨是怎样办理的？

重庆股转中心挂牌股份办理继承、赠予、司法划拨的，当事人除了出具非交易过户所需材料外还应提供相关法律文书。

523. 重庆股转中心挂牌股份变更事宜怎么办理？

个人投资者如需变更姓名或有效身份证号等重要信息，须提交派出所加盖有效公章的证明。股份转让中心须保留证明原件，做备案保存。个人投资者如变更基本信息须提供有效身份证明文件及股东账户卡即可办理。

机构投资者如需变更名称及营业执照号等重要信息，须提供加盖公章的以下材料：

①公司营业执照副本原件及复印件；②组织机构代码证副本原件及复印件；③法定代表人证明书；④法定代表人有效身份证明复印件；⑤法定代表人授权委托书原件；⑥经办人有效身份证明原件及复印件；⑦《变更核准通知书》（加盖工商局公章）。

524. 投资者如何获得重庆股转中心的查询与分红服务？

个人投资者如需查询自身持股情况等须本人持身份证及股东账户卡现场查询，也可通过登录中心交易系统查询。机构投资者如需查询自身持股情况等须由公司出具授权委托书或介绍信方可查询，也可通过登录中心交易系统查询。

公司股东大会通过决议确定红利分配方案，红利分配方案由公司进行公告。委托中心发放红利的公司，中心会将红利存放于股东资金账户内。挂牌企业股东可通过三方存管的方式划转红利，未挂牌企业根据各公司具体情况办理。

CHAPTER10
第十章

齐鲁、辽宁、武汉等区域市场

第一节　齐鲁、山西与海峡

525. 齐鲁股权交易中心简况如何？

齐鲁股权交易中心（以下简称“齐鲁股交中心”）原身为齐鲁股权托管交易中心。齐鲁股权托管交易中心成立时间为2010年12月，是我国最早成立的少数几个场外区域市场之一。2013年11月，通过改制而成立的齐鲁股权交易中心，由过去的一家事业单位，转变成由政府、证券公司、证券交易所等共同参与的公司制市场主体。

齐鲁股交中心坐落在淄博市，注册资本1亿元。公司由齐鲁股权托管交易中心、齐鲁证券有限公司、山东省鲁信投资控股集团有限公司、山东省经济开发投资公司、深圳证券信息有限公司等15家机构共同发起，股东还包括济南、东营、济宁、日照、德州、聊城、滨州、菏泽等8个市的国有投资公司，是山东省区域性股权交易市场。

齐鲁股交中心的6大功能是：登记托管、股权规范；挂牌交易、价值发现；融资服务、快速成长；企业展示、提升形象；资源汇聚、金融创新；培育孵化、转板上市。四大平台作用是：企业展示平台、投融资服务平台、培育孵化平台和资本要素聚集平台。

齐鲁股交中心以公司制改造为契机，拟用5年时间建设成为具有“投资融资、交易结算、登记托管、培育孵化、信息汇集、金融创新”6大功能，集股权、债权、固定收益类产品以及资产证券化产品交易于一体的全省中小企业投融资平台。力争到2020年，探索推出多种交易产品，成为全国有重要影响的区域性金融综合交易平台。

526. 齐鲁股权交易中心的运行情况及业界对其的评价如何?

齐鲁股交中心自2013年11月改制后，依托齐鲁证券等建立了11个营业网点，引进各类中介服务机构200余家，吸引股权投资机构150家。随后，其挂牌企业首只私募债成功登陆深交所，推出地方金融版块，挂牌企业奥盖克成功转板新三板。

截至2014年5月31日，齐鲁股权交易中心已实现挂牌企业310家、托管企业452家、展示企业1724家，推动企业实现各类融资超过100亿元，其中针对挂牌企业私募股权融资达20亿元，私募债券融资1.55亿元，股权质押融资近11亿元。培育和发展各类中介服务机构260家，与27家银行、18家证券公司战略合作，吸引股权投资机构160余家。

齐鲁股交中心是国内最早成立的4家区域性股权托管交易市场之一，其运行模式相对成熟，各类制度建设较为完善，其成功运营为我国区域股权市场的发展做出了一定的探路贡献，并积蓄下了能让后来者们借鉴的重要实践经验。目前，就公开资料统计显示，津、鲁、沪、渝4个市场的信息披露最为完整，除了挂牌企业说明书、完整财务报表，还提供挂牌企业日常公告等。

527. 齐鲁股交中心“三板联动”的市场格局体系是什么?

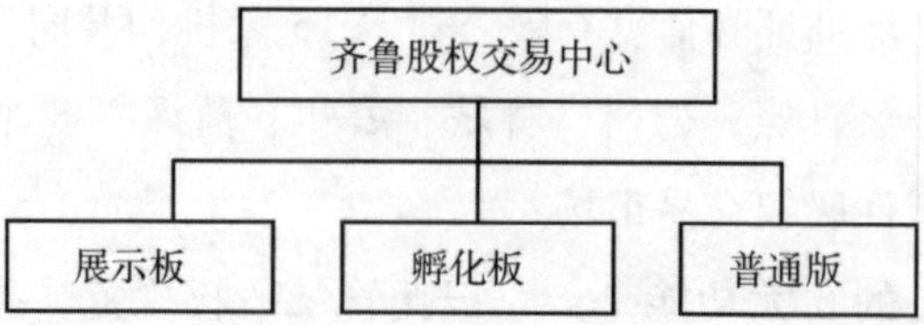

图10-1 齐鲁股交中心三板联动格局体系

528. 展示企业居全国第二的展示板定位及功能是什么？

齐鲁股交中心企业综合展示平台——展示板于 2013 年 11 月 5 日正式上线，截至 2014 年 5 月 22 日，入驻展示企业达 1724 家，数量居全国第二位。展示板的推出标志着齐鲁股交中心多层次、多板块、立体结构的初步形成。

齐鲁股交中心展示板的入驻企业实行“零门槛”，且无中介、无费用。展示板是一个集信息发布、融资服务、会员管理、信息披露、法律制度、行情数据、金融资讯为一体的综合型、开放型金融平台。展示板将为企业开通绿色通道，条件成熟后，企业可以优先进入托管系统或优先改制挂牌。

529. 齐鲁股交中心展示板的发展思路及途径是什么？

背景优势：目前，山东有 80 多万家中小微企业，其中规模以上企业 36000 家。

发展思路：“资源集聚—功能发挥—互联网金融”，即依托山东 80 多万家中小微企业资源优势，通过“零门槛、无中介、无费用”的入驻条件吸引聚集大量企业进入，形成规模性优势以整合平台功能，进而发展互联网金融超市或超市联盟。

具体途径：首先吸引、聚集大量的中小企业资源信息，打造山东省中小企业资源库。利用资源聚集效应，完善平台功能。如网上融资信息沟通对接，数据汇集分类整理，行业金融资讯分析，企业培训孵化指导，建立政府区域企业动态信息库，实行会员分级制，提供针对性数据服务等。在各类资讯数据聚集分析基础上，利用互联网技术，结合平台各项功能，实现网上融资、网上协商、网上支付等互联网金融服务，逐步建立全省中小企业金融信息服务体系、政府网上服务体系。

530. 齐鲁股交中心孵化板的定位及功能是什么？

齐鲁股交中心培育孵化板是参照“新三板”标准设立的与“新三板”对接的板块。齐鲁股交中心的思路是：对暂时达不到“新三板”挂牌标准的公司进行重点培育、孵化，待条件成熟后，按批次向“新三板”推荐，实行批量转移。目前 齐鲁股交中心正积极接触“新三板”等更高层次资本市场探索逐步形成批量转移机制。对不再符合“新三板”挂牌条件的公司，甚至是沪、深交易所退市公司，可以由该板块承接再进行培育和孵化。

为了达到或实现上述思路，齐鲁股交中心正在逐步建立和完善制度设计、信息披露等前瞻性工作并组建了由券商、会计师、律师等组成的挂牌企业上市培育咨询委员会，对优势企业进行分组跟踪指导，促进企业规范运作和快速发展。据官方报道，目前齐鲁股交中心已有 12 家企业启动上市程序，9 家企业进入培育孵化板，30 家企业受到长期跟踪培育。

531. 齐鲁股交中心普通板的定位及功能是什么?

普通板是齐鲁股交中心的核心板块，处于市场的中间层次，向下吸纳展示板企业，向上推荐培育孵化板企业。在这一板块中，齐鲁股交中心主体运营机制、核心运营功能以及得以塑造市场竞争发展优势的重要基础被铺垫和展现，同时体现企业挂牌价值，诸如登记托管、股权规范、治理健全、挂牌交易、融资服务、快速成长、提升形象、金融创新、培育孵化等各种成长优势和服务得到了完整的呈现。

532. 齐鲁股交中心托管、挂牌与投资的条件是什么?

股份托管条件：一是有一定营业收入，二是准备登陆资本市场上市融资的企业。

在托管过程中一般要完成两件事，一是在平台上发布融资需求，二是公司要完成股份制改造。

挂牌条件：这主要是针对普通板来说的，传统行业的企业也能在交易中心挂牌，但年利润不得低于 100 万元，营业收入不低于 2000 万元；创新型或高科技产业在盈利方面则不作要求，但股本资金须达 500 万元。

整个挂牌过程需要花费七八十万元，目前山东省金融办对挂牌成功的企业有十几万元的补贴。

投资条件：自然人投资者只需要有 20 万元的金融资产证明，机构投资人需满足资产达 100 万元。当然交易方式符合 38 号文、37 号文规定，即协议方式交易，买入后的第5天才能卖出，股权交易的股东不超过200人，购买数额不低于1%。

533. 齐鲁股交中心首只私募债发行情况如何？

2013年10月13日，齐鲁股交中心推出了第一单针对挂牌企业的集合私募债券——“13新农债—沂蒙山、徒河2013年集合私募债券”。

该笔集合私募债券由齐鲁股交中心挂牌企业——山东沂蒙山花生油股份有限公司与山东徒河黑猪食品有限公司联合发行，发行规模1000万元人民币，两家公司发债金额各500万元。债券期限1年，票面利率为8%。每月18日付息，按单利计息，到期本金一次性兑付。该笔债券获得合格投资者踊跃认购，1000万元认购意向两个小时内全部确定。此次债券融资为两家公司解决了企业发展中的部分资金难题。

534. 齐鲁股交中心首只可转债发行情况如何？

2014年3月6日，山东亿盛铝业股份有限公司（以下简称“亿盛铝业”）在齐鲁股权交易中心发行可转换公司债券，完成了这家区域性股权交易市场的首单可转换债券。

亿盛铝业发布的转换债券发行总额为2000万元，发行的期限为2+1年，在第2年末投资者有选择，即回售选择权与转股选择权和发行人上调票面利率选择权。3年持有期届满之日，投资者可选择转为普通股或由公司按私募债券票面价格加持有期间未结算利息赎回。但根据转股时间点的不同，转换成的股份数量也有所不同，若在第2年末转股，每1000元转360股，转股现值价格（扣除利息收入）为2.25元，若这2000万元债全部转化为公司股票，即相当于公司增发了720万股；若是3年期满转股，每1000元转300股，转股现值价格为2.38元，即相当于公司增发了600万股。

本次可转债发行方式为私募，发行对象数量不超过200人，购买者可以是亿盛铝业的董事、监事、高级管理人员及持股比例超过5%的股东，承销商也可以参与认购。并且本次发行可转债在存续期间内前2年票面利率为9.5%（每年），且这2年固定不变；在本次可转债存续期的第2年末，如市场情况发生变化，公司可以根据市场利率情况选择上调票面利率或保持利率不变。

535. 齐鲁股交中心打造地市副中心的成果如何？

齐鲁股交中心立足于淄博总部，正逐步实施向山东省内地级市等区域扩展战略，目前已经相继建立了烟台、济南运营中心，未来还将在青岛（当然，现在已经有外来的蓝海股权交易中心了）、鲁西等地建立运营中心。

2014 年 4 月 18 日上午，齐鲁股权交易中心烟台运营中心揭牌暨企业挂牌与托管仪式在烟台举行。烟台固特丽生物科技股份有限公司、烟台一品鲜蔬菜股份有限公司、山东坤永农产品股份有限公司、烟台润东汽车销售服务股份有限公司 4 家企业鸣锣开盘，成功挂牌。山东凯达投资有限公司、烟台安德水产有限公司等 18 家企业实现股权集中托管，齐鲁股交中心将代为企业管理股权，并提供股权质押、分红派息等增值服务。之前，齐鲁股权交易中心与烟台市金融工作办公室、烟台联合产权交易中心签署了战略合作协议。共同为本地优秀中小企业搭建了一个股权托管、转让、融资的平台，为烟台市与多层次资本市场的对接开启了新的窗口。

同年 4 月 26 日，齐鲁股权交易中心济南运营中心在济南市中小企业公共服务中心二楼正式揭牌。揭牌仪式上，山东煜龙环保科技股份有限公司和山东可尼光电设备股份有限公司挂牌，20 家济南市企业实现股权集中托管，500 家济南市企业集中展示。在这之前，齐鲁股权交易中心与济南市中小企业公共服务中心签订全面战略合作协议，将在企业挂牌、融资、培育等方面展开深入合作。齐鲁股权交易中心将依托济南省会城市产业基础、资源聚集优势，加大对济南运营中心的支持力度，在业务产品创新、金融资源聚集、融资功能完善、人才队伍建设等方面实现突破，将济南运营中心逐步建设成为立足省会济南、辐射省会城市群经济圈的市场研发中心、培育孵化中心、投融资服务中心、资本要素聚集中心，更好地服务济南及周边城市发展，助推济南城市群经济圈建设。

536. 齐鲁股交中心创新医药企业展示平台的情况如何？

2014 年 4 月 21 日，齐鲁股权交易中心医药产业板块暨淄博市医药企业展示平台正式上线。该平台将对淄博广大医药企业进行宣传展示、提升企业知名度、拓宽企业间互动交流渠道。淄博市医药企业展示平台是由淄博市政府主导，依托齐鲁股权交易中心综合展示平台建立的促进企业交流合作、招商引资、产业升级的综合性服务平台。该平台将借力齐鲁股权交易中心的金融要素聚集能力，引导医药企业通过对接资本市场实现跨越发展；还将通过对企业的信息整合，做好医药行业分析，为企业提供更多增值服务，进而实现医药产业的资源优化配置和转型升级。

近年来，淄博市坚持技术创新与资本创新双轮驱动，着力推进医药产业科技进步，大力推动医药产业与资本市场联姻，促进了医药产业的快速健康发展，已发展成为国家级生物医药产业基地和医药生产出口基地。目前淄博医药企业达到160余家，拥有3个国家级医药研发中心、7件中国驰名商标，以及一批重要的境内外科技孵化器及新材料、新医药等开放式创新中试基地。

537. 齐鲁股交中心搭建知识产权平台上线的情况如何？

2014年4月22日，齐鲁股权知识产权展示交易平台成功上线，仪式上共有9家专利获奖企业成功进行股权集中托管，98家专利明星企业集中展示，71项专利产品集中发布。

该平台不仅是齐鲁股权交易中心与淄博市知识产权局合作的一项创新功能平台，也是中心创新交易品种的重大举措，该平台将提供专利产品展示发布、确权评估、挂牌转让、交易鉴证、结算清算、项目融资、培训咨询等服务，可以有效促进知识产权的商品化、产业化和资本化，对推动知识产权借助区域股权交易市场有序流转、促进科技金融有机融合、加快省内中小微企业知识产权金融服务体系建设，以及打造具有重要影响力的区域性知识产权展示交易平台等具有十分重要的意义。

齐鲁股权交易中心以此次展示交易平台推出为契机，不断加强金融创新，提升服务功能，不断总结经验、突出特色，发挥资本市场对科技产业的推动作用，促进科技成果产业化，为科技型企业和高新技术产业提供了优质高效的服务。

538. 山西股交中心概况及运营情况如何？

山西股权交易中心（以下简称“山西股交中心”）是由山西省政府批准设立的公司制、市场化运作的区域性交易市场。由山西省国信投资（集团）

公司作为第一大股东牵头筹建，山西证券股份有限公司参股，注册资本金为1亿元，成立于2013年8月29日，主要为非上市公司，特别是中小微企业拓宽融资渠道，提供企业挂牌展示、股权登记、托管、转让、结算交收、代理分红派息及企业私募债券发行、转让等综合金融服务。

山西股交中心的经营理念：为中小微企业股权交易和融资提供服务，支持科技创新和激活民间资本，促进山西经济转型和产业升级。

功能定位：打造为中小企业提供全方位优质服务的平台，在实现拓展融资渠道、培育现代企业、推动公司上市方面发挥积极作用。

六大功能：中小企业及私募产品的挂牌展示中心、投资中心、融资中心、交易中心、托管中心和培育中心（现阶段以挂牌展示中心为基础，为企业提供挂牌展示服务）。

经营目标：把中心营造成资本和企业的集聚地、投资者发现价值的聚宝盆、创业者成就梦想的福乐园。

山西股交中心挂牌展示门槛低、零成本、不强制公开披露信息、无交易所上市阻隔，且属于市场自治。开业当日挂牌展示企业达到866家，截至2014年5月31日，挂牌展示企业为934家。挂牌展示企业主要来自能源、机械装备制造、生物制药、高新技术、新材料、物流、文化、旅游等行业领域。

539. 山西股交中心四层次结构体系是怎样的？

山西股交中心设置了4个层次，从低到高，依次是展示板、培育板（“3211”挂牌条件，与前海相似）、创新板（高新技术、高科技企业）和拟上市板（见图10－2）。政府服务平台功能明显，企业挂牌中心不收费，只有产生股权、私募债等融资业务后，中心才根据金额大小按照一定比例收取服务费；当然，挂牌诸如审计、推荐等中介费用企业还是要例行付出的，不过地方政府有财政补贴，总体费用比较低。目前挂牌展示企业95%以上都符合“3211”条件。

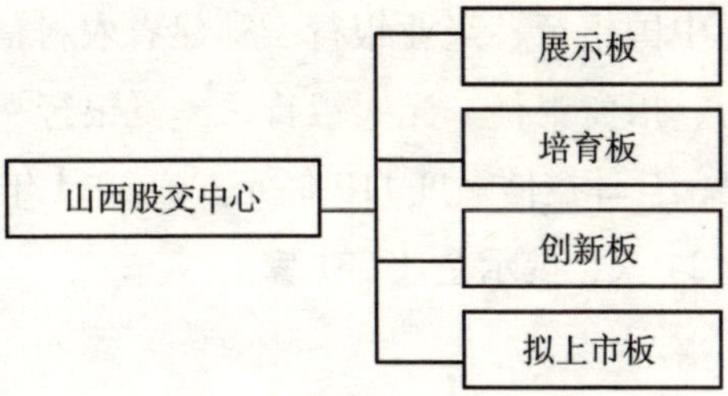

图 10－2　山西股交中心“一市四层”市场结构体系

540. 山西股交中心“3211”挂牌标准是指什么？

中小微企业存续期满 1 年以上，且满足“3211”标准之一，即可申请在山西股权交易中心挂牌展示。“3211”标准，与前海股权交易中心很相似，或者说是对前海经验的借鉴，内容是：

盈利指标考核，在上一年度或最近 12 个月的净利润累计不少于 300 万元；营业收入和成长指标考核中，在上一年度或最近 12 个月的营业收入累计不少于 2000 万元，或最近 24 个月营业收入累计不少于 2000 万元，且增长率不少于 30%；净资产和营业收入指标考核中，净资产不少于 1000 万元，且上一年度或最近 12 个月的营业收入不少于 500 万元；金融机构增信指标考核中，上一年度或最近 12 个月银行贷款达 100 万元以上或投资机构股权投资达 100 万元以上。

541. 海峡股交中心简况如何？

海峡股权交易中心（以下简称“海峡股交中心”）是在福建省贯彻落实国务院支持海西先行先试的“三规划两方案”、建设两岸区域性金融服务中心政策的指导下，经福建省政府批准于 2011 年 10 月 26 日在两岸共同家园——平潭注册成立的。该中心由兴业证券、福建省能源集团、福建产权交易中心、福州市国有资产投资公司等地市国有投资机构及有台资背景的海峡富国基金共 9 家企业发起，注册资本为 1.9 亿元。海峡股交中心整合银行、券商等多方专业机构，构建股权交易、债券交易、登记托管、投融资、综合服务等五大业务服务平台，服务于非上市中小微企业以帮助它们解决面临的“两多两难”问题。

目前，海峡股交中心与中国银行、兴业银行、福建省农村信用社、建设银行、工商银行、民生银行、招商银行、光大银行、华夏银行9家省内主要银行机构签署战略合作协议，合计授信额度110亿元。到2014年5月31日为止，海峡股交中心挂牌企业24家，展示企业531家。

542. 海峡股交中心的市场定位及业务范畴是什么？

海峡股交中心的市场定位是：致力为企业提供更专业更全面的金融服务，规范企业运作，通过多种形式解决其融资难问题，帮助企业做强、做大、做优，促进转型升级；致力为投资者提供更多更丰富的产品和服务，给投资者提供更早介入处于创业初期的高成长企业的机会，同时将加强投资者适当性管理和投资者教育，维护投资者利益；致力为政府提供各类服务，协助解决“两多两难”问题，对政府解决企业发展面临的困难和问题提供决策参考，引导民间资本服务实体经济，推动产业升级和经济转型，更好地推动地方经济发展。

海峡股交中心开展的业务主要有股权交易业务、债券交易业务、投融资业务和登记托管业务等。业务范围包括企业挂牌，股权转让业务，股权质押融资服务，登记托管服务，定向增资业务，私募债券业务，理财产品转让服务，投融资对接业务和台资企业专项业务等。

543. 海峡股交中心的会员分类及挂牌交易的条件是什么？

海峡股交中心依据参与业务范围不同，设立专业服务机构会员、投资会员、交易代理会员、推荐机构会员、战略会员和特别会员。银行、证券、基金、投资公司等金融机构及会计师事务所、律师事务所、资产评估公司、担保公司等中介机构均可成为相关会员。

企业挂牌基本条件是：①存续满1年的非上市股份有限公司；②法人治理结构健全，运作规范；③股权结构清晰，股权发行及交易行为合法合规；④业务基本独立，具有持续经营能力；⑤股本总额及经审计的账面净资产均不少于500万元；⑥对国家重点鼓励发展行业中的创新型、高成长型企业及高新技术企业，符合海西发展战略规划重点扶持政策的企业，以及台资企业、台商合资企业可参照上述条件适当放宽；⑦海峡股交中心要求的其他条件。

544. 海峡股交中心第一个分支机构泉州运营中心如何？

海峡股交中心泉州运营中心2013年7月31日在泉州揭牌。在揭牌仪式上，有3家公司举行了挂牌交易鸣锣仪式，另有24家拟挂牌企业集体展示。截至2014年5月22日，该分中心已经实现4次企业集体挂牌，累计挂牌展示企业达125家，其中，挂牌交易企业12家，展示企业112家。到目前为止，已帮助16家挂牌企业实现融资3.9亿元，另有融资规模4亿元的泉州官网私募债已经海交中心备案；已培育各类会员机构26家，开发合格投资者130户。

泉州运营中心的建设是《福建省人民政府关于贯彻落实福建省泉州市金融服务实体经济综合改革试验区总体方案的实施意见》重点推动项目和泉州金改区2013年重点项目之一。该中心依托海峡股交中心软、硬件资源，实行“统一市场准入、统一交易规则、统一交易系统、统一专家审核、统一自律监管、统一信息披露”，为中小微企业提供股权交易、股权融资、债权融资、股权登记托管等方面的服务，有利于引导泉州市发达的民间资本投向实体经济，拓宽中小微企业直接融资渠道，对进一步推动泉州金改区建设、加快金融改革、推动产业转型升级、打造泉州经济“升级版”具有重要意义。

545. 海峡股交中心的挂牌企业分哪两类，挂牌展示的条件是什么？

海峡股交中心将挂牌企业分为挂牌交易和挂牌展示两类，其挂牌展示，实际上与其他股权交易所推行的“企业展示”差不多，其企业挂牌展示条件是：

（1）成立满1年，企业形式不限。

（2）业务清晰、有明确的营业收入以及具备持续经营能力。

（3）公司经营合法合规。

（4）股权结构清晰。

（5）省、市重点后备企业，政府相关部门支持的企业参照上述条件优先入选。

第二节　辽宁、青岛与新疆

546. 辽宁股交中心简况如何？

辽宁股权交易中心股份有限公司（以下简称“辽宁股交中心”）于2013年1月21日，经辽宁省人民政府《关于设立辽宁股权交易中心股份有限公司的批复》（辽政〔2013〕17号）批准设立，并于2月7日在辽宁省工商行政管理局登记注册成立，中心注册资本人民币5000万元，注册地在沈阳市。辽宁股交中心不以营利为主要目的，是为辽宁省非上市企业提供股权、债权转让和融资等服务、为地方实体经济发展提供支持的综合性金融服务平台，其成功运行意味着辽宁区域金融服务中心建设取得重大进展，必将带动沈阳金融商贸开发区更快速地发展。

辽宁股交中心的目标是立足辽宁，辐射东北，运作规范，能够为中小企业提供专业、持续、综合、创新资本市场服务，帮助中小企业融资、规范、成长，能够对地方实体经济发展发挥积极作用，成为具有多平台、多层次、多板块、多产品的综合性金融交易与服务市场。

辽宁股交中心致力于打造成为服务地区企业的核心竞争力展示平台，企业股权、债券和权益产品登记、托管及交易流通的平台，市场化融资服务平台，综合性金融服务平台。中心拥有证券公司、银行、投资机构、会计师事务所、律师事务所、评估师事务所等百余家资本市场服务机构，为企业提供全方位的指导服务。

547. 首创3项“国内第一”的辽宁股交中心运营现状如何？

中小企业不具备较大的企业规模，但具有持续盈利能力、良好发展前景，尤其是科技型中小企业，应该得到多层次市场的扶持。辽宁股交中心通过完善规则、缩短流程、简化文件、降低费用等方式，帮助企业更方便、更快捷、更低成本地参与市场；通过股权质押、增信信用贷款、私募债券备案发行、股权定向增资等渠道帮助企业实现融资，同时辽宁股交中心积极研究以更多的创新融资模式来满足中小企业的发展需求并提供贴身服务。到目前为止，3项国内首创便是这些创新思维与切实服务的体现。

辽宁股交中心3个国内首创：首创国内区域股权市场的发展指数、首个国内区域股权市场科技概念专项板块和首发国内区域股权市场“集合私募债”（非一般性质的私募债），详见552问。截至2014年5月31日，辽宁股交中心交易板挂牌企业55家，科技板挂牌企业485家，托管企业159家，会员机构110家，总市值28.15亿元，帮助20余家企业实现融资总数9.51亿元，股权交易额超过3亿元。另外，其私募债1年期利率水平9%，2年期利率水平7.5%～12%。

548. 辽宁股交中心的特色股权结构及其运营新模式是什么？

辽宁股交中心是中国信达集团、上海证券交易所与辽宁省人民政府全面战略合作的重要组成部分，也是上海证券交易所在全国参与投资建设的3家区域市场之一。其股东有5家，即沈阳股权登记托管有限公司（占比33%，该公司由辽宁沈阳联合产权交易所和辽宁联合资产管理公司各出资51%和49%）、信风投资管理有限公司（占比33%，该公司为信达证券股份有限公司全资子公司）、上证所信息网络有限公司（占比20%，该公司为上海证券交易所全资子公司）、大通证券股份有限公司（占比10%）、中天证券有限公司（占比4%）。其中信达证券不仅以其全资子公司参股，同时还将以中心的会员身份开展相关业务。

此外，辽宁股交中心的股东结构不仅集合了股权托管机构、信达证券、大通证券和中天证券等各方的资源和优势，还吸引了上海证券交易所参股，是集政府主导与券商、交易所市场化运作三重优势的市场，在全国场外市场建设中优势与特色比较突出，这意味着辽宁股权交易市场在筹建后将走规范化、市场化和专业化的发展道路。

正因为辽宁股交中心具备上面优越的股权结构体系，所以其“公司化组织＋专业化管理＋市场化运作”运营模式不再空洞，将真正发挥应有效能，只有这样，才称得上是新模式。这种模式得以激活，不仅能够促进自身发展，更能为其他同类企业提供新的发展视角，促进辽宁金融服务行业的进一步完善及发展。这对推动辽宁地区的中小企业资产重组、促进地区产业结构调整及建设多层次资本市场体系下的区域金融中心有着积极意义，将显著拉升辽宁省金融服务业的整体竞争力。

以上两大特色，为辽宁股交中心的创新化思维及市场化运作奠定了重要的基础，如随后推出的科技板以及开创和发布国内第一只区域股权市场发展指数——“中证辽宁股权交易市场发展指数”等都与这两大特色有关联。

549. 承载两大优势的辽宁股交中心组织机构是怎样的?

辽宁股交中心具备优越的股权结构，从而使本身寻常的“公司化组织+专业化管理+市场化运作”模式不再空洞，真正成为一种整合各方力量的新模式。那么，能够承载这两大优势的组织结构是怎样的呢？此处将辽宁股交中心组织架构作为本书介绍区域股权市场组织结构的常规例子，这是本书有关区域股权市场组织架构的唯一例子。如图10-3所示。

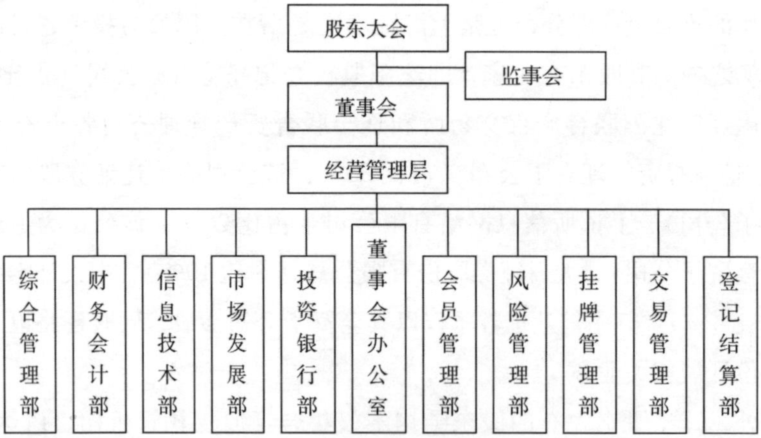

图10-3 辽宁股交中心组织结构

550. 辽宁股交中心的经营范围和主要业务是什么?

经营范围：

一是办理各类非上市企业的股权集中登记托管，并提供非交易过户、挂失、查询、分红派息和股权质押登记等服务；二是为股权、债权和其他权益类产品等的挂牌、转让、融资、登记、托管、结算等提供场所、设施和服务；

三是为企业改制、重组、并购、上市、投资等提供政策指导和业务咨询；四是发布与上述经营范围相关的产品和服务的信息。

主要业务：

一是为辽宁省内非上市公司提供股权登记、托管、交易、结算等服务，降低公司股权管理成本，实现权益的有序流转。同时培育和储备上市或挂牌公司资源。

二是通过市场汇聚大量机构投资者和风险投资资本，帮助企业通过定向增资或发行私募债、集合债等实现直接融资，有效拓宽融资渠道。

三是与银行等金融机构开展战略合作，为挂牌企业股权质押融资提供支持。

四是与证券公司、基金公司等机构开展创新，丰富市场交易品种，提升市场功能，满足市场参与者的投融资需求。同时引入银行、证券公司等金融机构发行的理财产品进场投资和交易。

551. 凸显专业与细分，辽宁股交中心投资的股权登记托管公司情况如何?

2013 年 12 月 13 日，辽宁股权登记托管服务有限公司（以下简称“托管服务公司”）取得企业法人营业执照，该公司由辽宁股权交易中心股份有限公司（占比 66%）和沈阳股权登记托管有限公司（占比 33%）共同发起设立，注册资本 100 万人民币，注册地址为沈阳市。沈阳股权登记托管有限公司原有的股权集中登记托管业务并入托管服务公司。

托管服务公司的设立是辽宁省政府推动省内非上市企业股权集中登记托管工作的一重要举措，是辽宁资本市场体系建设的重要步骤。根据省金融办的批复文件精神，托管服务公司可在辽宁省内各市开展业务，这为辽宁省内非上市企业的股权集中登记托管的后续工作开展奠定了坚实基础，同时也进一步夯实了辽宁股权交易中心在非上市企业登记、托管和其他业务拓展方面的基础。

托管服务公司的经营范围包括：办理各类非上市企业的股权集中登记托管，包括股本的增、减登记；股权的转让、非交易过户、挂失、查询、股东资料变更、公司信息变更、分红派息、质押登记、融资咨询服务、企业改制等系列服务；为股权、债权及其他权益类产品等的挂牌提供登记、托管、结算等服务。

552. 首只国内区域股权市场“集合私募债”产生在哪里？情况如何？

2013年8月12日，辽宁省内第一只私募债券“2013集合私募债01”在辽宁股交中心成功发行并挂牌。这是继浙江、前海之后，全国区域股权交易市场发行的第8只私募债券，也是全国第一只集合私募债券，更是区域性股权市场为地方中小企业提供综合融资服务的积极探索和有益尝试。

“2013集合私募债01”采用余额包销的方式承销，由两家机构投资者认购，期限为两年，首单发行票面年利率为7.5%，（并根据企业自身情况、方案设计合理性和货币市场情况上下浮动，大约为7%～12%），按季付息，引入担保机构。这只私募债券很快就全部售罄，募集资金2000万元。

辽宁股交中心此次通过集合私募债券形式为中小企业募集发展资金，将引领辽宁省内更多中小企业依托辽宁股交中心走向市场化融资道路。辽宁股权交易中心将不断创新融资模式，拓宽中小企业的融资渠道，开发出更多适合中小企业需求的产品，协助和促进中小企业融资发展。

553. 国内首创的区域股权市场发展指数是什么？

中证辽股市场发展指数是国内区域股权交易市场的首创，不仅为投资者观察和分析辽宁股权交易市场发展情况提供了便捷的工具，同时有助于进一步提高区域股权市场的影响力，完善多层次资本市场体系，吸引更多市场潜在发展企业、投资者及金融中介机构，从而提升市场的活跃度。

该指数代码H30350以2013年12月31日为基日，以该日所有样本的市场发展得分为基期，以1000点为基点设立。指数由3个一级指标，11个二级指标，7个三级指标组成，从市场规模（容量）、市场活跃度（交易量）、市场服务3个维度对辽宁股权交易市场发展建设进行综合评估和分析。一级指标和二级指标的权重均采用等权重，三级指标结合实际情况设置。截至2014年4月25日，中证辽宁股权交易市场发展指数上涨至1515.53点，合计上涨51.55%。如图10－4：

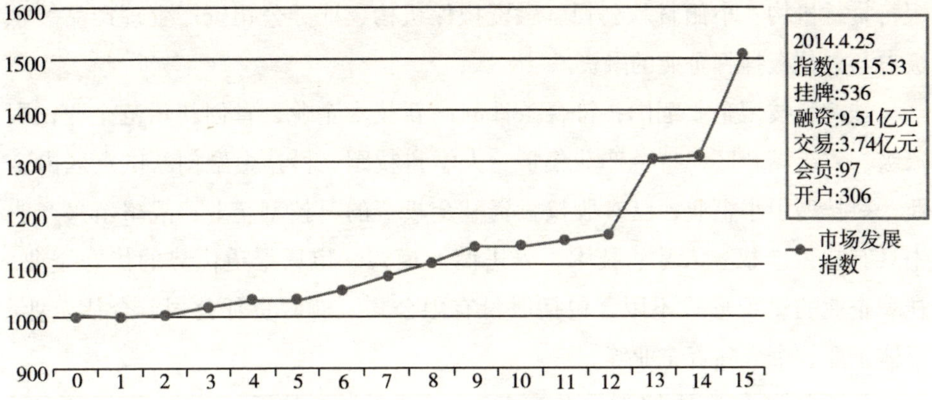

图 10－4　中证辽宁股权交易市场发展指数（2014 年 4 月发布）

资料来源：辽宁股交中心网站。

554. 辽宁股交中心“一市两板”的市场结构体系是怎样的？

辽宁股交中心设立了融资交易板和科技板两个板块。融资交易板是指中心专项服务于股份有限公司，为企业提供综合竞争力展示、股权登记托管、股权挂牌转让以及融资服务的板块。

科技板为各类型科技企业提供综合竞争力展示、改制规范、融资等服务。科技企业在改制为股份有限公司后，满足业务独立、股权明晰、治理结构健全等融资交易板条件，经股东大会做出决议，可向辽宁股交中心提出在交易板挂牌交易的申请。

555. 首个国内区域股权市场科技概念专项板块在哪里？特色是什么？

2014 年 4 月 25 日，辽宁股交中心在辽宁大厦举办了“科技板”企业首批挂牌仪式，共有 481 家科技型企业首批挂牌，这是国内区域股权交易市场首个专项科技概念的板块。

“科技板”是在辽宁省科技厅、省金融办的联合推动下产生的，旨在打造科技金融综合服务平台，为各类科技型企业提供核心竞争力展示、投融资服务，以及企业股权、私募债券和其他权益类产品转让等综合性金融服务。辽宁股交中心将着力了解科技企业发展过程中的各项融资需求，大力开展投融资对接和融资培训。本着降低企业融资成本的原则，推动各类股权投资基金、银行贷款机构、小额贷款公司、融资担保机构、证券公司资产管理产品等积极参与科技板挂牌企业的融资。

挂牌科技型企业范围：符合条件的高新技术企业、省创新示范企业；国家级、省级高新区、特色产业集群、大学科技园、科技金融创新试点区内企业；科技型中小企业；已有股权投资基金投资的科技型企业；战略新兴产业中具有知识产权、人才、技术、先进商业模式、市场渠道优势的优秀企业。挂牌企业的组织形式不限，包括股份有限公司、有限责任公司、合伙企业、集体企业、个人独资企业等。

截至2014年5月22日，共有487家企业挂牌科技板。

556. 辽宁股交中心科技板挂牌企业的条件及收费标准是什么？

申请在辽宁股交中心科技板挂牌企业应具备的条件有：

①企业应具备独立法人资格；②最近12个月营业利润累计不少于100万元；③最近24个月营业收入累计不少于2000万元；④净资产不少于500万元，且最近12个月营业收入不少于500万元；⑤最近12个月银行贷款记录良好或有专业投资机构投资；在第②~⑤项中，符合其中之一即可。

科技板挂牌企业没有实现融资的，辽宁股交中心不对其收费。科技板挂牌企业后续实现融资的，根据辽宁股交中心提供的融资服务实现情况，采用市场化方式收取费用。

557. 辽宁股交中心科技板挂牌企业如何披露信息？

（1）按照挂牌企业信息披露的充分性和时效性，辽宁股交中心对挂牌企业实行分级管理，对挂牌企业信息披露分为三级。

一级信息披露内容为企业基本信息；

二级信息披露内容为企业股东情况、财务状况、管理团队、未来发展规划、企业需求等反映企业经营管理一般性状况的信息；

三级信息披露内容为第三方机构为企业出具的更加翔实反映企业经营管理状况的信息，如各类专项报告，以及企业自愿披露的在一、二级信息披露中尚未披露的其他信息等。

（2）按照信息披露的对象，分为向社会公众披露和向合格投资者披露两类。一级信息须在中心网站（包括其他与辽宁股交中心合作的资讯平台）上进行公开披露；二级、三级信息由企业选择对外公开披露或向合格投资者披露。

企业决定对外公开披露的信息，辽宁股交中心可在其他合作资讯平台上予以披露。

558. 辽宁股交中心科技板如何做好对外信息披露？

辽宁股交中心鼓励挂牌企业通过中心网站自愿、充分、全面、客观地披露信息，在以下方面重点突出企业的竞争优势和投资亮点：

①行业状况和未来发展，以及公司在行业中的地位；②公司优势与专长；③公司专利与荣誉；④公司产品与服务；⑤公司管理团队；⑥发展战略、融资需求和资金用途、其他需求等。

挂牌企业持续信息披露的内容、程度由企业自主把握。辽宁股交中心鼓励企业及时、充分、客观、全面地持续披露企业生产经营的各项信息。

559. 新疆股权交易中心概况及运营情况如何？

新疆股权交易中心（以下简称“新疆股交中心”）是经新疆维吾尔自治区人民政府批准设立的西北首家、区内唯一一家可从事非上市公司股权交易的区域性股权交易市场。中心由新疆金融投资有限公司、宏源证券股份有限公司、乌鲁木齐高新区国有资产投资管理有限公司、乌鲁木齐经开区建设投资有限公司、克拉玛依金融发展有限公司等 5 家公司发起，于 2013 年 10 月 21 日成立，注册资本 1 亿元，采用公司化、市场化运作模式。

新疆股交中心主要为非上市股份有限公司的股权登记、托管、转让、融资、结算、过户等提供服务；组织和监督股权托管交易活动；发布市场交易信息；代理股权买卖；为非上市公司进场挂牌提供融资、咨询等综合服务。

新疆股交中心是全国多层次资本市场的组成部分，对完善区域金融市场体系和功能、推动我区中小企业持续高效发展具有重要作用，对解决新疆成长型企业的融资困难具有重要意义。

截至 2014 年 5 月 31 日，新疆股交中心托管企业 73 家，托管企业总股本 97.51 亿股，托管企业总资产 290 亿元；挂牌企业 435 家（除几家是股份公司外，其余皆是展示性质的有限责任公司），市场市值77.59亿元；融资总数2.8亿元；推荐机构会员5家，专业服务机构会员26家。

560. 新疆股交中心企业挂牌的条件是什么？

有限公司在交易中心挂牌应具备以下条件：权属清晰，具有持续经营能力，且符合以下4个条件之一：

（1）最近12个月的净利润累计不少于50万元。

（2）注册资本不低于300万元。

（3）最近12个月的营业收入累计不少于500万元；或最近24个月营业收入累计不少于500万元，且增长率不少于30%。

（4）最近12个月贷款达50万元以上或引入PE、VC机构投资者。

非上市股份公司申请在股权交易中心挂牌，应具备以下条件：

（1）依法注册并规范经营不少于一个完整会计年度的股份有限公司；有限责任公司按原账面净资产值折股整体变更为股份有限公司的，持续经营时间可以从有限责任公司成立之日起计算。

（2）业务明确，具有持续经营能力。

（3）公司治理机制健全，合法规范经营。

（4）股权明晰，股份转让行为合法合规。

（5）推荐机构会员推荐并持续督导。

561. 新疆股交中心挂牌展示的收费标准是什么？

（1）挂牌展示，不收费，等到企业获得融资后收取1%~2%的手续费。服务企业：有限责任公司，要符合第560问中有限责任公司的挂牌条件。

（2）挂牌：挂牌初始费50000元，每年挂牌服务费20000~30000元（资本金5000万元以下，20000元；5000万元以上，30000元）；另外中介（推荐、审计、律师）估计在30万~60万元左右。服务企业：股份制有限公司，要符合第560问中股份制有限公司的挂牌条件。

目前，新疆挂牌展示435家，只有几家是股份公司，其余都是有限责任公司。也就是说，绝大多数企业都是属于展示性质的挂牌。

562. 新疆股交中心“资本路线图计划”是指什么?

2013年10月21日，新疆股交中心开业的同时，启动了“新疆中小企业资本路线图计划”。该计划以新疆股权交易中心为平台，动员证券公司、会计师事务所、律师事务所等各类中介机构，以及银行、信托、融资租赁等各类金融产品提供商，根据中小企业初创期、成长期、成熟期等不同阶段需求，分别给予融资、挂牌、上市培育等不同资本支持和配套专业化服务，帮助中小企业规范发展。

“中小企业资本路线图计划”不是简单的政府计划，而是针对不同企业的具体情况，提供量体裁衣的服务，营造有利于新疆中小企业不同成长阶段需求的发展环境。实施“中小企业资本路线图计划”的目的，就是对处于不同发展阶段的中小企业开展有针对性的资源扶持和资本对接。

563. 新疆股交中心“资本路线图计划”的具体内容是什么?

新疆股交中心“中小企业资本路线图计划”是对处于初创期、成长期和成熟期等不同发展阶段的中小企业开展有针对性的资源扶持和资本对接，具体内容为：

（1）初创期企业。

企业特点：企业产品和经营等各方面尚未定型，资产规模小，实力弱，组织机构简单且不规范，产品所占有的市场份额小、经营风险大，资金需求较大，投资的风险高，缺乏通畅的融资渠道。

服务原则：支持发展为主，适度规范为辅；零费用、低门槛。

融资对接服务：新疆股权交易中心作为第三方金融服务商，与银行、信托投资公司、小贷公司、资产管理公司、融资担保公司、私募股权投资基金等金融产品提供商合作，为企业提供以股权质押、专利权质押、存货抵押、联保联贷、小微企业信用贷等间接融资对接服务，必要时引入财富个人投资者参与企业的直接融资和向特定投资人发售中小企业私募债。

其他服务：根据企业的实际需求，为企业持续提供低成本顾问服务、管理诊断服务、持续培训服务、人力资源对接服务、交易安全保障服务等，并且为企业创造一个信息自主展示的平台，达到为企业形象与品牌做宣传的目的。

（2）成长期企业。

企业特点：由于市场扩张，生产能力和规模相应扩大，生产投资急剧增加，企业因此会出现严重的“资金饥渴症”。企业管理问题越来越多，需要企业完善制度，逐渐规范公司法人治理机构，扩大市场宣传。

服务原则：分步实现规范，引导股改挂牌。

融资对接服务：新疆股权交易中心一方面将督导中介机构为企业制作定向增资材料，一方面将负责向新疆股权交易中心的数百家合格机构投资人进行企业路演推介、市场测试、承销发行，帮助企业获取直接融资，同时辅以中小企业私募债、中小企业集优债、中小企业集合票据等间接融资对接服务。

其他服务：配套高端人才的引入服务，并与会计师事务所、律师事务所等专业服务机构协作，对成长期企业遇到的财务、法律、税务、管理等问题提供专业化咨询服务。

（3）成熟期企业。

企业特点：企业在成熟期，已建立了一系列规范化的规章制度，各项制度也日益趋于完善，其自身的灵活性与自控性已经达到了一个相对平衡的状态，形成了制度化的企业治理过程，决策程序也走上了规范化的道路。此阶段企业的目标是巩固和提高企业已取得的行业地位和成绩，使主要产品及服务突破区域市场，走向更高层次的资本市场。

服务原则：辅助做大做强，支持转板上市。

融资对接服务：支持企业进入全国中小企业股份转让系统进行定向增资或在交易所市场公开发行的直接融资方式。

其他服务：为企业提供转板、上市咨询服务，推动企业在新三板市场或交易所市场进行挂牌、上市。

服务目标：通过这些服务，新疆股交中心的最终目标是将自身打造成为集企业投融资对接、经营管理诊断、中小企业数据分析为一体的，服务中小企业发展全过程的金融服务平台，力争在未来10年内，使新疆一部分中小企业通过这个平台能够实现转型升级。

564. 青岛蓝海股交中心简况及运营情况怎样？

青岛蓝海股权交易中心（以下简称“蓝海股交中心”）是经青岛市政府

批准，由中信证券、国信证券、青岛担保中心有限公司、青岛全球财富中心开发建设有限公司和中信万通证券5家专业机构共同出资设立，并于2014年3月18日正式运营的，注册资本5000万元。

蓝海股交中心将为企业打造一个全方位的综合性服务平台，助力企业成长壮大，规范企业融资发展，培育企业发现价值。目前设置的部门有挂牌业务部、企业融资部、会员发展部、交易管理部、登记清算部、风险控制部、信息技术部、财务部和综合管理部。主要是为各类企业特别是中小企业提供股权、债权和其他权益类产品的登记、托管、转让、投资、融资、结算、过户等服务；组织股权、债权和其他权益类产品的交易活动；提供融资、并购、资本运作及与业务相关的查询信息、培训、咨询、评级、财务顾问等服务；提供融资理财、委托投资、项目投资、投资管理等业务服务。

蓝海股交中心采取“政府监管、券商主导、市场化运作”的模式，立足青岛、辐射山东，努力成为青岛金融综合改革的探索平台、促进产业转型升级的重要推手和山东多层次资本市场的重要组成部分。截至2014年5月31日，挂牌企业13家，展示企业105家，首批挂牌展示企业共实现4600万元融资，另外，还与10家银行签订了战略合作协议，将为挂牌企业提供总额为100亿元的银行授信额度，并将逐步推出挂牌贷、股权质押贷、定向理财等针对挂牌企业的融资、理财产品。

565. 蓝海股交中心借力券商主导市场的4大优势是什么？

蓝海股交中心是一个券商主导的区域股权市场，这样的市场可以借助券商的很多优势资源，主要表现在：

（1）资源优势，券商拥有大量的企业资源、机构资源和客户资源，每一家券商的客户资源都不一样，因此创造的行业需求也不一样。

（2）人才优势，券商在银行、发债、资产管理、固定收益、投行等方面都有经验丰富的专业人才，他们在设计产品方面得心应手。

（3）研发优势，券商都有庞大的技术研发团队，能提供各种题材、不同行业的调研和信息，充分为企业量身定做投融资项目。

（4）区域股权交易中心跟投行的运营和管理有更多的相似之处，而国内一些实力雄厚的券商正是投行的代表，它们在这一行业浸淫多年，市场引导与运营管理更具优势。

566. 蓝海股交中心未来创新业务的思路是什么？

未来在做好传统股权融资、质押授信和私募债发行等方面的基本融资服务之外，还将探索建立金融资本与产业对接的直接通道，引进风险投资、创业投资和民间资本进场以提供多种融资方式。

蓝海的定位是一个多品种交易平台，通过整合中心平台上的各类中介服务资源，为中小企业在投融资、业务开拓、法律审计方面提供全方位、立体化综合金融服务。在青岛建设财富管理金融综合改革试验区的规划中，努力成为重要的资本要素交易平台，在场外金融衍生品交易、高净值客户跨境资产配置等方面做合规、有益、积极的探索。

区域股权市场不仅是一个市场产品的销售平台，还应该是股权并购的平台。这正是未来蓝海股交中心将要强力打造的特色业务。这与同有两大券商大股东的前海股权交易市场有相通的思路。

第三节　武汉、湖南与甘肃

567. 武汉股交中心简况及运行情况如何？

武汉股权托管交易中心（以下简称“武汉股交中心”）是经湖北省人民政府批准，由武汉光谷联合产权交易所有限公司为主发起人，深圳证券交易所深圳证券信息有限公司、湖北省科技投资集团有限公司、长江证券股份有限公司、天风证券股份有限公司等单位共同出资参股的非上市公司股权托管交易平台，落户于“中国光谷”所在地——武汉东湖新技术开发区。

武汉股交中心建立了管理严格、运作规范、流程简约、风险可控的非上市公司股权托管交易系统，搭建了聚集投资融资双向信息的交流平台，提供了风险投资的进退渠道，以增强区域内非上市公司股权流动性、促进中小企业融资能力提升、支持实体经济健康成长、服务武汉区域金融中心建设和湖北经济社会跨越式发展。

截至2014年5月31日，武汉股交中心运行现状是：426家托管企业，215.53亿股托管总股本；207家挂牌企业，51.11亿股挂牌总股本，387.14亿元挂牌总市值，2.29亿股挂牌累计成交量，4.21亿元挂牌累计成交额；565笔非挂牌公司股权转让过户，5.97亿股非挂牌公司股权转让总股本，9.79亿元非挂牌公司股权转让总金额；6.74亿元企业股权性融资总金额，75.73亿元股权质押融资总金额。

568. 被誉为“新汉柜”的武汉股交中心区域背景情况是怎样的?

早在20世纪初，武汉就曾是全国仅次于上海的金融中心。20世纪90年代初，武汉证券交易中心（俗称“汉柜市场”）与当时的淄博、乐山构筑起当时中国最大和最有影响的3家场外交易市场。汉柜市场的国债交易在全国国债市场中占据举足轻重的地位。最火爆时，武汉、南京、珠海等地的70多家证券营业部都开通了汉柜交易，最高日交易额达到5000多万元。然而在1997—1998年的清理整顿中，汉柜市场被强制限时关闭，黯然退场。

湖北省约有50万家中小企业，其中规模以上企业1.1万多家，上市后备公司398家。武汉市17万多户中小企业，占全市企业总数的95%以上，光谷地区2万多户中小企业，融资结构仍以间接融资为主。信用担保难、融资成本高成为制约中小企业间接融资的障碍，而在直接融资渠道中，中小企业又很难达到发行股票上市融资的条件。区域股权市场准入门槛低，存在很大的发展空间。

武汉东湖新技术产业开发区是继北京中关村后我国第二家国家自主创新示范区。“武汉·中国光谷”位于武汉市东南部的三湖六山之间。关东光电子产业园、关南生物医药产业园、汤逊湖大学科技园、光谷软件园、佛祖岭产业园、机电产业园等各具特色，2000家高新技术企业分类聚集，以光电子信息产业为主导，能源环保、生物工程与新医药、机电一体化和高科技农业竞相发展。武汉·中国光谷建成了国内最大的光纤光缆、光电器件生产基地，最大的光通信技术研发基地，最大的激光产业基地。光纤光缆的生产规模居全球第二，国内市场占有率达50%，国际市场占有率12%；光电器件、激光产品的国内市场占有率40%，在全球产业分工中占有一席之地。目前，区内拥有18所高等院校56个国家级科研院所。

569. 武汉股交中心的定位及功能是什么?

武汉股交中心的定位为中国证监会统一领导下的多层次资本市场的有机组成部分，是有效满足多元化投融资需求的一个重要的金融要素市场；是对主板、创业板和"新三板"重要补充的区域性场外交易市场；实现与"新三板"和更高层级的创业板、中小板及主板的有效对接，是培育企业的"孵化器"和企业上市前的"预科班"。

武汉股交中心的4项功能：

股权托管登记：为全省各类非上市公司提供股权、债权、私募债券、理财产品等产品的确权、登记、托管、结算、过户等服务。

股权挂牌交易：为"两非一高"中小微型企业提供股份挂牌及转让交易服务。

股权融资服务：一是通过挂牌前的定向募集股份和挂牌后的增资扩股等方式，为挂牌企业提供直接融资；二是通过股权质押融资和发行私募债等形式，拓宽中小企业融资渠道。

企业培育服务：通过挂牌辅导帮助企业完成股份制改造、规范法人治理、整合市场资源、改善经营业绩，为其进入更高层次资本市场打下基础。

570. 武汉股交中心的三大系统及"一市两板"格局是什么?

武汉股交中心的三大系统是股权托管登记系统、股权挂牌交易系统和配套增值服务系统，其挂牌对象是非上市、非公众（股东人数在200人以下）和具有较高成长性的企业，即"两非一高"企业。

武汉股交中心的"一市两板"格局是指由"挂牌交易板"和"企业展示板"构成市场的两个层级板块格局。如图10-5所示。

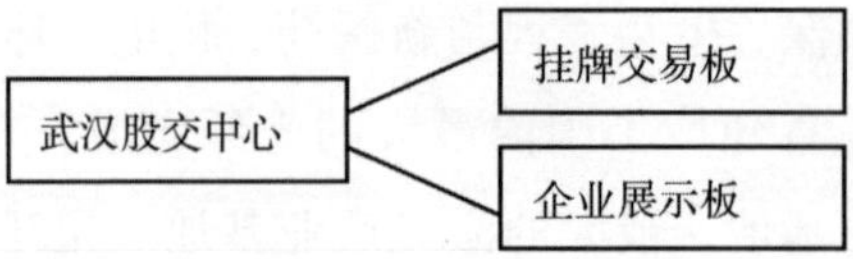

图10-5 武汉股权中心"一市两板"格局

571. 武汉股交中心展示板情况如何?

武汉股交中心“企业展示板”于2013年12月18日上线启动,首批1560家企业登陆并集中展示。截至2014年5月22日,展示企业达到1611家。

“展示板”对挂牌展示企业的形态、所有制成分和所处行业均不做限定。手续简便,只需企业提交挂牌展示申请书,并填报企业基本信息表。中心不向企业收取任何费用,做到企业挂牌展示零成本。同时,信息披露没有硬性要求,企业可根据自身情况选择披露内容及范围。对挂牌展示的企业,中心将为企业提供投资融资、股权转让、并购以及企业管理等多样化的服务,并为企业股权进一步挂牌交易和转板上市提供配套支持。

企业展示板将有效提升区域性股权市场的包容性,拓宽市场的服务范围。各类中小企业到展示板集中挂牌展示,有利于扩大企业知名度,提升企业市场形象,增强市场自律意识;有利于促进资金供求信息交流和金融资源聚集,提高金融要素市场服务实体经济的能力。

企业展示板在深圳前海股权交易中心首开先河。随后,上海股权托管交易中心、山东齐鲁股权交易中心、山西股权交易中心也开通了展示板。

572. 武汉股交中心办理股权登记托管所需材料是什么?

武汉股交中心办理股权登记托管实行零收费政策,即拟托管股权的企业不需要缴纳任何费用,但是需要提供如下材料:

①股权托管申请书;②公司成立时及历次变更的工商部门备案变更文件或批文;③验资证明;④公司营业执照原件及复印件;⑤公司章程;⑥公司上年度财务审计报告或资产评估报告;⑦法定代表人授权委托书;⑧法定代表人身份证明及身份证复印件,高管人员名单;⑨经办人身份证原件及复印件;⑩股东明细名册及股东身份证明;⑪武汉股交中心要求提供的其他文件资料。

573. 武汉股交中心企业挂牌条件是什么?

申请在武汉股交中心挂牌的企业,需要具备如下条件:

（1）股份有限公司成立满1年。有限责任公司按原账面净资产值折股整体变更为股份有限公司的，持续经营时间可以从有限责任公司成立之日起计算。

（2）公司股东数量不超过200人。

（3）注册资本足额缴纳，股本总额不少于500万元。

（4）主营业务明确。

（5）股权清晰，不存在重大权属纠纷。

（6）在申请挂牌前与中心签订股权登记托管服务协议，办理股权登记托管手续，将公司全部股权登记托管在中心。

（7）具有完善的公司治理结构，依法建立健全股东大会、董事会、监事会以及完善的内控制度，相关机构和人员能够依法履行职责。

（8）最近一期末不存在未弥补亏损，或能证明在未来一年内弥补（原则性条款，可适当放宽）。

（9）取得企业所在地政府（金融办）出具的推荐函。

574. 武汉股交中心企业挂牌流程是什么？

申请在武汉股交中心挂牌应当按照相关规定履行申报程序：

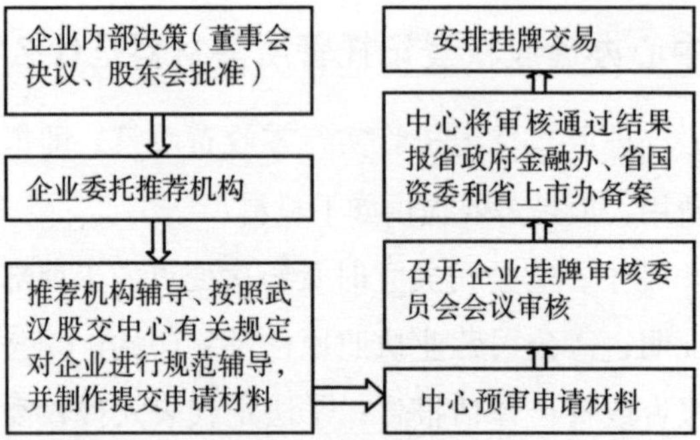

图10－6　武汉股交中心企业挂牌流程

575. 武汉股交中心企业挂牌辅导流程是什么？

申请在武汉股交中心挂牌的企业辅导流程依次是：

企业股权托管：选择辅导机构，托管登记零收费；

尽职调查：推荐机构免费尽调，判断企业是否符合挂牌条件；

企业改制：签约，机构进场，规范，改制；

申请挂牌：递交材料，审核，备案；

成功挂牌：整体时间 3 ~4 个月左右。

其中规范辅导的内容包括：历史沿革、主要股东情况；资产状况；重大合同及债权债务；规范运作（公司治理、经营合规、劳动人事、税务）；关联交易、同业竞争情况；公司高管；重大诉讼、仲裁情况及是否存在重大违规行为；整体改制方案；重组方案；关联交易方案；股份公司设立；协助公司完善法人治理结构，建立健全各项管理和内控制度。

发展规划辅导的内容包括：通过了解公司产品、市场、行业地位、竞争优劣势和募投项目情况，协助企业进行发展规划，整合投资资源。

576. 湖南股交所简况及运营情况如何？

湖南股权交易所（简称“湖南股交所”）是湖南省唯一的非上市企业股权登记托管、股权融资和股权交易一体化的区域性股权交易市场。

它是经湖南省人民政府批准，由湖南省联合产权交易所有限公司、长沙先导投资控股有限公司、湖南兴湘投资控股集团有限公司、株洲市国有资产投资控股集团有限公司、湘潭高新科技园区开发有限公司共同出资于 2010 年 12 月 6 日成立的。是集股权和私募债券融资、企业上市培育与孵化、PE 退出三大功能于一身的专业平台。

服务对象：非上市非公众公司、高新技术企业、高成长企业。

业务范围：以股权私募融资、私募债券融资为核心业务，以托管和交易为基础配套服务业务，以股份制改造、咨询服务业务和股权质押融资服务为延伸服务，积极探索私募基金发行及份额交易、信托产品等创新业务品种。

湖南股交所在交易品种的设计上，除了普通股股权之外，还将增设固定收益类私募债券的发行与交易，满足不同投资需求、不同风险偏好的投资者选择，实现投资组合科学、风险均衡可控的目的。截至 2014 年 5 月 31 日，湖南股交所共有 15 家标准板挂牌企业和 133 家培育板挂牌企业，登记托管企业超过 130 家，实现股权质押融资 60 余亿元。

577. 湖南股交所的性质及交易品种类型是什么？

湖南股交所是湖南省委、省政府为推进湖南省区域内中小微企业快速发展而牵头设立的一个纯国资的资本平台，其性质是只针对注册地在湖南的中小微企业提供服务的区域性的股权场外交易市场，挂牌企业无论是增发股份融资还是发行债券或其他金融产品进行融资，均要遵守非公开的原则，即不能采用广告、群发短信、群发邮件等方式进行融资，每种产品持有人数不得超过200人。交易实行T+5制度，不实行连续竞价，不进行标准化拆细。

目前湖南股交所交易品种主要有两种，一种是股权，一种是中小微企业私募债券。股权是指由非上市股份有限公司发行的股东权益份额，经申请和审核后，在湖南股权交易所挂牌交易。中小微企业私募债券是指由中小微企业（不限股份、有限公司）发行的私募债券，经申请和备案后，平均拆分为200份，在湖南股交所挂牌交易。

578. 湖南股交所市场分层及培育板条件要求是什么？

湖南股交所目前分为标准板与培育板。培育板已于2013年12月18日正式上线，上线当天便有123家湘企挂牌。其挂牌要求主要有：

（1）培育板是经企业自愿申请，将其基本信息及核心竞争优势等通过公司网站进行披露，并自主进行规范培育的板块。

（2）培育板以“零成本、低门槛、简流程”为特色，为企业提供形象展示、品牌宣传、信息发布等服务，促进企业与各类机构有效对接。

（3）培育板的挂牌企业类型不局限于股份有限公司，还包括有限责任公司、合伙制企业等。

（4）企业培育板挂牌的申请与审核备案、信息展示及自律管理均应遵守《湖南股权交易所有限公司培育板业务管理暂行办法（试行）》的相关规定。

579. 湖南股交所标准板挂牌条件是什么？

挂牌的企业应符合以下条件：

①依法设立且持续经营2年及以上；②注册资本金和净资产均不低于500

万元，且注册资本金已全部到位；③符合国家产业政策，主营业务突出；④业务基本独立，具有持续经营能力；⑤治理结构健全，运作规范；⑥不存在显著的同业竞争、显失公允的关联交易、额度较大的股东侵占资产等损害投资者利益的行为；⑦股东人数原则上不超过100人；⑧最近2年连续盈利，合计净利润不少于500万元或最近1年净利润不少于300万元；⑨最近1年营业收入不低于3000万元或最近1年营业收入增长率不低于20%；⑩对国家重点鼓励发展行业中的创新型、高成长及高新技术企业，优质小型微型企业，第⑧、⑨条可适当放宽。

580. 湖南股交所标准板挂牌流程是怎样的？

企业申请在湖南股交所挂牌，应遵循以下程序：

项目立项：企业在推荐商的辅导下填报项目立项申请，提交至湖南股交所。

订立合同：在协商一致的基础上，企业与湖南股交所、推荐商、会计师事务所、律师事务所等市场主体签订合同，明确各方的权利义务。

股份制改造：企业（有限责任公司）在推荐商的辅导下将企业的组织形式转变为股份有限公司。

审核：推荐商提交企业私募或挂牌材料，由湖南股交所挂牌审核委员会对材料进行审核。

私募：企业通过路演会，向投资者募集股权资本。

581. 湖南股交所标准板挂牌费用情况是怎样的？

在湖南股交所挂牌，将产生以下费用：

（1）湖南股交所收的挂牌费：20万元。融资服务费：按融资的数额分段收取，2000万元以下部分，收取2%；2000万～5000万元部分，收取1%；5000万元以上部分，收取0.5%。

（2）推荐商费用主要包括推荐费和融资服务费两大部分。非券商类推荐商的推荐费：已股改的企业，不超过20万元；未股改的企业，不超过25万元。券商类推荐商的推荐费：原则上不划定参考价格，由双方协商券商应提供的服务和收费标准。

（3）融资服务费：由双方协商确定，湖南股权交易所不划定参考价格。

（4）会计师事务所：10万元左右。

（5）律师事务所：10万元左右。

582. 湖南股交所私募债发行申请转让的流程是怎样的？

企业如果要通过湖南股交所的平台发行私募债券，并申请将发行的私募债券通过湖南股权所进行流转，须完成以下几项程序：

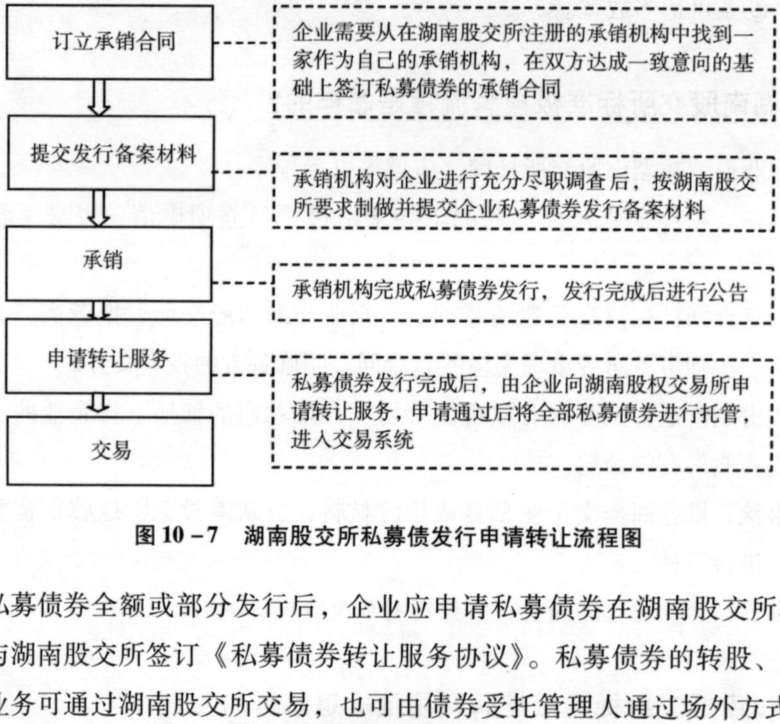

图10－7　湖南股交所私募债发行申请转让流程图

私募债券全额或部分发行后，企业应申请私募债券在湖南股交所转让，需要与湖南股交所签订《私募债券转让服务协议》。私募债券的转股、回售、赎回业务可通过湖南股交所交易，也可由债券受托管理人通过场外方式自行处理，并向湖南省股权登记管理中心办理变更登记。私募债券在转股、回售、赎回业务完成后，企业可申请终止转让服务。

583. 湖南股交所私募债挂牌的费用情况是怎样的？

企业通过湖南股权交易所的平台发行私募债券，将产生以下费用：

挂牌费：0.5%/年，按实际融资额和债券年限一次性收取；托管年费：0.5‰/年，按年收取；承销费用：由发行企业与承销商自行商定；中介费用：由发行企业与会计师、律师事务所及担保机构自行商定。

584. 甘肃股权交易中心简况及运行情况如何？

甘肃股权交易中心（以下简称“甘肃股交中心”）是经甘肃省政府批准设立的在甘肃省域范围内从事股权、债权融资和转让交易的市场组织。是由华龙证券公司作为主发起人和大股东，由光大金控资产管理有限公司、兰州亚太集团公司、甘肃盛达集团股份有限公司、兰州建新集团、兰州新区以及酒泉、武威、白银、甘南州等地方政府投资集团以及甘肃产权交易所为参股股东，成立于2013年12月16日，注册资本2.2亿元，注册地兰州新区。

甘肃股交中心坚持市场创新发展与规范运作并重的方针，坚持“政府引导、市场运作，高效融资、运行安全，创新发展、统一监管”的原则，以服务实体经济为根本宗旨，以改革开放、体制机制创新为源泉动力，突出融资服务，开发融资产品，为广大非上市企业的股权、债权融资提供交易场所和设施服务。其主要功能是：为省内企业提供股权、债权和其他权益类产品的登记、托管、转让、投资、融资、结算、过户等服务；组织股权、债权和其他权益类产品的交易活动；建立挂牌企业数据库和展示中心，发布市场交易信息；为企业融资设计产品，为投资者提供投资标的；组织会员为企业股权债券融资提供专项培育服务、为投资者提供尽职调查服务、为企业转板上市提供专业服务等。

甘肃股交中心立足甘肃的经济优势和发展特色，在矿山、能源、现代农业、新兴创新类企业挂牌服务方面形成了自身发展特色。截至2014年5月31日，甘肃股交中心挂牌企业283家，挂牌市值138.96亿元；托管企业405家，托管股本137.69亿元；融资总数193.79亿元；机构投资商60家，专业服务商32家，一般会员96家。在建的企业数据库已备案企业超过900家，股权质押融资额超过120亿元。

585. 甘肃股权交易中心的会员制情况是怎样的？

目前，区域股权市场基本上都采用会员制，这里介绍一下甘肃股交中心会员制情况（因为本书专门介绍会员制的情况很少）。

甘肃股交中心运行初期实行会员制。会员分为自然人会员、一般会员、专业服务商会员和投资商会员。股权托管企业和挂牌企业是甘肃股权交易中心的一般会员；各证券公司、投资公司、银行、保险、信托、租赁、股权投资基金公司、资产管理公司等机构可申请成为专业服务商会员和投资商会员；会计师事务所、律师事务所、资产评估事务所等中介机构可申请成为专业服务商会员；自然人会员主要是符合甘肃股交中心条件的自然人投资者。

企业股权挂牌转让、发行私募债券，由专业服务商会员和投资商会员向甘肃股权交易中心提出申请，企业所在地政府出具推荐函，甘肃股交中心形成审核备案后，即可以进行挂牌转让和发行。各级政府作为甘肃股交中心发展的参与者和挂牌企业的关联方，负责对所属企业股权债权融资进行监管。除此之外，甘肃股交中心还会组织银行、信托、担保、资产管理等机构为股权托管企业开展股权质押融资服务。

甘肃股交中心自然人会员货币资产不低于30万元，投资商会员注册资本不低于1000万元，专业服务商会员注册资本不低于100万元。中心将对各类会员的行为结果进行审查。

586. 甘肃股交中心“一市两板”市场分层及挂牌条件流程是什么?

甘肃股交中心目前市场分层的“一市两板”是指推介板和交易板。

推介板挂牌条件是：①依法设立的有限责任公司或股份有限公司；②企业净资产不低于100万元；③企业法人治理结构健全，合法合规经营，股权明晰。

交易板挂牌条件是：①有机构投资商会员推荐，依法设立的股份有限公司或已完成股份制改造的股份有限公司；②净资产不低于1000万元；③企业法人治理结构健全，合法合规经营，股权明晰；④股东（大）会通过托管企业到本中心交易板挂牌，按照有关规定接受监管，承诺履行相应信息披露义务。

企业挂牌流程分四步：①托管企业提出挂牌申请、挂牌推荐方式等有关事项，中心确定机构投资商会员和展业服务商会员（如有）；②中心初审企业资质、报送的材料及挂牌说明书；③经初步审核的企业报甘肃股权交易中心挂牌交易部或挂牌审核委员会审核，并向通过审核的企业发送受理通知；④协助企业与机构投资商会员（如有）签订《企业挂牌服务协议》，中心在指定渠道发布挂牌信息。

第四节　江苏、北京、川藏及其他市场

587. 江苏股交中心概况及运行简况是怎样的？

江苏股权交易中心（以下简称“江苏股交中心”）经江苏省人民政府授权批准设立，并于2013年9月24日正式运行，揭牌开业当日，首批22家企业成功挂牌，近30家会员单位与中心签署了合作协议。

江苏股交中心主要为非上市公司股权、债券、资产和相关金融及其衍生品的批准募集挂牌、登记、托管、交易、融资、结算、过户、分红、质押等提供场所、设施和服务；组织和监督交易市场活动，发布市场信息；代理交易市场内挂牌产品买卖服务；为市场参与方提供咨询服务。江苏股权交易中心分别对登记托管和挂牌进行分级，根据不同层级的需求，提供不同业务建议，量身定做金融产品与服务，切实解决不同发展阶段企业的不同融资需求问题。同时，根据投资偏好和抗风险能力对投资者进行分类，帮助对接企业，实现其投资愿望。江苏股权交易中心将在省政府及相关部门的正确领导及监管下，规范运作，为江苏经济转型发展，繁荣金融业创造良好的条件。截至2014年5月31日，实现挂牌42家企业。

588. 国内唯一一家全是券商股东的区域市场在哪儿？

江苏股交中心由华泰证券、东吴证券、东海证券、南京证券和国联证券5家江苏本土券商共同出资，持股比例分别为52%、12%、12%、12%、12%，2013年7月登记注册，注册地为南京，注册资本2亿元。其中，华泰证券出资1.04亿元。该中心目前是全国唯一一家股东全是券商的区域市场。5家券商同时入股一所市场，也创下国内券商参股区域股权市场建设之最。

江苏股交中心依托长三角地区优势，可以将政府扶持政策、扶持资金等嫁接到中小微企业的成长过程中，配合券商以专业团队帮助企业实现管理提升、资金融通、改制辅导等，有望形成规范的企业培育基地。

江苏股交中心立足省情实际，将在借鉴国外场外交易市场发展经验的基础上，坚持探索创新，充分发挥推荐商会员、投资商会员和专业服务商会员的资源和优势，努力走出一条具有江苏特色的区域股权交易市场发展路子。同时保护投资者利益最大化和企业融资效益最大化，真正实现投资者投资放心、企业融资安心。

589. 江苏股交中心身驻沃野，后发优势如何？

江苏股交中心后面是中国的经济大省，中国的中小企业大省，可谓身驻沃野。江苏中小企业发展一直走在全国前列，现有138万家中小企业。中小企业总数占全省企业总数的99%，从业人员占全部企业人员的70%，生产总值占全省地区生产总值的60%以上，财政收入占50%以上，成为全省经济发展的主体。

根据江苏省发展目标，“十二五”末，中小企业总数力争增加50%以上，规模以上中小工业企业销售收入年均增长12%。中小企业经济总量占全省60%以上。现代服务业、战略性新兴产业中的中小企业比重达到60%以上。培育10000家“专精特新”中小企业。实现研发投入、企业研发人员总量在“十一五”末基础上翻一番。中小企业产业集聚区占全省县域工业产值比重达到75%，营业收入超百亿的中小企业产业集聚区150个以上，超百亿元的省重点特色产业集群80个。在全省培育和创建500家管理创新优秀企业和示范企业，10000家管理创新先进企业。

如此实力雄厚的大省，再加上券商主导的股权结构模式，让人不得不看好江苏股交中心的后发优势。

590. 江苏股交中心企业挂牌的条件是什么？

江苏股权交易中心企业挂牌条件：

（1）股份有限公司设立满1个会计年度；有限责任公司按原账面净资产值折股整体变更为股份有限公司的，公司存续时间从有限责任公司设立时开始计算。

（2）业务明确，具有持续经营能力。

（3）公司治理机制健全，合法规范经营。

（4）股权明晰，股票发行和转让行为合法合规。

（5）股东人数在200人以下非上市公众股份公司。

（6）最近一个年度净利润在100万元以上，或年营业收入在1000万元以上；拥有核心技术、独特商业模式或国家级高新技术企业，可不受此条件制约。

591. 广高股交中心的概况及运营情况如何？

广东金融高新区股权交易中心（以下简称“广高股交中心”）是根据广东省主要领导指示及《关于转去加快推进我省OTC市场建设的工作方案的函》（粤金函〔2012〕193号）的要求，经广东省人民政府《关于广东金融高新区股权交易中心正式开业的复函》（粤办函〔2013〕607号）批准于2013年7月11日挂牌成立的区域股权交易市场。广高股交中心注册资本为人民币1亿元，注册地在佛山市南海区，于2013年10月29日正式开业，由广东省人民政府直属管理。

广东金融高新区有着“亚太金融后台、产业金融中心”的美誉，广高股交中心立足于佛山，辐射珠三角，采取“省市共建、券商主导、市场化运作”的模式，竭诚为中小微企业服务，致力于打造省级股权、债权及知识产权综合融资平台。其宣传口号是“服务中小企，成就大事业”；使命是推动金融、科技、产业融合创新；理念是服务为主，交易为辅；愿景是打造省级股权、债权及知识产权综合融资平台。设置有办公室、财务部、业务发展部、挂牌融资部、会员服务部、登记清算部、信息技术部7个部门。经营范围：为非上市公司股权、债权、权益产品及相关金融产品的挂牌、转让、融资、登记、托管、结算等提供场所、设施及配套服务；为非上市公司提供咨询和培训等综合服务。

截至2014年5月31日，挂牌企业15家，注册会员企业302家。注意，广高股交中心所谓的注册会员企业，相当于其他某些区域市场所表述的“展示”或“挂牌展示”概念，实际上，针对目前各区域股权市场甚嚣尘上的挂牌展示、展示等与挂牌概念混淆不清的情况，或许广高股交中心的这种定位与表述更准确些。

592. 广高股交中心的股权结构情况如何？

广高股交中心由广东金融高新技术服务区管理委员会牵头，联合券商和地方投资机构组建，其中广发证券股份有限公司占股32.50%，招商证券股份有限公司占股32.50%，广东省产权交易集团有限公司占股20%，深圳证券信息有限公司占股5%，佛山市投资控股有限公司占股5%，佛山市南海金融高新区投资控股有限公司占股5%。

这一股权结构中，广发证券和招商证券持股比例高达65%，这种结构模式有利于广高股交中心借助券商专业资源优势推行市场化理念的运行操作模式。

593. 广高股交中心“科技板”市场层次定位及上线情况如何？

广高股交中心“科技板”是继辽宁区域股权市场设置“科技板”之后，第二个在业内设置科技板市场层次的区域市场。

数据统计，广东中小微企业每年的增长率为10%，消失率则为8%，缺乏足够的资金支持成为众多中小微企业难以成长、壮大的重要因素。科技与金融的有机结合是促进科技开发、成果转换和产业化，提升产业创新活力的必要条件。2013年初，广东南海获批省金融科技产业创新融合综合试验区，率先在全省推动金融、科技、产业融合发展，迈开探索的步伐，目前，南海科技型企业已经形成良好的区域发展态势。“科技板”则率先成为“金科产”创新融合重要的一步棋。

“科技板”将依托广高股交中心的资源优势，在南海“金科产”融合发展、开展科技体制改革和创新的历史时期，针对科技企业前期投入大、融资难、额度小和无法融资等问题，接受全国范围内符合条件的中小微企业申请注册，给予企业量身定做的融资方式，为科技型和初创型企业提供全面和个性化的融资渠道，让其按需融资、小步快跑。而该平台也将成为包括财政扶持资金和项目等在内的政府扶持服务、对接项目的平台。目前，政府通过提供零成本注册挂牌服务和一对一的企业金融顾问服务等形式，突破传统的银行融资形式，以知识产权质押融资、私募贷等形式，培育、助力科技型企业和初创企业发展。

594. 广高股交中心的挂牌收费等情况如何？

广高股交中心在 2014 年 6 月 30 日前申请挂牌不收费，6 月 30 日后收费，初始挂牌费 30000 元，年费 30000 元（从挂牌后的第 2 年开始收取）。挂牌前 100 家奖励 25 万元，股份公司挂牌直接获得奖励；有限公司需要单笔融资 500 万元，或累计融资 1000 万元才有奖励。每笔融资按照融资金额收取 9%（包括银行在内）的费用。

挂牌需要做资料，由中心会员 PE 做，费用为 20 万元左右；由中心会员券商做，费用为 25 万元左右。

595. 川藏股交中心简述及运营情况如何？

成都（川藏）股权交易中心（以下简称“川藏股交中心”）是《成都市 2013—2014 年度重点领域改革工作的意见》23 项重点改革工作之一，由投控集团旗下成都股权服务中心、华西证券、西藏国资公司、深圳证券、西南联交所和成都托管中心共同发起并于 2013 年 12 月 30 日成立，注册资本金为 1 亿元，目前处于试营业阶段。

川藏股交中心为国内第一家跨省区的区域性股权交易市场，其成立将拓宽融资渠道，健全区域资本市场体系，为川藏两省中小微企业股权、债权转让和融资搭建起重要平台，对促进川藏两省区多层次资本市场建设和经济社会全面发展具有十分重要的意义。

试营业阶段，川藏股交中心挂牌展示的 179 家企业都是中小微企业，主要分布在制造业、农林牧渔、电子信息等产业，注册资本有不足千万元的，也有上亿元的，经营状况及成长性都不错。

596. 川藏股交中心的优势及优先考虑的企业是哪些？

川藏股交中心的优势：

（1）全国唯一跨省共建，政策优势明显。

（2）准入门槛低，不限企业类型，不设具体盈利指标。

（3）审核效率高，储架发行，小额快速融资。

（4）多板块、可转板，融资品种丰富。

（5）挂牌成本低，地方政策扶持助力。

（6）投资者准入要求较低，推荐机构种类多。

川藏股交中心优先考虑以下企业：

（1）具有独特的、有竞争力的商业模式。

（2）连锁型的服务类企业。

（3）有专利所有权的企业。

（4）高新技术企业。

597. 川藏股交中心“一市三板”市场架构体系及其各板块挂牌条件是什么？

目前，川藏股交中心“一市三板”市场层次由展示板、融资板和交易板构成。企业挂牌条件见表10－1：

表10－1　企业挂牌条件

项类	展示板	融资板	交易板
板块功能	企业自主选择如金融服务、融资意向、企业要闻等披露信息内容	（1）股权或权益份额、债权挂牌交易（最小单位：挂牌权益总额的1%）； （2）各类股权、债权融资	股权、债权挂牌交易（最小单位：1000股（元）； 各类股权、债权融资
准入条件	（1）依法设立，合法存续且存续期满1年以上；（2）业务明确，具有持续经营能力；（3）企业净利润不低于500万元。（“优先考虑型”企业年净利润300万元）	（1）依法设立、合规经营且存续满1年；（2）业务明确，具有持续经营能力；（3）股权或权益份额明晰，转让行为合法合规；（4）推荐机构会员推荐并履行持续督导义务；（5）有明确的融资方案；（6）取得地方政府出具的挂牌无异议函	（1）依法设立且存续满2年；（2）业务明确，具有持续经营能力；（3）公司治理机制健全，合法规范经营；（4）股权明晰，股权转让行为合法合规；（5）具有保荐资格的证券公司会员推荐并履行持续督导义务；（6）会计基础工作规范，财务报表的编制符合企业会计准则和相关会计制度的规定；（7）取得地方政府出具的挂牌无异议函

资料来源：成都现代工业港网站。

598. 北京股交中心简况及运营情况如何？

北京股权交易中心（以下简称“北京股交中心”）是由北京市政府批准设立，专门为北京市企业特别是中小微企业提供融资服务的私募市场，中心成立于2013年12月28日。

发展定位：专业运作，充分发挥市场主体的积极性，切实服务区域内的中小企业；错位经营，与沪深交易所和新三板在业务上形成互补；适度创新，在风险可控的前提下，探索解决中小企业融资难的新路径。

主要职能：为北京市非上市企业股权、债权和其他权益类产品的登记、托管、结算等提供场所、设施和服务，组织和监督交易活动，管理和发布市场交易信息，监督管理挂牌企业和会员中介机构，做好投资者适当性管理，为企业进场挂牌提供咨询等综合服务；从事金融产品和服务创新，拓展业务范围。主要包括三大核心业务，即挂牌交易类业务、登记托管类业务、固定收益类业务。

截至2014年5月31日，北京股交中心初步实现业务制度规则、挂牌企业信息查询等基本功能；展示企业总数达58家；发行首只中小企业私募债，发行规模1亿元；加强与银行机构合作，先后与中国银行、农业银行等7家银行的北京分行签署了战略合作协议。2014年4月7日，与北京银行、车库咖啡签署了三方战略合作框架协议，揭牌成立了北京股权交易中心车库咖啡展示中心。

599. 北京股交中心“两无两有”运营特点是什么？

北京股交中心“两无两有”运营特点为：

无财务门槛：中心对企业挂牌没有财务指标要求，着重关注企业的持续经营能力和规范运作情况。

无手续费：体谅中小企业资金紧张的境况，基础服务不收费，增值服务酌情收取一定费用。

有融资渠道：中心可以帮助企业进行包括股权质押、私募股权、私募债权等多种方式的融资，也欢迎企业在中心进行创新方式的融资。

有培育机制：中心全力培育企业规范发展，对接沪深交易所和新三板，切实完善多层次资本市场体系。

600. 石家庄股交所简况如何?

石家庄股权交易所（以下简称“石家庄股交所”）2010 年 8 月经河北省政府批准，在石家庄市工商局注册成立，2012 年 12 月，中国证监会正式向河北省政府复函，石家庄股交所可以面向河北省内中小企业开展股权挂牌转让、股权抵押融资、发行私募债及增资扩股等服务。2013 年 10 月 29 日石家庄股交所正式运行。

石家庄股交所主要围绕河北省内中小企业多元化的金融需求，为省内中小微企业及符合条件的省内外机构、自然人投资者提供专业化的投融资平台。主要职能是为省内中小微企业提供股权转让、股权登记托管及股权、债权融资、高端培训等，帮助企业做优、做强或转板到交易市场。

石家庄股交所企业挂牌条件只要满足依法设立且持续经营 2 年以上，符合国家产业政策，主营业务突出，最近 2 年企业未受到环保部门处罚，且上年度营业收入（纳税申报）不低于 1000 万元或上年度净利润（纳税申报）不低于 100 万元的股份有限公司，即可向石家庄股权交易所申请挂牌。

未来石家庄股权交易所将继续加大市场开发和产品研发力度，提升融资和服务功能，全力发挥石家庄股权交易所在落实国家和河北省关于“调结构、转方式”和“金融支持小微企业”等政策方面得天独厚的优势，倾力打造集融资中心、信用中心、金融服务中心、金融信息中心和金融创新中心于一体的创新型综合服务平台，为河北省内中小微企业和国内外投资者的投融资活动提供专业、高效的服务，为河北省经济持续健康发展做出应有的贡献。

601. 石家庄股交所市场层次及运行情况如何?

石家庄股交所市场层次分为主板和成长板两个层次。截至 2014 年 5 月 31 日，石家庄股交所挂牌企业 59 家（包括主板和成长板），拟挂牌企业 37 家，注册的各类中介、金融机构会员 183 家。

通过发挥自身资源集聚和信息汇集优势，在挂牌仪式上，石家庄股权交易所与工商银行、农业银行、中国银行、浦发银行等省内十几家银行签署了战略合作协议，对挂牌企业定向给予综合授信额度达 500 亿元。

通过推出私募股权融资、中小微企业私募债、集合债、股权质押融资等融资产品，形成了产品多样化、风险可控的较为完备的融资体系。截至目前，已完成融资超过2亿元，达成融资意向2.3亿元。

602. 内蒙古股交中心简况及运营情况如何？

内蒙古股权交易中心（以下简称“内蒙古股交中心”）是经内蒙古自治区人民政府批准，受自治区金融工作办公室监管，由内蒙古元盛投资担保集团作为主发起人与辽宁股权交易中心共同组建的，于2014年5月22日成立，注册资本为人民币5000万元，注册地为呼和浩特市。内蒙古股交中心是内蒙古自治区唯一的区域股权交易市场，是我国资本市场的重要组成部分，是为投融资双方提供股权、债权流通、转让和融资服务的场外交易市场。

内蒙古股交中心为非上市公司股权提供登记、托管、转让、结算交收、代理分红派息等服务；为企业提供股权、债权和其他权益类产品的投融资服务；为企业提供咨询、展示、改制、并购、重组、转板上市等综合服务；为金融企业提供金融资产转让服务。

内蒙古股交中心将坚持政府组织监管和市场化运作相结合的原则，切实加强市场风险管理，防范和化解金融风险。该中心的设立和运行对进一步拓宽企业的融资渠道，对促进自治区资本市场建设，完善投融资体系，激活民间资本，优化资源配置，解决中小微企业多、融资难，民间资本多、投资难问题及促进经济转型升级具有重要意义。

内蒙古股交中心自2014年3月27日试运行以来，已实现首批挂牌展示企业112家，金融机构对挂牌企业的授信达138亿元，为13家企业实现融资3.25亿元。

603. 大连股交中心简况及运营情况？

大连股权交易中心（以下简称“大连股交中心”）是经大连市政府批准，由大连港集团、华信信托、大通证券作为主发起人，联合深圳交易所和高新园区共同发起设立的，注册资本5000万元，并于2013年2月19日正式运营。大连股交中心定位为区域性私募市场，服务于大连本地企业，主要为创新型、科技型中小微企业提供服务，通过股权、债权挂牌报价转让及私募融资等方式，为中小企业搭建一个进退顺畅、风险可控、监管到位的直接融资平台和市场化的资源配置平台，成为拟上市企业，尤其是科技型企业的资本孵化器。

其挂牌条件是股份公司、有限公司存续满1年；股权明晰；合法规范经营；企业治理机制健全；企业权力机构通过申请挂牌交易的决议，同意企业到交易中心挂牌、登记存管并接受监管，承诺履行有关信息披露义务；法律法规或监管部门对特殊行业的企业挂牌有限制性规定的，遵照其规定；不存在其他尚未消除的严重损害股东合法权益及其他重大违法违规的情形。截至2014年5月31日，挂牌企业达到34家。

604. 青海股权交易中心简况如何？

青海股权交易中心（以下简称“青海股交中心”）是经青海省人民政府批准，由青海省国有资产投资管理有限公司、瑞石投资管理有限责任公司（中国中投证券有限责任公司全资子公司）、光大资本投资有限公司（光大证券股份有限公司全资子公司）、深圳证券信息有限公司（深圳证券交易所下属企业）及青海省投资集团有限公司5家国有控股单位共同出资组建，并于2013年7月6日成立的区域性股权交易市场，总注册资本3600万元。

青海股交中心是西北第二家成立的区域股权交易市场，标志着青海省多层次资本市场建设迈出关键一步。中心将加强与各金融机构的对接，强化理念与产品创新，进一步提高服务水平，通过市场化手段，为挂牌企业特别是“三农”和中小微企业提供多渠道融资，有效改善企业融资结构和治理结构，促进中小企业直接融资，加快经济发展方式转变和经济结构转型，充分发挥“推进器”的功能。

青海股交中心主要为青海省内中小微企业提供股权、债权等权益的转让和融资，鼓励科技创新和激活民间资本，通过综合性的基础服务和创新性的增值服务助推企业成长，服务青海社会经济发展。

605. 青海股交中心市场层次、挂牌托管收费情况如何？

目前，青海股交中心只有推荐板，合法成立、合规经营的公司（性质不限），注册资金在100万元以上，都可以在推荐板上挂牌展示。2014年下半年青海股交中心拟将推出交易板。截至2014年5月31日，有110家企业在推荐板上挂牌展示。

目前收费情况：

（1）推荐板展示的企业不收费。

（2）企业股份托管费用在5000~15000元/年（以3000万元为递增标准收取）。

（3）2014年下半年交易板推出后，挂牌费用按照资本金的0.2‰收取。

606. 安徽股交中心简况及运营情况如何？

安徽省股权托管交易中心（以下简称“安徽股交中心”）是遵循中国证监会对中国多层次资本市场体系建设统一要求，经安徽省人民政府批准，根据《省区域性股权交易市场建设专题纪要》（安徽省人民政府专题会议纪要第44号）和省金融办《关于印发安徽省股权托管交易中心组建方案的通知》（皖金函〔2013〕112号）文件，由安徽国元（控股）集团有限责任公司、国元证券股份有限公司、华安证券股份有限公司、安徽省产权交易中心、合肥兴泰控股集团有限公司、芜湖市建设投资有限公司及蚌埠产权交易中心共同出资组建，于2013年8月1日注册登记成立，9月30日正式运行的区域性股权托管交易市场，注册资本1亿元。

安徽股交中心的成立旨在积极参与全国证券场外交易市场的建设，推动企业在场外交易市场挂牌，完善多层次资本市场体系，服务成长型企业和区域经济发展。主要业务是办理各类非上市企业股权集中登记托管，并提供确权、非交易过户、挂失、查询、分红派息和股权质押登记服务；为股权、债权和其他权益类产品的挂牌、转让、融资、登记、托管、结算提供场所、设施和服务；为企业债权备案与交易、理财产品交易、金融产品交易提供服务；为企业改制、重组、并购、上市、投资提供业务咨询服务；与上述经营范围相关的产品和服务的信息发布；其他经监管部门核准的业务。

目前，安徽股交中心分别与杭州银行合肥分行、光大银行合肥分行签署了战略合作协议，通过与银行、融资租赁公司、创投公司等机构的合作，全面提升为中小企业融资服务的水平。截至目前，中心累计为挂牌企业融资1.93亿元（股权质押融资8100万元，定向增资4184.25万元）另外，还有6

家企业正在筹划发行私募债券。截至2014年5月31日，挂牌企业为27家，总股本8.18亿股；托管企业127家，总股本80.02亿股；推荐商会员14家；专业服务商会员53家；战略会员35家。

607. 厦门两岸股交中心简况如何?

厦门两岸股权交易中心（以下简称“两岸股交中心”）是经厦门市政府批准，于2013年12月30日注册成立的，注册资本9000万元。两岸股交中心遵循中国证监会对中国多层次资本市场体系建设的统一要求，归属厦门市金融协调服务办公室监管。它是建设厦门经济特区“两岸区域性金融服务中心”金融要素市场、海峡西岸经济区股权交易市场的核心机构，是构建两岸区域性金融体系的重要组成部分。

两岸股交中心将打造为独立于沪深交易所、商业银行之外的新型市场化融资平台；致力于打造企业与投资人开放、互动、对等、共赢的网上部落。建造一个服务实体经济、联结企业与资本的场外资本市场；构筑一个自然有序、和谐共生的新型金融生态部落；构建中小微企业现代企业制度成长的利益共生体。为厦门中小企业化解“中小企业多，融资难；社会资金多，投资难”的现实问题，为客户构建一套完整的融资链、服务链，成为两岸资本互通互达的高效投融资平台、海峡西岸经济区股权交易市场的标杆。截至2014年5月31日，挂牌展示390家企业。

608. 厦门两岸股交中心股权结构及其运营特色是什么?

两岸股交中心股东结构：国信证券股份有限公司占33.33%，中信证券股份有限公司、深圳证券信息有限公司、厦门金圆投资集团有限公司和厦门农村商业银行股份有限公司工会委员会均占11.11%，厦门海西股权投资中心管理有限公司、厦门保金股权投资基金管理有限公司、厦门厦信投资集团有限公司和厦门市创业投资有限公司各占5.56%。

两岸股交中心的运营特色：通过引入国内知名证券公司——国信证券、中信证券，采用委托前海股权交易中心经营管理的模式，委托前海股权交易中心经营管理，在吸收发展前海股权交易中心各种创新基因的前提下，培育厦门中心海峡西岸经济区股权交易市场建设者的特质以实现“系统联动，制度对接”，立足厦门、辐射海西、面向全国。

609. 贵州股交中心简况如何？

贵州股权交易中心（以下简称“贵州股交中心”）是在借鉴学习发达省份区域股权市场、金融资产交易市场建设的先进经验的基础上，按照“省市共建、券商参与、引入民营资本”的思路组建的。由贵州省政府批准，由华创证券、贵州白酒交易所、阳光产权交易所等企业共同出资设立。中心旨在为中小微企业提供股权投融资、债权投融资以及符合国家及相关监管部门规定的类金融资产交易等综合性投融资服务。

贵州股交中心的成立，将降低非上市企业进入资本市场的融资门槛，可以让更多不同规模、不同发展阶段的非上市企业通过资本市场获得发展资金，拓宽融资渠道，缓解企业融资难、融资贵的问题。同时，还可以推动贵州多层次资本市场体系建设，壮大区域性股权交易市场。截至 2014 年 5 月 28 日，挂牌展示企业为 28 家。

610. 吉林股权交易所简况如何？

吉林股权交易所（以下简称“吉林股交所”）是经吉林省人民政府批准，由吉林省金融工作办公室监管，于 2011 年 5 月注册设立的省内唯一从事非上市公司股权交易的场所。

吉林股交所是为企业和各类投资者提供股权、债券转让和融资服务的私募市场，对促进区域企业特别是中小微企业股权交易和融资、鼓励科技创新和激活民间资本、加强对实体经济薄弱环节的支持有重要的作用。吉林股交所以优质服务打造一流市场，以规范运作扩大影响范围，将逐步建设成多层次、多功能、多品种、多交易方式的股权交易市场，成为省内未来金融市场的一大亮点。吉林股交所经营范围：非上市公司股权交易及股权交割结算；代理招商引资、项目推介、项目对接；理财产品交易、信托产品交易、私募基金份额交易、企业债券交易。

吉林股交所从 2013 年 6 月 28 日起正式开市，除了向机构投资者、挂牌公司的自然人股东开放外，也向普通的自然人开放，个人投资者的准入门槛是 10 万元金融资产，证券投资经验 3 年以上。吉林股交所挂牌收费按照资本金的0.5‰收取初始挂牌费用，另外中介律师、会计和推荐机构的费用大概在30万元左右。截至2014年5月31日，挂牌企业为7家。

611. 北部湾股交所简况如何？

广西北部湾股权托管交易所（以下简称“北部湾股交所”）是经广西壮族自治区金融办批准，由广西北部湾产权交易所股份有限公司联合广西国开投资管理有限公司、天津邦创投资咨询有限公司、广西金融投资集团有限公司、广西有色金属集团有限公司共同出资并于2011年4月26日注册成立的自治区级非上市公司股权托管登记与管理机构，注册资本为1000万元。

北部湾股交所以“立足广西、面向东盟、连接周边省份、辐射全国”为战略发展目标，按照“规范、高效、安全、合法”的原则，以广西区内非上市股份公司、有限责任公司股权登记托管为基础，为非上市公司提供股权（债权）登记托管、股权质押融资、股权（债权）流转、股权私募及企业融资咨询等服务。

北部湾股交所旨在积极促进非上市公司的股权管理规范、有序流转、优化配置，有效维护非上市公司股东和其他利害关系人的合法权益；提升非上市公司产业知名度和无形资产价值，提高公信力，吸引各类社会资本和股权投资者进行投资；进一步规范企业的资本运作，为进入更高层次的资本市场做好准备；逐步完善和发展区域性资本市场，促进全区经济快速、持续、健康发展。2012年2月1日，广西福园剑麻股份有限公司与广西北部湾股权托管交易所成功签署股权托管合同，将公司全部股权委托其进行登记托管。这是广西北部湾股权托管交易所首单托管服务业务。截至2014年5月31日，预挂牌企业达到43家。

612. 陕西股交中心概况如何？

陕西股权交易中心（以下简称“陕西股交中心”）是经陕西省人民政府批准，由具有国资背景的陕西金融控股集团有限公司控股、深圳证券交易所、西部证券、开源证券等12名境内外券商及投资公司共同出资组建，并于2014年5月23日正式运行的区域性股权交易市场，注册资本为1.2亿元。

陕西股交中心实行政府引导、企业化运作，主要致力于为省内中小微企业提供股权登记托管、企业形象展示、股权挂牌交易、综合融资服务、公司规范治理等多种服务。其为中小微企业提供的业务服务内容可以划分为3种，一是基本业务，包括企业股权登记托管、股权转让见证、企业展示性挂牌、企业交易性挂牌等；二是增值服务，包括企业发行私募债、股权质押融资、定向增资、企业培训等服务；三是金融产品交易服务，包括小额信贷资产收益权、信托产品受益权等特定种类资产证券化产品交易的登记托管服务等。

陕西中小微企业多，融资难；市场资金多，投资难。据统计，近80%小微企业存在融资难问题，严重阻碍了中小微企业的健康发展。陕西股交中心的成立为区域内的中小微企业提供了权威信息发布和交易的平台，也为解决陕西中小企业融资难问题提供了一个有效途径。

613. 江西股交所概况如何?

江西省股权交易所（以下简称“江西股交所”）是经江西省政府批准，根据《鄱阳湖生态经济区规划实施方案》中关于设立非上市公司股权交易所的有关规定于2011年6月设立的。

江西股交所力求充分发挥区域性股权交易市场功能，发现股权价格、优化股权配置、展现股权价值；通过提供高质量服务，促进非上市公司熟悉资本市场规则，完善法人治理结构，实现健康快速成长；为挂牌企业提供快速、多次、低成本的融资服务，为中小企业直接融资开辟新通道。同时将致力于将该所建设成为聚集权威市场信息、聚集多样投融资主体、聚集各类专业服务机构的区域性股权交易平台，为江西省经济快速发展和多层次资本市场建设做出积极贡献。

目前设置有托管登记部、挂牌管理部、交易管理部、研究发展部和综合管理部5个部门，其业务类型包括依法为符合要求的企业提供股权托管登记和股权交易服务，为私募股权投资基金和创业投资基金提供权益交易服务，为企业增资扩股和股权交易提供咨询服务。

614. 国内可能还有其他区域股权市场产生吗?

目前，按照国务院及相关部委发展区域性股权市场的精神，如果机械性地理解为“一省一市场”的布局来说的话，广西、黑龙江、云南、河南、海南和宁夏6省区都将会成立区域性股权交易市场。据说广西、黑龙江、河南等正在筹建，但是如从上述各省区的经济、金融总体状况来说，与其他区域股权市场的合作，如建立联合经营或分中心等模式也未尝不是一件好事。